价值共创视角下顾客参与网络服务补救的机制研究

陈欣欣　著

北京出版集团
北 京 出 版 社

图书在版编目（CIP）数据

价值共创视角下顾客参与网络服务补救的机制研究/陈欣欣著. — 北京 ：北京出版社，2024.1
ISBN 978-7-200-17121-1

Ⅰ. ①价… Ⅱ. ①陈… Ⅲ. ①顾客－影响－网络服务-服务质量－质量管理－研究 Ⅳ. ①F719.0

中国版本图书馆CIP数据核字(2022)第056299号

价值共创视角下顾客参与网络服务补救的机制研究
JIAZHI GONGCHUANG SHIJIAO XIA GUKE CANYU WANGLUO FUWU BUJIU DE JIZHI YANJIU

陈欣欣　著

出　版　北京出版集团
　　　　北京出版社
地　址　北京北三环中路6号
邮　编　100120
网　址　www.bph.com.cn
总发行　北京出版集团
经　销　新华书店
印　刷　三河市天润建兴印务有限公司
开　本　787毫米×1092毫米　16开本
印　张　14.25
字　数　256千字
版印次　2024年1月第1版　2024年1月第1次印刷
书　号　ISBN 978-7-200-17121-1
定　价　58.00元
质量监督电话　010-58572697，58572393
如有印装质量问题，由本社负责调换

前言

伴随着我国网络零售业以及网络媒介的兴起，我国企业面临的网络服务失败的问题也越来越严重。如何有效地对网络服务失败进行服务补救成为企业迫切需要解决的问题。虽然学者们对网络服务补救进行了探究，并取得了一定的成果，但前人的研究仍然存在两个方面的不足。一是过多地参考实体环境下的研究思路，而忽略网络环境的特殊性；二是主要从企业的角度探讨如何避免服务失败导致的损失，很少重视顾客在此过程中的作用。近年来，学者们开始探究顾客参与在网络服务补救中的作用。然而，学者们并不明晰顾客参与对网络服务补救产生作用的内在机制。

价值共创理论指出顾客参与网络服务补救对企业和顾客本身都提供了价值。顾客参与网络服务补救时要追求自我概念的修复和感知公平的获取。对这两项价值的追求是顾客参与网络服务补救的内在机制。基于此，本文旨在从价值共创的视角出发，探索、构建并验证顾客参与对网络服务补救产生作用的内在机制。本文主要使用线上和线下问卷调查的形式，通过六个相互关联的研究来探究该假设。这六个研究分为三个部分：第一部分（研究一和研究二）探究顾客参与在网络服务补救中的作用；第二部分（研究三、研究四和研究五） 探究顾客参与对网络服务补救发挥作用的内在机制；第三部分（研究六）则是对前面五个研究的综合。

具体来说，研究一主要探究顾客参与是否在企业的服务补救措施（经济利益补救和社会利益补救）和服务补救效果（服务补救满意度、再次购买意愿和推荐意愿）之间的关系中起调节作用。研究二进一步探究顾客参与的这种调节作用是否受到顾客调节聚焦特质的影响。研究三和研究四主要探究网络服务补救中自我概念（自我控制感、自我效能感和顾客认同）的提升是否是顾客参与对服务补救效果产生作用的内在机制。研究三探究自我控制感和自我效能感在顾客参与和服务补救效果的关系中是否起中介作用。研究四则探究顾客认同在顾客参与和服务补救效果的关系中是否起中介作用，并探究顾客心理授权是否是顾客参与的前因变量。研究五主要探究感知公平是否是顾客参与对网络服务补救产生作用的内在机制。研究六则综合探究顾客参与在网络服务补救中的作用及发生作用的内在机制。

本文的研究结论如下：（1）企业的服务补救措施通过提升顾客的服务补救满意度，从而提升顾客的再次购买和进行推荐的意愿。（2）顾客参与在企业的服务补救措施和顾客的服务补救满意度之间的关系中起调节作用。（3）顾客参与通过提升顾客的自我概念（自我控制感、自我效能感、顾客认同），从而提升服务补救效果。（4）顾客参与通过提升顾客的感知公平，进而提升服务补救效果。（5）顾客心理授权正向影响顾客参与。（6）顾客参与在企业服务补救措施和顾客服务补救满意度之间关系中的调节作用受顾客调节聚焦的影响。总之，本文的研究证实了自我概念的提升和感知公平的获取是顾客参与网络服务补救的内在机制。最后，本文对研究的理论贡献、企业管理启示以及研究的不足和未来的研究方向进行了讨论。

目 录

第1章　绪论

本章主要介绍本文的研究背景并提出研究问题，在对本文的研究价值进行阐述之后，最后阐述本文的整体研究思路。

1.1 研究背景

由于服务的无形性、不可分离性和易变性的特点，使得服务失败的出现不可避免[1,2]。近年来，随着网络零售业以及网络媒介的兴起，网络服务失败的问题也越来越突出。比如，2015年10月，一名顾客在微博上质疑移动公司偷跑 其大量流量。随后移动公司官方微博回应称流量并未偷跑，是顾客使用的第三方统计软件出错导致。然而移动公司的服务补救方式不被消费者认可，反而给移动公司带来更大的负面影响。此事给企业带来思考：如何才能有效地进行网络服务补救?

根据中国电子商务研究中心发布的报告，2019年中国网络零售市场交易规模达10.32万亿元，相较于2018年的8.56万亿元，同比增长20.56%。2019年中国网络零售用户规模达7.32亿人，相较于2018年的5.70亿人，同比增长28.42%。随着网络消费规模的扩大，有关网络消费的投诉也呈上升趋势。据“电诉宝”监测数据显示，2013—2018年全国电子商务投诉数量呈现增长趋势，其中2013年同比增长为4.00%；2014年同比增长为3.32%；2015年同比增长为3.27%；2016年同比增长为14.78%；2017年同比增长为48.02%；2018年同比增长为38.36%。特别是2016年之后，消费者电子商务投诉数量快速增长。网络服务失败会损害企业形象，降低顾客的信心和满意度，对争取和维持顾客忠诚极为不利。因此，企业需要合理地采取网络服务补救措施来挽回顾客，提升竞争力。

企业和学者们开始关注如何有效地进行网络服务补救。现有网络环境下服务补救的研究主要参照实体环境下的研究思路和模型。在传统实体商店环境下，学者们主要从企业的视角来研究服务补救问题，普遍认为有效的服务补救应该具备有形补偿、响应速度快、道歉和补救主动性等特征[3]。服务补救措施可以通过提升顾客的感知公平（公平理论：结果公平、程序公平、交互公平）来达到服务补救的效果，而顾客的归因方式（归因理论）也是影响服务补救满意度的重要因素。依照线下服务补救的研究思路，学者们对网络服务补救的研究也得出了类似的结果。近年来，也有部分学者开始重视顾客在网络服务补救中的作用。如，陈可和涂平（2014）研究表明顾客参与的不同水平对网络服务补救效果产生不同的影响[4]。

在传统实体商店环境下，服务补救问题已经有了较为系统的研究。而网络环境下服务补救的问题仍然参照实体环境下的研究思路和模型。但网络服务补救的特殊性和重要性与线下环境下的差异是显而易见的[5]。网络服务的一个重要特性是使得顾客能够更便捷地、成本更低地与企业和其他顾客发生联系。价值共创理论指出顾客通过主动的参与行为完成价值的感知和获取，完善自身需求，并影响企业实现其价值[6,7]。在网络服务中顾客成为价值共同创造者，是网络服务活动的主体。随着顾客参与这一行为日益普及，企业开始提倡让顾客成为价值共同创造者，并把它作为企业保持竞争优势的来源。价值共创理论为网络服务补救的研究提供了新思路。顾客在网络服务中越来越追求自我彰显，自我概念方面的认同是其重要的价值追求。然而，网络服务补救的研究大多侧重于从企业的角度探讨如何避免服务失败导致的损失，很少重视顾客在服务补救过程中的行为。另外，没有基于共创价值的视角系统剖析网络服务补救中的顾客参与机制。虽然近年来开始有学者研究顾客参与对网络服务补救的影响，然而这些研究只是将顾客参与作为企业服务补救措施的一个补充，却未真正探究顾客参与的机制。价值共创理论揭示了顾客是价值创造的主体。顾客参与到网络服务补救中是为了获得自身的价值，这是顾客参与到网络服务补救中的内在机制。而现有的研究缺乏对顾客参与的这种价值共创过程的系统思考。

另外，前人的研究也表明感知公平的获取是顾客参与服务补救中所追寻的价值之一。公平有两层含义，一是服务补救措施能否弥补服务失误给顾客带来的损失；二是与别人相比，自己所得到的服务补救措施是否公平。前人的研究表明企业的服务补救措施能激发顾客的公平感知（包括结果公平、程序公平、交互公平），而顾客的感知公平又影响了服务补救的效果（如服务补救满意度，再购意愿等）[3]。基于前人的研究，本文认为感知公平的获取也是顾客参与网络服务补救所追寻的价值。

因此，本文旨在从价值共创理论出发，从顾客追求自我概念方面认同和感知公平的获取的视角出发，探索、构建并验证顾客参与对网络服务补救效果的影响和顾客参与网络服务补救的内在机制和运行路径，探索与构建企业的有效服务补救方案，为企业更好地理解网络顾客行为、更有效地应对网络服务失败并有效进行服务补救提供理论和实践上的指导。

1.2 研究问题

通过前文的分析不难发现，顾客参与已经成为网络服务补救的一个重要方面。顾客参与到网络服务补救中，不仅能有效地帮助企业理解顾客的诉求，采取针对性的服务补救措施来更有效地对顾客进行服务补救，从而达到挽留顾客的目的。另外，顾客参与网络服务补救中，也是为了更好地追求自己的价值。为了更好地从顾客的视角来理解网络服务补救，本文引入价值共创理论。正如前文所述，本文认为顾客参与网络服务补救中所追寻的价值是其能对网络服务补救效果产生作用的内在机制。本文认为自我概念的认同和感知公平的获取是顾客参与所追求的其中的两项价值，也是顾客参与网络服务补救的内在机制。本文将通过实证的调查研究来进行验证。

除了探究顾客参与网络服务补救的内在机制外，本文还将探究顾客参与如何对服务补救措施和服务补救效果之间的关系产生影响（即顾客参与的调节作用）。前人研究往往直接探究顾客参与对网络服务补救效果的影响，而忽略了顾客参与在网络服务补救中的调节作用。本文认为在服务补救中，最终起作用的是企业的服务补救措施，而顾客参与影响了顾客对企业服务补救措施的感知和接受度，因而影响服务补救效果。本文也将通过实证的调查研究来验证顾客参与在网络服务补救中的调节作用。

另外，本文还将探究顾客参与的前因变量。虽然前人也对顾客参与网络服务补救的前因变量进行过探究，前人的研究侧重于从顾客参与的动机、时机和能力这三方面来探究促进顾客参与的影响因素[4]。然而，前人对于顾客参与动机的研究中忽略了顾客心理授权这个重要变量。顾客心理授权是顾客的一种“由内而外”的心理需求与动机。顾客心理授权实际上反映了顾客对参与的能力和动机的综合体现。因此，顾客心理授权对顾客参与有直接的重要影响。本文将通过调查研究来探究顾客心理授权是否是顾客参与的前因变量。

最后，本文还将探究顾客个性特质（调节聚焦）对顾客参与在服务补救措施和服务补救效果关系中的调节作用的影响。即探究顾客参与对网络服务补救效果的影响是否在不同个性特质的顾客身上表现不同。本文选取的个性特质为调节聚焦，顾客可以被分为促进性调节聚焦和防御性调节聚焦两类。促进性调节聚焦的个体比防御性调节聚焦的个体更易采用积极主动的行为策略。而顾客参与本质上是顾客的一种积极主动的行为，这种行为更契合促进性调节聚焦个体的行为策略。因此，顾客参与在服务补救过程中的作用在促进性调节聚焦顾客身上将表现更明显。因此，本文将通过调查研究来探究顾客参与对网络服务补救效果的影响是否在不同调节聚焦（促进性调节聚焦 vs 防御性调节聚焦）顾客身上表现不同。

总结起来，本文的研究问题主要集中在四个方面：（1）顾客参与网络服务补救的作用机制。这方面主要探究自我概念的认同和感知公平的获取是否在顾客参与和服务补救效果（服务补救满意度、服务补救后行为） 关系中起中介作用。（2）顾客参与对网络服务补救效果的影响。这方面主要探究顾客参与在服务补救措施和服务补救效果关系中的调节作用。（3）顾客参与网络服务补救的前因变量。这方面主要探究顾客心理授权对顾客参与的影响。（4）顾客参与对网络服务补救效果的影响是否受顾客调节聚焦特质（促进性调节聚焦 vs 防御性调节聚焦）的影响。

1.3 研究价值

本文相对于已有研究的独到学术价值体现在以下三点。

第一，本文从顾客自我价值实现的视角探究顾客参与网络服务补救的内在机制，丰富网络服务补救的研究。前人对顾客参与对网络服务补救效果的作用机制的探究并不丰富，也没有完全揭示出顾客参与网络服务补救的内在机制。本文从顾客本身的视角出发，探究网络服务补救中的自我概念的提升和感知公平的获取是否是顾客参与网络服务补救的机制。虽然前人也有从感知公平获取的视角来探究顾客参与服务补救的机制，但本文首次从自我概念提升的视角来探究顾客参与网络服务补救的机制，这是本文独到的学术价值之一。

第二，本文探究顾客参与在网络服务补救中的调节作用。前人在探究顾客参与在服务补救中的作用时，往往直接探究的是顾客参与对服务补救效果的影响；或探究顾客参与对服务补救产生效果的作用机制。然而，前人的研究中缺乏对顾客参与在服务补救中的调节作用的探究。顾客参与不仅能直接或间接对服务补救效果产生影响，而且顾客参与在服务补救中更多起的是调节作用。本文探究顾客参与的调节作用，是对前人研究不足进行了有力的补充，丰富了网络服务补救的研究，有利于全面理解顾客参与在网络服务补救中的作用。这也是本文的独到学术价值之一。

第三，本文探究顾客的个性特质（调节聚焦）对顾客参与在网络服务补救中的调节作用的影响。前人的研究中往往忽略了顾客个性特质对顾客参与行为的影响。本文首次探究顾客参与网络服务补救中的个体差异，是对网络服务补救研究的重要补充，这也是本文的独到学术价值之一。

本文相对于已有研究的独到应用价值主要体现在以下三点。

第一，本文揭示网络服务补救中的顾客参与机制，有利于企业从顾客的视角来加强对网络服务补救效果的理解。从而促使企业采取更有效的措施促进顾客参与行为的发生，更有效地提升服务补救的效果。

第二，本文探究不同调节聚焦特质的顾客在不同参与程度下两类服务补救措施（经济利益补救和社会利益补救）对服务补救效果的影响。这有利于企业了解在不同情境下各种服务补救措施的效果，对企业如何针对不同情况和顾客协同进行网络服务补救措施提供相应的对策建议和策略参考。

第三，本文为企业管理者提供顾客关系管理方面的启示。本文从价值共创视角出发探究顾客参与网络服务补救中的价值追求对服务补救效果的影响。本文的研究有利于企业理解服务补救中的顾客价值追求，从而有利于企业通过提升网络服务水平来加强企业与顾客之间的关系。

1.4 研究思路

本文的研究思路如下：本文首先对现有的网络服务补救的研究进行系统梳理，指出现有研究存在的不足，提出顾客参与在网络服务补救中的作用。接着，本文对顾客参与网络服务补救的理论基础——价值共创理论、自我概念和公平理论进行系统地梳理。在文献梳理的基础上，本文提出顾客参与网络服务补救是为了对服务失败时受损的自我概念进行修复以及获取感知公平。基于此，本文建立了整体研究框架。接着，本文主要通过六个相互关联的研究来探究：(1）顾客参与在网络服务补救措施和服务补救效果（服务补救满意度、再次购买意愿和推荐意愿）关系中的调节作用；（2）顾客参与对服务补救效果产生作用的内在机制，即探究自我概念（自我控制感、自我效能感、顾客认同）的提升和感知公平的获取是否在顾客参与和服务补救效果的关系中起中介作用；（3）顾客参与的前因变量；（4）顾客参与对网络服务补救效果的影响是否受到顾客调节聚焦特质的影响。本文的六个研究都是通过问卷调查来完成的，在每个研究中，都对相关的变量的测量量表和问卷进行了修订。最后，在六个研究结果的基础上得出了本文的结论，并提出相应的理论贡献、企业管理启示及研究不足与未来的研究方向。

本文的各章节的具体内容安排如下（见图 1-1）：

第1章：绪论。本章主要介绍本文的研究背景、研究问题、研究内容、研究价值以及具体的研究思路。

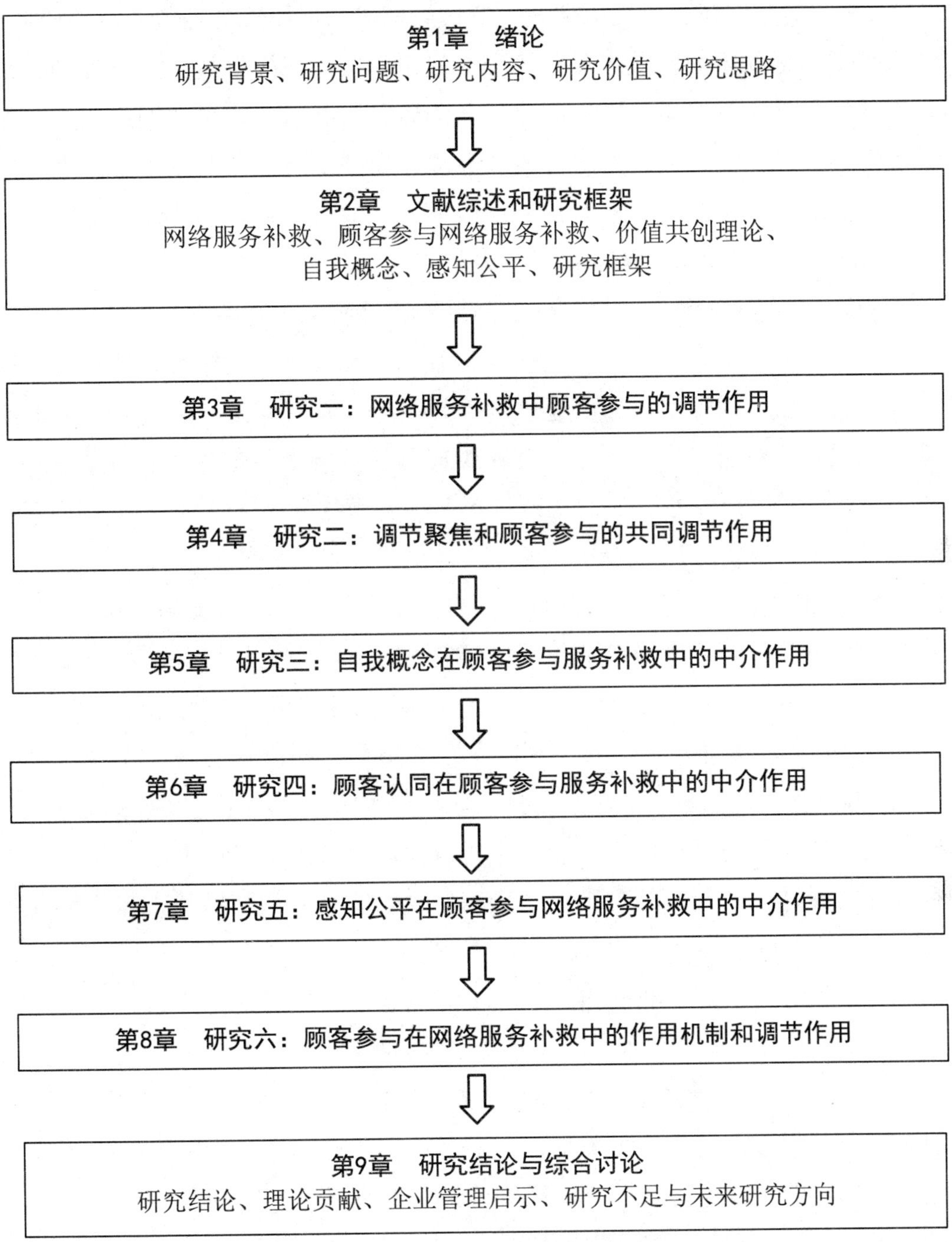

第1章　绪论
研究背景、研究问题、研究内容、研究价值、研究思路

第2章　文献综述和研究框架
网络服务补救、顾客参与网络服务补救、价值共创理论、
自我概念、感知公平、研究框架

第3章　研究一：网络服务补救中顾客参与的调节作用

第4章　研究二：调节聚焦和顾客参与的共同调节作用

第5章　研究三：自我概念在顾客参与服务补救中的中介作用

第6章　研究四：顾客认同在顾客参与服务补救中的中介作用

第7章　研究五：感知公平在顾客参与网络服务补救中的中介作用

第8章　研究六：顾客参与在网络服务补救中的作用机制和调节作用

第9章　研究结论与综合讨论
研究结论、理论贡献、企业管理启示、研究不足与未来研究方向

图 1-1　本文的研究思路结构图

第2章：文献综述和研究框架。本章对顾客参与网络服务补救的相关研究和理论基础进行系统的回顾，在此基础上提出本文的研究框架。本章详细介绍网络服务补救以及顾客参与网络服务补救的研究，并对顾客参与网络服务补救的理论基础——价值共创理论、自我概念理论和公平理论（阐述感知公平）进行了详细阐述。本文提出顾客参与网络服务补救的机制是为了修复服务失败时顾客受损的自我概念和提升顾客的感知公平水平。

第3章：研究一。研究一探究的是网络服务补救中顾客参与的调节作用。探究企业的两类服务补救措施（即经济利益补救和社会利益补救）是否通过提升顾客的服务补救满意度，从而进一步提升服务补救后行为（再次购买和推荐意愿）。同时还探究顾客参与是否在两类服务补救措施和服务补救满意度的关系中起调节作用，以及顾客参与在这两类服务补救措施中所起的调节作用是否相同。

第4章：研究二。研究二探究的是顾客的个性特征（调节聚焦）和顾客参与共同在网络服务补救中的调节作用。探究顾客参与在网络服务补救措施和服务补救满意度的关系中的调节作用是否会因为不同调节聚焦特质的顾客而不同。即探究顾客的调节聚焦是否影响了顾客参与在网络服务补救中的调节作用。

第5章：研究三。研究三探究自我概念在顾客参与网络服务补救中的中介作用。选取自我控制感和自我效能感作为自我概念的两个指标来进行探究。认为顾客参与通过提升顾客的自我控制感和自我效能感，从而提升顾客的服务补救满意度。且认为顾客参与通过提升自我控制感、自我效能感和服务补救满意度，从而提升了顾客再次购买和向他人进行推荐的意愿。从研究三开始，本文开始探究顾客参与对网络服务补救产生效果的作用机制。

第6章：研究四。研究四探究顾客认同在顾客参与网络服务补救中的中介作用。选取自我概念的另外一个指标：顾客认同，在顾客参与和服务补救满意度之间关系中的中介作用。同时，研究四还将探究顾客参与的前因变量。从心理动机的视角探究顾客心理授权是否是顾客参与的前因变量。

第7章：研究五。研究五探究感知公平在顾客参与网络服务补救中的中介作用。本文认为顾客参与网络服务补救时所追寻的价值是修复顾客在服务失败时受损的自我概念和提升顾客的感知公平水平。研究三和研究四探究的是修复自我概念是否是顾客参与网络服务补救的内在机制，而研究五则探究感知公平的获取是否是顾客参与网络服务补救的内在机制。同时，研究五还将探究顾客参与是否调节了企业的服务补救措施和顾客感知公平之间的关系；以及探究企业服务补救措施是否能通过提升顾客的感知公平，从而提升顾客的服务补救满意度。

第8章：研究六。研究六综合探究顾客参与在网络服务补救中的作用机制和调节作用。整合研究一到研究五的研究模型，弥补研究一到研究五中研究设计的不足，并对研究一到研究五的研究结果进行进一步验证，综合验证本文的研究模型。

第9章：研究结论与综合讨论。本章总结本文的主要研究结论，系统地论述本文的研究结果及其理论贡献、对企业的管理启示以及研究不足与未来的研究方向。

第2章　文献综述和研究框架

本章主要阐述本文涉及的主要概念和理论基础，对相关的主要概念的研究进行系统梳理。本文涉及的主要概念和理论为网络服务补救、顾客参与网络服务补救、价值共创理论、自我概念和感知公平。在梳理这些方面的研究后，本章接着提出本文的研究框架和研究内容。

2.1 网络服务补救

企业在与顾客的服务接触过程中，不可避免地会产生服务失败。企业的服务失败是指企业的服务表现没有达到顾客对服务的评价标准。企业的服务失败可能导致顾客抱怨，带来顾客的流失，甚至给企业带来负面的口碑传播。所以企业必须及时针对服务失败采取有效的服务补救措施。服务补救是指在服务失败的情况下，企业采取一定的措施以减轻或修复服务失败给顾客造成的损害。有关服务补救的定义和内涵，不同的学者从不同的角度进行了阐述。比如，*Bell* 和 *Zemke*（1987）的研究认为服务补救是指当出现服务失误时，服务提供者尽可能满足和实现顾客期望的过程[8]。*Hart* 等（1990）则认为服务补救就是企业用来解决顾客抱怨，并通过处理抱怨建立顾客对企业信赖的策略[9]。而 *Gronroos*（1988）给出了一个服务补救的一般性定义："服务补救是指服务提供者应对服务失败所采取的行动"[10]。*Johnston*（1995）的研究认为服务补救是及时发现并处理服务失误的主动性和应对性行为[11]。韦福祥（2002）的研究则认为服务补救是服务提供者对服务失败而采取的一种积极的、即时的反应和行为[12]。前人对于服务补救的定义虽然有所差异，但总的来说基本是一致的，都是将服务补救理解为企业对服务失败所采取的服务补救措施。

企业的服务补救如果能够实施得当，不仅可能挽回顾客，重新获取顾客信任；

甚至可能产生“服务补救悖论”的情况。所谓“服务补救悖论”是指遭遇服务失败的顾客在得到企业的良好服务补救之后，对企业的满意度或忠诚度比最初没经历服务失败时还好。而不恰当的服务补救可能导致更糟糕的顾客满意度，这时不恰当的服务补救成为了企业对顾客的二次伤害，造成更严重的顾客流失和顾客忠诚度的降低。因此，在出现服务失败后，企业如何采取有效的服务补救措施成为了一项重要的课题。

随着近年来我国网络零售业的迅速发展，网络服务失败也呈现出迅速增长的趋势。由于网络快速传播的特点，相比来说，网络服务失败给企业造成的负面影响远比线下服务失败造成的负面影响更大。根据中国电子商务研究中心发布的报告，2019年中国网络零售市场交易规模达10.32万亿元，同比增长了20.56%；中国网购用户的规模达7.32亿人，同比增长28.42%。然而，快速发展的网络零售业也伴随着严重的网络服务失败问题。根据国家市场监督管理总局公布的数据显示，2019年前三季度全国12315 受理投诉220.6万件，同比增长了15.4%。而据电子商务消费纠纷调解平台监测数据显示，2019年上半年，国内网购的投诉占全部投诉的比例高达52.62%。由此可以看出，近年来我国与网购相关的服务失败情况日益严重。这些网络服务失败的问题给企业带来了严重的影响。在网络服务问题日益严重的情况下，如何才能有效地进行网络服务补救，成为我国企业迫切需要解决的重要现实问题。

网络服务补救本质上也是服务补救的范畴。结合服务补救的定义，本文认为网络服务补救是指网络服务提供商在向顾客提供服务的过程中，对发生的服务失败所采取的服务补救措施。然而，网络服务补救有着与线下服务补救不同的特征。因为网络时代的顾客获得了更大的控制权，他们是知识丰富的（*informed*）、联系紧密的（*connected*）、自主性强的（*empowered*）和积极主动的（*active*）[13]。顾客之间的联系越来越紧密，他们通过网络渠道（如顾客抱怨论坛、社交网络）影响其他顾客购买的态度和意愿的能力越来越强[14]。这种在线的顾客之间（*customer-to-customer, C2C*）的互动已经开始成为顾客做出消费决策时的重要依据[15]。因此，一旦服务失败的情况通过这种渠道进行传播，将给企业带来更严重的负面影响。因此，网络服务补救与线下服务补救必然有所

不同。

近年来，网络服务补救的研究开始得到企业和学者们的重视。当前大多数网络服务补救的研究侧重于从企业的视角进行探讨。且大部分网络服务补救的研究主要借鉴传统线下服务补救研究的模式，得出了与线下服务补救基本类似的结论。从企业的视角探究网络服务补救的研究主要集中在探讨三个方面的问题：（1）网络服务失败的类型；（2）有效的网络服务补救措施；（3）网络服务补救的作用机制。本文接下来将对前人在这三方面的网络服务补救的研究进行梳理。

2.1.1 网络服务失败的类型

对于网络服务补救来讲，学者们首先需要清楚网络服务失败的原因是什么，即存在哪些网络服务失败的类型。只有先了解了网络服务失败的类型，才能针对性地开展网络服务补救。关于网络服务失败的类型，学者们基本形成了两种观点。一种观点认为网络服务失败和线下服务失败的原因是基本一致的，两者不存在显著区别。如 *Kuo* 等（2011）将网络拍卖服务失败的类型划归为员工对于服务传递系统反应的失败、员工对于顾客需求或请求反应的失败以及自发的主动的员工行为[16]。即对于服务失败来说，可能来自于服务系统、员工以及一些其他的不可测因素。而这三类因素最早是由 *Kelley* 等（1993）针对线下服务失败而归纳出来的[17]。这类观点认为无论是网络服务失败还是线下服务失败本质上是一样的，只是发生服务失败的场景不同而已。

另一种观点则认为网络服务失败和线下服务失败存在明显的区别。如 *Holloway* 和 *Beatty*（2003）归纳了在线零售服务失败的几种类型：传递问题、网页设计问题、顾客服务问题、支付问题、安全问题和其他问题[18]。相比于*Kuo* 等（2011）对于网络服务失败类型过于笼统的划分，*Holloway* 和 *Beatty*（2003）对网络服务失败类型的划分则更加突出了网络服务的特点。这一类观点更突出网络服务失败中的独特之处，比如支付问题、安全问题、网页设计问题等，这些问题是线下服务基本不存在的。

2.1.2 网络服务补救的措施

网络服务补救措施的研究仍然以借鉴线下服务补救为主（见表 2-1），尤其是 *Smith* 等（1999）提出的 4 类措施，即实物补偿、响应速度、道歉和补救主动性[3]。例如，常亚平等（2009）[19] 和阎俊等（2013）[20] 将网络服务补救措施定为：赔偿、沟通、解释、反馈和制度；张国梅和孙伟（2015）认为网络服务补救的措施包括：承认、解释、道歉和补偿[21]；*Holloway* 和*Beatty*（2003）[18] 以及*Forbes* 等（2005）[22] 认为网络服务补救措施应当包括：退款、更换货物、给予折扣、更正错误和道歉。总的来说，学者们对于网络服务补救的措施并没有统一的定论，且这些研究仍然以采用或借鉴线下服务补救为主。

表 2-1　学者们对线下服务补救措施维度的研究

研究学者	线下服务补救措施维度
Bell 和 *Zemke*（1987）[8]	道歉、真诚理解、快速修复、象征性补偿、跟进
Bitner 等（1990）[23]	承认、解释、道歉、补偿
Bell 和 *Ridge*（1992）[24]	道歉、公平解决、真诚对待、弥补、承诺
Hoffman 等（1995）[25]	补偿、退款、管理层介入、纠正错误、替换、道歉
Boshoff 和 *Leong*（1998）[26]	归因、道歉、员工授权
Smith 等（1999）[3]	补救主动性、实物补偿、响应速度、道歉
Boshoff（1997，2005）[27, 28]	沟通、解释、补偿、授权、回复、服务方式
McCole（2003）[29]	感知、处理过程、质量、意向

2.1.3 网络服务补救的作用机制

在探究网络服务补救措施产生效果的作用机制方面，国内外学者仍主要借鉴线下服务补救的研究成果。具体来说，主要运用公平理论（*justice theory*）（结果公平 vs 程序公平 vs 交互公平）和归因理论（*attribution theory*）（原因源归因 vs 稳定性归因 vs 可控性归因）来探究网络服务补救的作用机制，探究网络服务补救措施对服务补救效果产生作用的内在原因。

公平理论认为顾客对于服务补救的感知公平决定了网络服务补救的效果。

顾客的感知公平主要包括三个方面：结果公平、程序公平和交互公平。结果公平（*distributive justice*）是顾客感知的资源分配和交易结果的公平，反映的是顾客感知到的服务补救的努力结果[30]。程序公平（*procedural justice*）反映的是顾客在获得服务补救结果时对使用的程序和标准的公平性感知[31]。交互公平（*interactional justice*）反映的是服务提供者处理服务失败的方式及服务提供者与顾客之间的互动[32, 33]。前人研究也表明顾客的感知公平会影响服务补救的效果。如，*Wang* 等（2011）[34] 和 *Lin* 等（2011）[35] 都发现在网络服务补救过程中顾客感知到的公平感是影响服务补救满意度的重要因素。然而不同的服务补救措施通过影响顾客感知公平的不同维度来影响服务补救的效果。比如，阎俊等（2013）研究表明网络服务补救的不同维度通过公平感知的不同维度来影响顾客忠诚度。其中，解释和沟通通过交互公平正向影响顾客忠诚度，制度和反馈通过程序公平正向影响顾客忠诚度，赔偿则通过结果公平正向影响顾客忠诚度[20]。图2-1 反映的是学者们基于公平理论来探究网络服务补救结果的经典模型。在该模型中，服务提供商的不同类型的服务补救措施，通过影响三个维度的感知公平水平，从而导致不同的服务补救结果。在网络服务补救中，服务补救结果除了顾客满意度外，还包括顾客忠诚、顾客行为意向、顾客情绪等。目前，学者们对这三种感知公平对网络服务补救的效果并没有得到统一的结论。

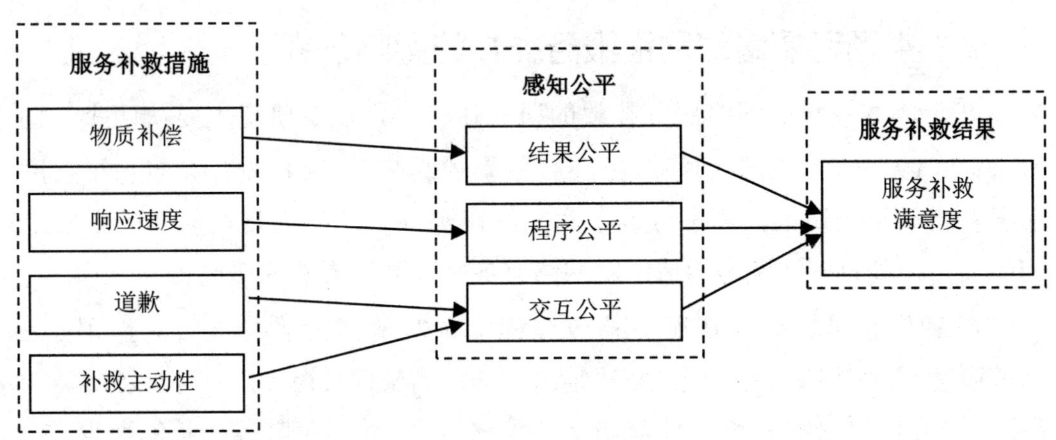

图 2-1 基于公平理论的网络服务补救结果经典模型（*Smith* 等，1999）

归因理论则认为不同的归因方式会导致不同的服务补救效果。归因理论从三个方面——原因源、稳定性和可控性对服务失败的原因进行归类[36]，从而影响服务补救的效果。面对服务失败，顾客首先会进行原因源归因，即评估造成服务失败的责任方是谁，通常责任方包括服务提供商（外部归因）、顾客本身（内部归因）以及其他第三方（外部归因）。其次，顾客会进行稳定性归因，即评估造成服务失败的因素是否是稳定的。最后，顾客还会进行可控性归因，即评估造成服务失败的因素是否受企业或个人的意愿所控制。大量前人的研究已经证实，不同的归因方式会对服务补救的效果产生不同的影响。比如，陆敏等（2015）的研究表明顾客对服务失败的归因显著影响其重购意愿[37]。肖海林和李书品（2017）的研究也表明消费者对服务失败的归因也显著影响其对服务补救满意度的感知[38]。

具体到网络服务补救的研究中，特别是网络服务补救归因的研究中，学者们探究最多的是顾客对于原因源的归因对网络服务补救结果造成的影响。比如，王唯梁和谢小云（2012）研究表明对基于能力的服务失败事件，内部归因解释产生的服务补救效果更好；而对基于诚信的服务失败事件，外部归因解释产生的服务补救效果更好[39]。*Dong* 等（2016）研究表明顾客对于服务失败责任方（企业 vs 顾客 vs 企业和顾客双方）的认定影响了顾客对网络服务补救的预期水平[40]。

2.1.4 顾客情绪对网络服务补救的影响研究

基于顾客视角的网络服务补救的研究还较少，现有研究主要从两个方面来进行：（1）顾客情绪对网络服务补救效果的影响；（2）顾客参与水平对网络服务补救效果的影响。由于顾客参与网络服务补救的研究将在后面的章节中重点阐述，此处只阐述顾客的情绪对网络服务补救效果影响的研究。

学者们较早就关注在服务补救过程中顾客情绪对服务补救的作用。*Izard*（1977）将人类情绪分为三类：积极情绪（如：愉快、兴奋等）、消极情绪（如：伤心、愤怒、厌恶等）和中性情绪（如惊奇等）[41]。在服务补救的研究中学者们主要关注顾客消极情绪所产生的影响。徐云（2015）总结了前人关于以情绪为主线的服务失败和服务补救的研究，将其归纳为两条主线（详见图 2-2 和图 2-3）[42]。在这两条研究主线中，服务失败会导致消费者产生消极的情绪（补救前

情绪），良好的服务补救可能会产生积极情绪（补救后情绪），而企业失败的服务补救则会导致更大的消极情绪（补救后情绪）。消费者的消极情绪和积极情绪都对服务补救的满意度及之后的消费者行为（口碑传播和重购意愿）产生显著的影响。在研究主线 1 中（见图 2-2），研究的起点是服务失败的类型或原因，主要探究服务失败引起的消极情绪对服务补救满意度和后续消费者行为的影响。其中，顾客期望和感知公平等顾客方面的因素对服务补救满意度产生重要影响，从而进一步影响后续的消费者行为（口碑传播、重购意愿等）。在这个过程中，由服务失败（过程失败、结果失败等）引起的顾客消极情绪既在前期影响了感知公平对服务补救满意度的关系，又在后期影响了服务补救满意度和后续消费者行为之间的关系。在研究主线 2 中（见图 2-3），研究的起点是企业的服务补救措施，企业不同的服务补救措施（如：主动补救 vs 被动补救）会直接影响顾客补救后消费者行为（如：口碑传播、重购意愿等），而顾客的情绪（包括服务补救前和服务补救后的消极或积极情绪）对服务补救措施和服务补救后消费者行为之间的关系产生调节作用。

值得注意的是，上述这两条以情绪为主线的服务补救的研究主线中，顾客的情绪只是作为调节变量存在。近年来，还有学者开始探究在网络服务补救中顾客的情绪对其行为意向的直接影响。比如，张初兵等（2014）研究表明顾客在网络服务补救后的感知公平（分配公平、程序公平、交互公平）通过消极情绪间接对其行为意向产生影响[43]。另外，有研究开始关注在网络服务补救过程中，顾客的消极情绪对消费者行为影响的内在机制。比如，张初兵等（2017）的研究表明在网络服务补救中，顾客的后悔情绪通过应对策略作用于行为意向，愤怒情绪则通过顾客沉思作用于行为意向[44]。侯如靖等（2012）的研究验证了在服务补救情境下的“感知公平—情绪反应（后悔）—行为意向”的概念模型，研究结果表明消费者的后悔情绪对顾客的后续行为意向产生了显著的影响[45]。

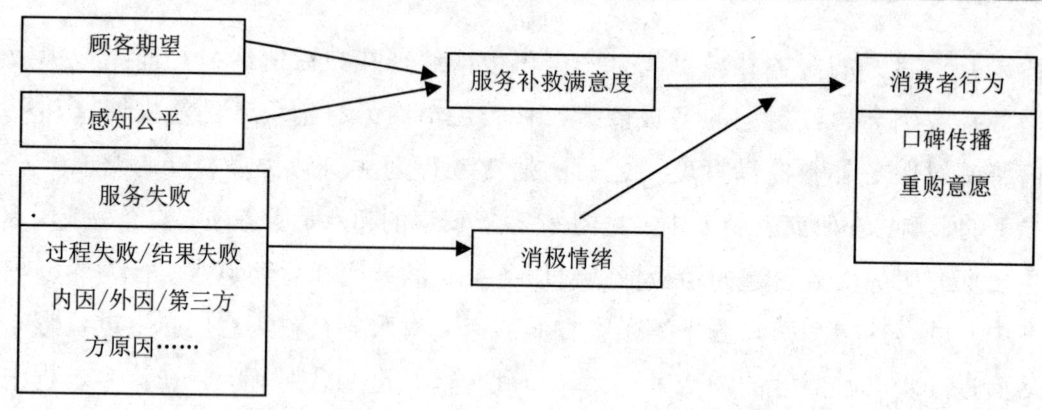

图 2-2　服务补救中以情绪为主线的研究 1（徐云，2015）

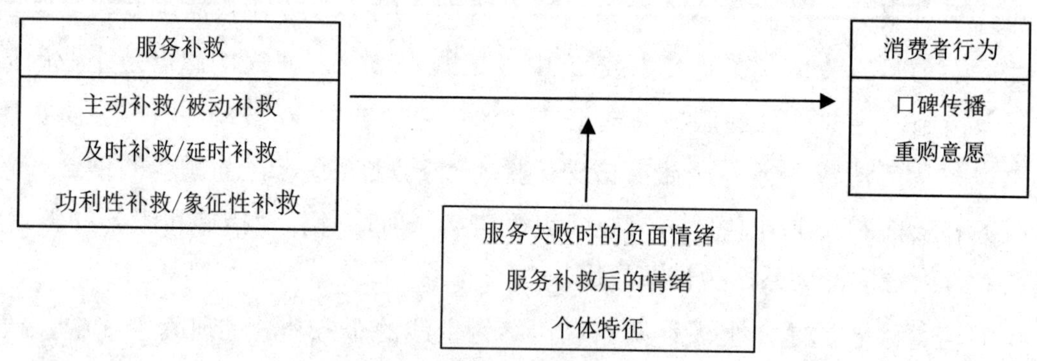

图 2-3　服务补救中以情绪为主线的研究 2（徐云，2015）

总的来看，以顾客情绪（主要为消极情绪）为主线的网络服务补救的研究取得了较丰富的研究成果。这类研究仍然是未来网络服务补救的研究方向，其中还有许多的问题值得探究。比如，在网络服务补救中顾客情绪对行为意向发生影响的内在机制是什么？服务补救前情绪和服务补救后情绪对顾客后续行为意向的影响是否有差异？各种情绪（如愤怒、失望、后悔等）的影响大小和作用机制如何？网络服务补救如何使得顾客产生积极情绪？积极情绪对行为意向的影响如何？等等。

2.1.5 网络服务补救研究述评

总的来看，现有网络服务补救的研究主要参照线下服务补救研究的思路，主要探究了网络服务失败的原因、网络服务补救措施以及有效进行网络服务补救的作用机制等。虽然学者们得到了较丰富的研究成果，但仍然存在以下两方面的欠缺。一是以往的研究过多地参考实体环境下的研究思路，而忽略网络环境的特殊性。网络服务补救的特殊性和重要性与线下环境中的差异是显而易见的[5]。网络服务带来很多线下服务所不具备的新特点。首先，在线上的购物环境中，顾客转换成本很低，顾客几乎只需要使用鼠标就能转换服务提供商[16]。其次，在网络服务中顾客需要借助某些技术媒介（购物网站、手机应用程序等）来完成，交易过程中顾客与企业的销售人员和产品处于分离的状态。这使得网络服务的过程中可能出现线下服务所没有的问题。比如，网页设计的问题、支付的问题、产品的配送问题、网络安全的问题等[18]。最后，由于网络环境中顾客获取信息的便捷性，使得在网络服务的过程中，顾客掌握信息的程度更高，顾客参与的程度更高[46]。

二是以往的研究主要从企业的角度探讨如何避免服务失败导致的损失，很少重视顾客在此过程中的作用。在网络环境中顾客能够更便捷地、成本更低地与企业和其他顾客发生联系。在这种情况下，价值共创理论为网络服务补救的研究提供了新思路。价值共创理论指出顾客是网络服务活动的主体，顾客通过主动的参与行为完成其对价值的感知和获取，完善自身需求，并影响企业实现其价值[7]。顾客在网络服务中越来越追求自我彰显，自我概念方面的认同是其重要的价值追求。随着顾客参与这一行为日益普及，企业开始提倡让顾客成为价值共同创造者，并把它作为保持竞争优势的来源。

2.2 顾客参与网络服务补救

近年来，学者们开始关注顾客参与对网络服务补救效果的影响。*Dong* 等（2008）将顾客参与服务补救定义为“顾客卷入到采取行动来回应服务失败的程度”[47]。*Silpakit* 和 *Fisk*（1985）[48] 认为顾客参与是顾客在体力、精神及情感上的努力与投入程度。陈可和涂平（2014）将服务补救中的顾客参与界定为顾客在解决服务问题过程中参与服务补救的方式和程度[4]。按照顾客参与的水平可以将网络服务补救的方式分成三类，从低到高依次是：企业补救、联合补救和顾客补救[49]。企业补救是顾客参与程度最低的服务补救，它是指服务补救的努力完全或大部分由企业和企业员工来进行，顾客只需在场或仅仅提供基础的和必要的信息，顾客在实际服务补救过程中的贡献较少。联合补救是指顾客和员工都参与到服务补救过程中的情形。而顾客补救是指主要由顾客来完成服务补救的过程，如自助服务补救[49, 50]。

前人也探究了顾客参与的维度。*Alison*（2003）通过对传统银行业和自助银行、传统旅游业和自助旅游的比较研究，提出了顾客参与的三维度：感知努力、任务认知和信息搜寻[51]。*Kellogg*（1997）等从服务产品生产流程角度将顾客参与划分为事前准备、建立关系、信息交换行为和干涉行为[52]。*Ennew* 和 *Blinks*（1999）将顾客参与行为分为信息分享、责任行为和人际互动[53]。*Groth*（2005）将顾客参与划分为信息共享、人际互动和合作生产[54]。*Yi* 和 *Gong*（2013）则认为顾客参与包括信息寻求、信息分享、责任行为和人际互动等方面[55]。彭艳君和景奉杰（2008）的研究将顾客参与的维度划分为事前准备、信息沟通、合作和人际交互四个维度[56]。*Claycomb* 和 *Lengnick-Hall*（2001）在对餐饮服务业的研究中将顾客参与的维度分为出席、信息提供和合作生产三个维度[57]。耿先锋（2008）在对医疗服务的研究中将顾客参与分为三个维度，即责任行为、信息搜索以及人际互动[58]。郭彤华和汤春辉（2011）的研究中，通过对网络电子优惠券市场的研究，将顾客参与行为分为付出努力、工作认知、搜寻信息和人际互动四个维度[59]。岑成德和甘小添（2011）在对网络旅游预订的研究中，将顾客参与的维度划分为信息搜寻、付出努力和信息分享三个维度[60]。综合而言，前人对顾客参与的研究中并没有给出一个统一的维度划分。在不同研究情境中，前人对顾客参与维度的划分也有所不同。但是大部分学者认为顾客参与是一个多维度的变量。前人对于顾客参与维度的划分中，存在很多相同的部分。综合前人的研究，本文认为顾客参与是顾客投入一定资源参与服务生产以提升消费质量的过程，包括信息搜寻、信息分享、责任行为和人际互动等行为表现方式。

学者们开始探究不同水平的顾客参与对网络服务补救效果的影响，然而这方面的研究还相对较少。顾客参与服务补救的结果变量一般是服务补救满意度[61, 62]、重购意愿[63]和口碑传播[64]等。而对于影响顾客参与服务补救的前因变量，学者们从不同的研究视角提出了不同的观点。比较典型的是陈可和涂平（2014）

的研究，他们发现与顾客独立参与服务补救相比，企业与顾客共同参与服务补救产生的总体满意度更高，而影响顾客参与服务补救的前因变量主要为顾客参与动机、顾客参与能力和顾客感知的补救可得性[4]。他们的研究模型如图2-4所示，该模型揭示了顾客参与水平的前因变量及它们对服务补救效果的影响。此外，学者们还开始探究顾客参与在企业服务补救措施和服务补救效果（如服务补救满意度、重购意愿、口碑传播等）之间的调节作用。比如，何奇兵和张承伟（2019）的研究表明顾客参与调节了退货服务补救和退货服务补救质量之间的关系[65]。刘凤军等（2019）的研究表明顾客参与在事前补救类型和顾客服务补救满意度之间起调节作用[66]。

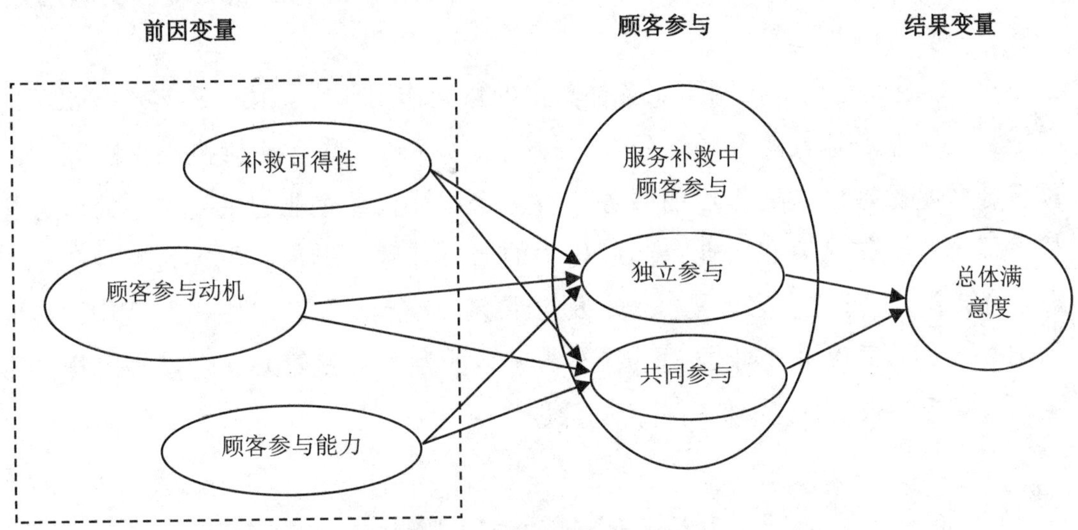

图 2-4　顾客参与对服务补救效果的影响（陈可和涂平，2014）

总的来说，顾客参与网络服务补救的研究还较少。前人对于顾客参与网络服务补救的前因变量和作用机制的探究仍然没有得到清晰的研究结果。本文认为在顾客参与网络服务补救的研究中还可以从以下三个方面进行深入探究。

（1）顾客的个性特征对网络服务补救效果的影响。顾客作为网络服务的主体，其本身的个性特征也是会对网络服务补救的效果产生影响。顾客参与到网络服务补救中来，必然会受到其本身的个性特征的影响。实际上，已有学者开始探究顾客的自我效能感对其感知服务补救效果的影响[40]。顾客的个性特征包含内容很广，很多方面值得学者们进行探究。比如，顾客的调节聚焦（*regulatory focus*）就可能对网络服务补救的效果产生影响。调节聚焦是一种自我调节的过程，是人们寻求将他们的行为与相关的目标和标准匹配起来的过程[67]。*Chen*等（2017）研究表明促进性调节聚焦的顾客和防御性调节聚焦的顾客对服务失败后的抱怨行为的强度不同[68]。未来的研究可深入探讨顾客的不同个性特征对其在网络服务失败后的不同反应及对服务补救效果的影响。

（2）顾客参与在网络服务补救中的作用机制。尽管已有学者对顾客参与在网络服务补救中的作用进行了研究，然而他们并未对这种作用的内在机制进行探究。由于顾客在网络服务中越来越追求自我彰显，自我概念方面的认同是其重要的价值追求。本文认为顾客在网络服务补救中所追求的自我概念的认同是顾客参与的内在机制之一。

（3）企业与顾客在网络服务补救中的协同作用研究。按照顾客参与水平的高低，网络服务补救的方式可分为三种：顾客补救、联合补救和企业补救[49]。顾客补救是顾客起主要作用的服务补救，企业补救是企业起主要作用的服务补救，联合补救是顾客和企业共同起作用的服务补救。如何与顾客进行协作以实现联合补救，对于企业来说是一个重要的课题。在企业与顾客的协作过程中，其他的因素（如，顾客与企业的关系状态，顾客的融入程度等）又会产生怎样的影响？这些都是未来研究中值得探究的课题。

2.3 价值共创理论

价值共创理论（*value co-creation theory*）对价值内涵和价值创造过程进行了深入的探讨，它是解释顾客参与行为的重要理论基础之一。价值共创理论是由 *Prahalad* 和 *Ramaswamy* 于2004年首先提出的[13]。他们认为在传统的市场体系中，公司与顾客是被隔离和分开的，他们的关系如图2-5 所示[13]。企业生产顾客所需要的产品或服务（创造价值），与顾客在市场中进行交易（交换价值）；顾客被视为企业产品的目标市场，顾客的角色只是被动的购买者。但是这种传统的市场体系正在逐渐被打破，因为顾客正在发生变化。进入互联网时代的顾客正变得越来越知识丰富（*informed*）、顾客之间彼此联系紧密（*connected*）、自主性强（*empowered*）和积极主动（*active*）。顾客的这些特征变化使得企业必须重新审视、分析和评估他们的价值创造过程。顾客与顾客之间的沟通和对话为顾客提供了丰富的信息，使得他们可以不经过企业就能获得所需的信息和知识。借助互联网，顾客越来越多地融入与生产者的对话当中，而且这个对话已经不再完全由生产者做主，顾客逐渐掌握了主动权[69]。于是顾客从被动的产品购买者变成了积极主动的价值共创者。

面对顾客的这些变化，*Prahalad* 和 *Ramaswamy*（2000）就指出，价值是由顾客与企业共同创造的，企业要积极地与顾客进行对话，利用顾客的知识，与顾客共同提升产品和服务质量，从而获得独特的竞争优势[69]。而共创价值的基础是企业与顾客共同创造独特的价值体验，共创价值就是依托对体验的共同创造而实现的，而顾客是这种共创体验的核心[7]。因此，需要围绕共创体验来建立新的框架，来理解价值创造过程。

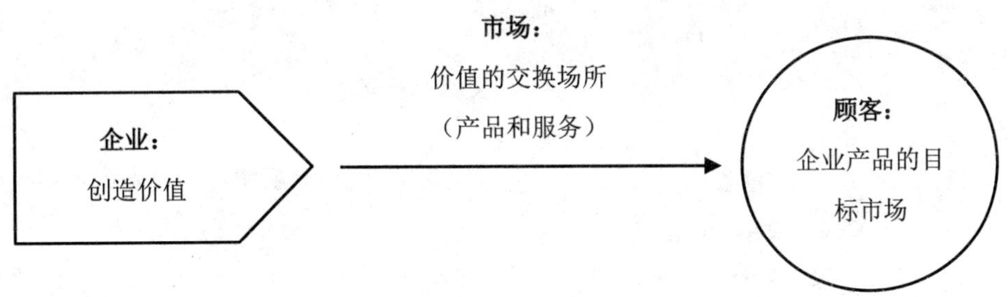

图 2-5　传统的市场概念

价值共创理论指出，顾客与企业之间高质量的互动能够使得顾客与企业共同创造独特的体验，这是企业竞争优势的新来源，是价值共创的基础。为了有效地促进高质量的互动，价值共创过程需要包括四个基本要素——对话（*dialogue*）、通道（*access*）、风险 — 收益（*risk-benefits*）和透明性（*transparency*），这就是价值共创的“*DART* 模型”[13]（见图2-6）。

在“*DART* 模型”中，市场可以看作是公司与顾客之间互动交流的场所，而对话（*dialogue*）是共创价值的核心要素。对话意味着互动性、深度融入（*engagement*）以及双方的互动能力和意愿。对话可以促使企业和消费者之间的理解达到一个更高的水平。对话要求平等，公司和顾客是平等的问题解决者，双方共同围绕着各自的利益展开对话，进行沟通与知识分享。信息的获取（*access*）和透明性（*transparency*）则是对话发挥作用的关键：因为一方面，它们是实现双方对等的基础，另一方面，它们也是顾客共创价值所需的知识和技能的来源。最后一项要素是风险—收益（*risk-benefits*）评估，公司要在透明的对话中帮助顾客衡量他们的风险和收益，评估的结果决定了顾客是否选择与公司共创价值或者在多大程度上参与到价值共创过程中来。通过把对话、通道、风险—收益评估和透明性等价值共创的基本构成要素组合在一起，往往可以使企业能够更好地把顾客视作为价值的共同创造者[13]。从价值共创的这四个基本要素可以看出，价值共创是需要顾客参与进来的。换句话说，顾客参与是价值共创的前提条件。

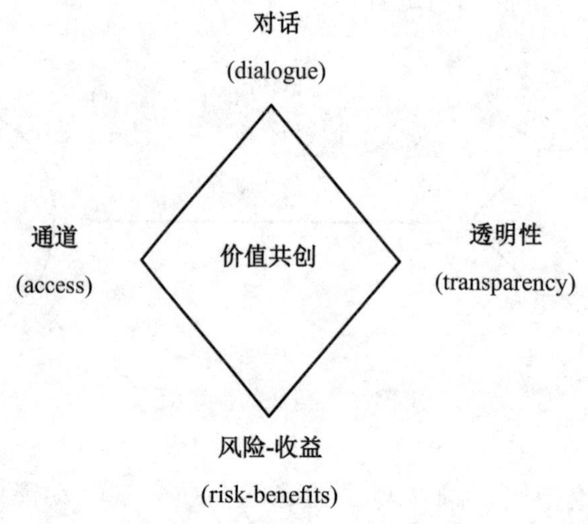

图 2-6　价值共创的“*DART*”模型

后来不少学者继续对价值共创理论进行进一步的探究。其中，*Gronroos* 对价值共创理论的探究引起了学者们的重视。*Gronroos* 指出如果价值指的是使用价值（*value-in-use*）的话，它要在顾客使用之后才能实现，那么顾客就不是价值的共同创造者，而是价值的创造者，生产者只是价值创造的促进者[70]。*Gronroos* 进一步提出，在价值创造的过程中，可以将价值创造过程分为三个域：企业域、顾客域和联合域。在企业域里面，企业整合资源为价值创造做好准备，这时企业生产产品或提供服务，此时企业创造的是潜在价值；在顾客域里面，顾客使用产品或服务，独立地创造价值，这个时候创造的是真实价值（即使用价值）；在联合域里面，企业与顾客进行直接互动，通过互动共同创造价值，这个时候创造的也是真实价值[71]（如图2-7 所示）。价值共创理论指出，只有得到顾客认可，被顾客所采用的价值（使用价值）才是顾客的真实价值。否则，企业创造的只能是潜在价值。因此，顾客参与企业的生产或服务过程，有利于顾客对企业生产的潜在价值的认同和采用，使得潜在价值真正转化为真实价值。价值共创理论鼓励企业吸引顾客参与到价值的创造过程中来。

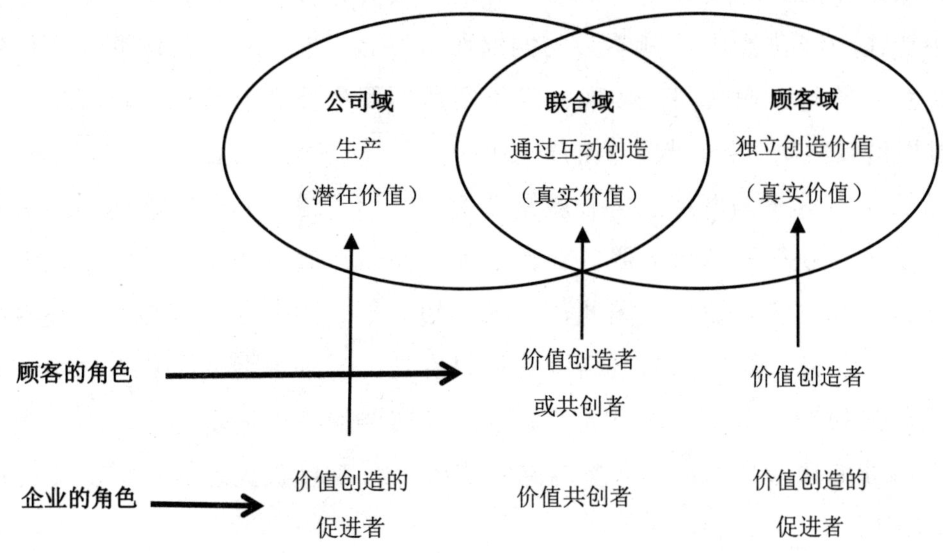

图 2-7　价值创造的企业域、顾客域和联合域

为何顾客参与会对网络服务补救的结果产生影响？价值共创理论为其提供了有利的解释。价值共创理论指出在互联网时代，顾客与顾客之间的沟通和对话为顾客提供了丰富的信息，使得他们可以不经过公司就能获得所需的信息和知识。借助互联网，顾客越来越多地融入到与生产者的对话当中，顾客从被动的产品购买者变成了积极主动的价值共创者。企业要积极地与顾客进行对话，利用顾客的知识，与顾客共同提升产品和服务质量，从而获得独特的竞争优势。价值共创理论指出顾客是网络服务活动的主体，顾客通过主动的参与行为完成其对价值的感知和获取，完善自身需求，并影响企业实现其价值[7]。彭军锋和汪涛（2007）指出如果没有顾客参与，服务商就不能理解顾客对服务失误后果的心理认知，无法针对服务失误采取针对性的服务补救模式，导致其服务补救行动并不能让顾客满意[72]。顾客参与网络服务补救中时通过信息沟通、合作生产和人际互动等与企业共同来实现顾客所要达到服务补救的目标。顾客参与服务补救过程是其实现服务补救价值的重要手段。

那么，顾客参与网络服务补救是要追求什么价值呢？顾客参与网络服务补救最终是为了获得更满意的服务补救效果。而获得满意的服务补救过程中，顾客能获得较高的感知公平。因此，追求感知公平是顾客参与网络服务补救中的价值之一。另外，顾客参与网络服务补救也是为了弥补遭遇服务失败时造成的自我概念的损失。自我概念方面的修复是其重要的价值追求之一。接下来，本文将在后续的章节中阐述顾客参与网络服务补救对自我概念的修复以及对感知公平的追求。

2.4 自我概念

自我概念（*self-concept*）是对自我的看法，是对“我是谁”的理解。自我概念是一个人认识到的自己的能力、局限、外观和特点，包括他自己的个性。自我概念可以看作是一组稳定的用来表征自我的知识结构的自我图示，这些自我图示组织与自我相关的信息并帮助人们在环境中定位自己[73]。根据自我图示理论，人们通过各种方式来保持和加强他们的自我概念。其中，人们保持和加强自我概念的一种重要的方式是通过他们购买和使用的产品和品牌。很早 *Gard-*

ner 和 *Levy*（1955）[74] 和 *Levy*（1959）[75] 就提出，人们购买和使用某些产品或品牌时是看重这些产品表现出来的象征性价值（*symbolic value*）。消费者购买和使用产品并不仅仅为了获得该产品的物理属性和功能性价值（*functional benefits*）。顾客如何感知他们所拥有的产品、想要拥有的产品和不想拥有的产品取决于这些产品对于他们自己和其他人的象征性价值[76]。顾客的个性和自我概念可以通过他们购买和使用的产品或品牌来进行定义、保持和加强。有时，一个顾客购买一个特定的品牌是因为品牌的印象（*image*）与人们自己的自我印象（*self-image*）相一致，人们认为这个品牌能够增强他们的自我印象。同样，一个消费者也可能因为某个产品或品牌与他/她自己的自我概念不一致而决定不购买[77]。

顾客通过购买和使用产品或服务来定义、保持和加强他们自己的自我概念。这些产品或服务成为顾客“延伸的自我”。“延伸的自我”指的是人们倾向于根据自己的拥有物来界定自我，这些拥有物不仅是自我概念的外在显示，同时也构成自我概念的一个有机组成部分，这些拥有物成为了人们“延伸的自我”[78]。然而，当企业不能顺利完成产品或服务的传递过程，即顾客遭遇服务失败后，顾客的自我概念就会受到损害。

服务失败的出现意味着服务中的一些事件或活动没有达到顾客的预期目标，也意味着顾客的某些自我计划会受到挫折[79]，从而可能会进一步地使得那些与自我计划紧密相关的深层自我概念出现破坏、缺失、甚至遗失。在自我控制的驱使下，顾客会对那些破坏个体自我概念的刺激（包括服务失误事件、行为或相关信息）进行自我聚焦和自我反省[79]。徐霜等（2008）[80] 以及彭军锋和汪涛（2007）[72] 的研究都表明不同的服务失误（结果性失误、程序性失误、互动性失误）会使得顾客产生公开自我威胁或私下自我威胁。而顾客的自我威胁将导致顾客产生抱怨意向[72, 81]。因此，服务失误对顾客的自我概念构成威胁，而顾客需要在后面的服务补救过程中修复受损的自我概念。

2.5 感知公平

感知公平是指在服务过程中，顾客认为自己体验到的服务质量能够与付出服务价格相等时，这样的结果才是公平的[82]。服务补救的各个环节中也都存在着对公平的感知。*Tax* 等（1998）[83]的研究指出，公平理论已成为服务补救领域的重要理论基础，为研究网络服务补救提供了重要的理论支撑。目前大多数学者认为感知公平包含结果公平、程序公平和互动公平三个方面。结果公平是指顾客对在服务补救过程中所得到的补偿的评价；程序公平是指解决问题的过程中规范的政策和影响服务补救结果的结构性考虑（如：过程、制度）；互动公平是指服务提供商解决服务问题的方式和态度，以及双方在细节方面的交互作用[84]。然而，近年来有学者认为，在网络服务中感知公平应该再加上信息公平这个维度。在网络服务中顾客获取信息的来源更丰富，对信息的透明性和公平性更敏感。*Greenberg*（1993）[85] 和 *Kono vs ky*（2000）[86] 认为信息公平是 指企业是否准确及时地给当事人传达了应有的信息，以及是否给予当事人一定的解释或者合理的理由。

本文认为感知公平是顾客参与网络服务补救的价值追求之一。顾客参与会影响顾客对企业服务补救措施的评价过程，从而影响服务补救满意度。感知公平是这个评价过程中的重要一环。服务补救中的感知公平有两层含义，一是服务补救措施能否弥补服务失败给顾客带来的损失；二是与其他顾客相比，顾客自己本身所得到的服务补救措施是否公平。顾客对感知公平的评价反映出顾客对企业整个服务补救流程和结果的整体评估，也反映出顾客对自己参与服务补救过程的效用评估。前人研究也表明顾客参与通过感知公平[5] 来对服务补救效果发挥作用。基于此，本文认为感知公平是顾客参与网络服务补救中重要的价值追求。

2.6 研究框架

从前文的文献回顾可以看出，虽然前人在网络服务补救的研究中取得了 一定的进展。但仍然存在以下两方面的欠缺：一是过多地参考实体环境下的研究思路，而忽略网络环境的特殊性；二是主要从企业的角度探讨如何避免服务失败导致的损失，很少重视顾客在此过程中的作用。在网络环境中顾客能够更便捷地、成本更低地与企业和其他顾客发生联系。在这种情况下，价值共创理论为网络服务补救的研究提供了新思路。该理论指出顾客是网络服务活动的主体，顾客通过主动的参与行为完成其对价值的感知和获取，完善自身需求，并影响企业实现其价值。顾客在网络服务中越来越追求自我彰显，自我概念方面的认同是其重要的价值追求，同时追求感知公平也是顾客参与网络服务补救中的价值之一。基于此，本文旨在从顾客追求自我概念的认同和感知公平的获取的视角出发，探索、构建并验证顾客参与网络服务补救的内在机制。

根据前文的文献梳理，本文提出的整体研究框架如图 2-8 所示。总体来看，本文围绕着顾客参与在网络服务补救中的调节作用和作用机制来开展。本文的研究主要从以下三个方面来开展。第一，本文探究顾客参与对网络服务补救效果的影响。当发生服务失败后，企业会采取服务补救措施来对顾客进行服务补救。企业的服务补救措施大体可以分为两类，即经济利益补救和社会利益补救。企业的这两类补救措施通过影响顾客的服务补救满意度，从而进一步影响顾客的再次购买和推荐意愿。同时，服务失败的严重程度也会对服务补救满意度、再次购买意愿和推荐意愿产生影响。而顾客参与调节了企业的服务补救措施和顾客的服务补救满意度之间的关系。另外，企业的服务补救措施通过提升顾客的感知公平，从而对服务补救满意度产生影响，而顾客参与调节了服务补救措施和感知公平之间的关系。第二，本文探究顾客参与对网络服务补救产生效果的作用机制。顾客参与通过提升顾客的自我概念和感知公平，进一步提升顾客的服务补救满意度、再次购买和推荐意愿。由于自我概念是一个很复杂的概念，本文选取顾客认同、自我控制感和自我效能感作为自我概念的三个指标。第三，本文探究顾客本身因素对顾客参与在网络服务补救中的作用的影响。本文探究的顾客方面的因素为顾客心理授权和调节聚焦。顾客心理授权直接影响了顾客参与水平，而顾客的调节聚焦影响了顾客在服务补救措施和服务补救满意度之间关系中的调节作用。

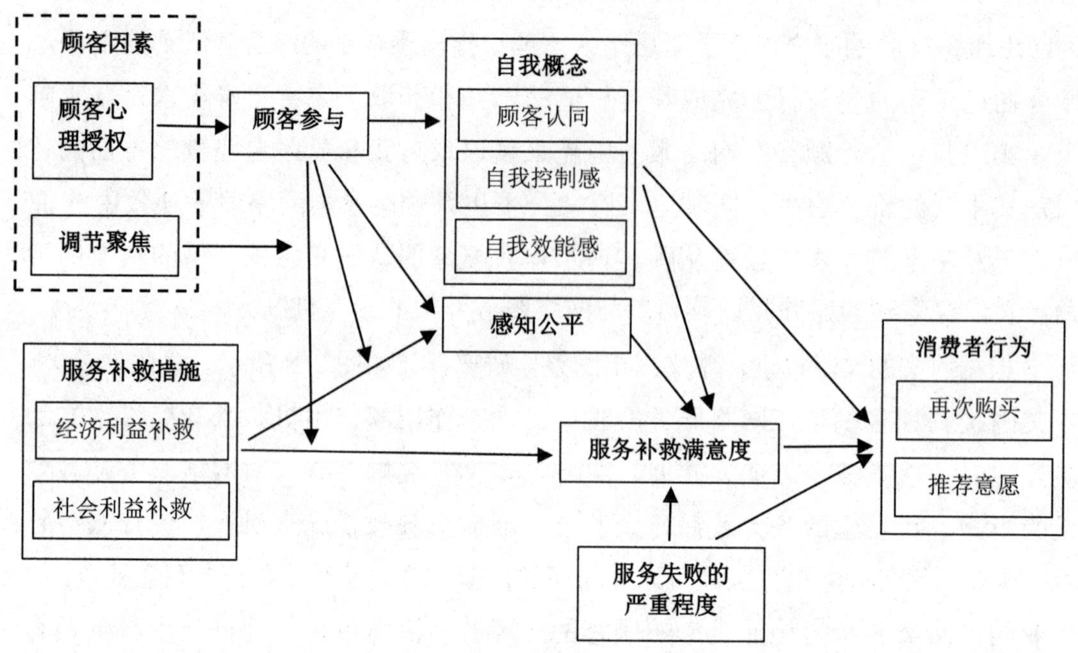

图 2-8　本文的整体研究框架

本文的整体研究框架所涉及的研究变量较多，研究模型也较复杂。因此，本文将通过六个研究来分步探究和验证本文的整体研究模型。研究一和研究二将主要来探究顾客参与在服务补救措施（经济利益补救和社会利益补救）和服务补救效果（服务补救满意度、再次购买和推荐意愿）之间关系中的调节作用。研究三、研究四和研究五将重点探究顾客参与对网络服务补救产生效果的作用机制。在分别检测了顾客参与网络服务补救中的调节作用和作用机制后，本文再用一个综合性的研究（即研究六）来验证整个研究模型。接下来，本文具体介绍每个研究（研究一到研究六）的研究模型。

图2-9 显示的是研究一的研究模型。研究一首先来探究顾客参与是否在服务补救措施和服务补救满意度的关系中起调节作用。在该模型中服务补救措施和服务失败严重程度共同影响了服务补救满意度，从而影响了顾客的后续消费者行为（再次购买和推荐意愿）。在本研究中将服务补救措施分为了经济利益补救和社会利益补救两类。因为这两类补救措施发生作用的机制不同。经济利益补救侧重于对顾客进行物质补偿，社会利益补救侧重于对顾客的精神和情绪

的抚慰。研究一将探究顾客参与在这两类服务补救措施和服务补救满意度的关系中是否都起调节作用，且调节作用是否一致。

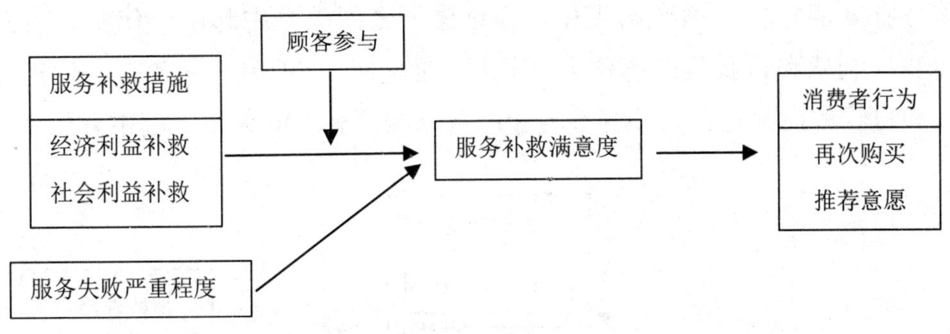

图 2-9　研究一的研究模型

图 2-10 显示的是研究二的研究模型。研究二是在研究一的基础上进一步进行的探究。研究一首先探究顾客参与在服务补救措施和服务补救满意度之间关系中的调节作用，接着进一步探究这种调节作用是否会受到顾客本身的个性特征的影响。本研究选取的顾客的个性特征是顾客的调节聚焦特质，顾客可以按调节聚焦特征分为促进性调节聚焦和防御性调节聚焦两类。调节聚焦可以看作是一种自我调节的过程，是人们寻求将他们的行为与相关的目标和标准匹配起来的过程。调节聚焦是一种普遍影响顾客行为的个性特质，也将影响顾客参与行为。研究二探究顾客参与的调节作用是否取决于顾客的调节聚焦特质，即探究顾客参与在网络服务补救中的调节作用是否在促进性调节聚焦的顾客和防御性调节聚焦的顾客身上表现不一致。

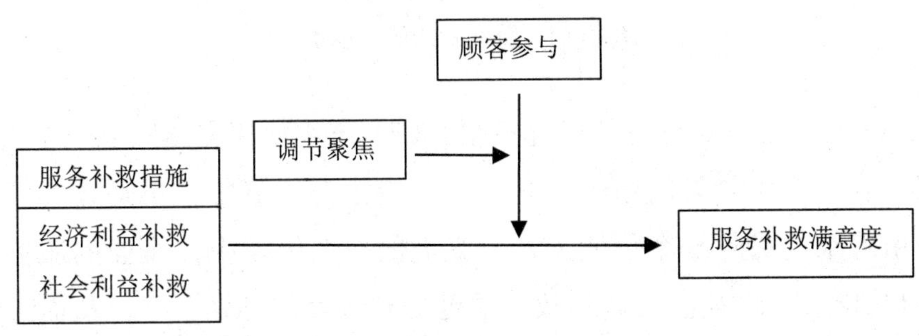

图 2-10　研究二的研究模型

图 2-11 显示的是研究三的研究模型。研究三开始探究顾客参与网络服务补救的作用机制。研究三首先探究自我概念是否在顾客参与和网络服务补救效果（服务补救满意度、再次购买和推荐意愿）之间关系中起中介作用。研究三选取自我控制感和自我效能感作为自我概念的指标。其次，研究三还探究自我控制感和自我效能感是否在顾客参与和服务补救满意度的关系中起中介作用。

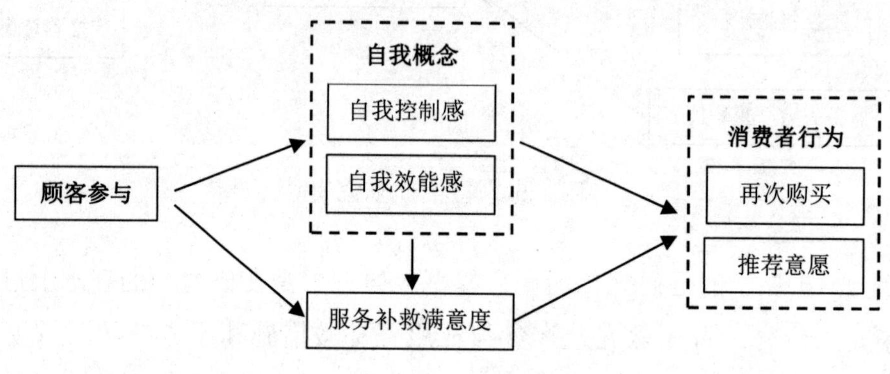

图 2-11　研究三的研究模型

图2-12 显示的是研究四的研究模型。研究四主要探究自我概念的另一个指标——顾客认同是否在顾客参与和服务补救满意度之间关系中起中介作用。除此之外，研究四还将探究顾客心理授权是否是顾客参与的前因变量。研究四完整地探究顾客参与网络服务补救的前因变量和结果变量。

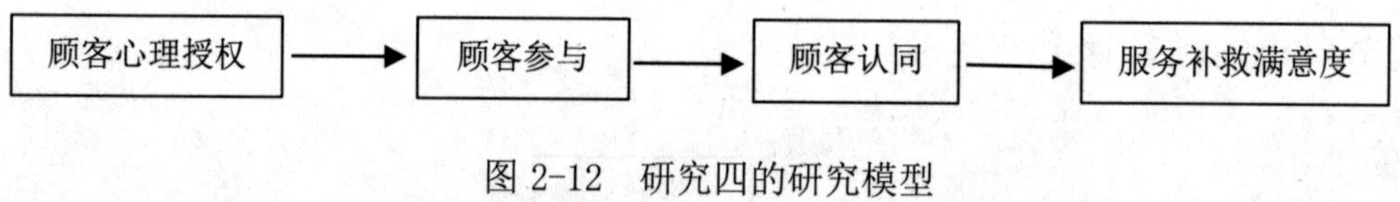

图 2-12　研究四的研究模型

图 2-13 显示的是研究五的研究模型。研究五主要探究感知公平是否是顾客参与对服务补救产生效果的作用机制。本文提出获得感知公平是顾客参与网络服务补救所追求的另外一个价值。在研究五的研究模型中，企业的服务补救措施（经济利益补救 vs 社会利益补救）通过提升顾客的感知公平，从而进一步提升服务补救满意度。顾客参与调节了企业服务补救措施和感知公平之间的关系。同时，顾客参与通过提升顾客的感知公平，进一步提升服务补救满意度。

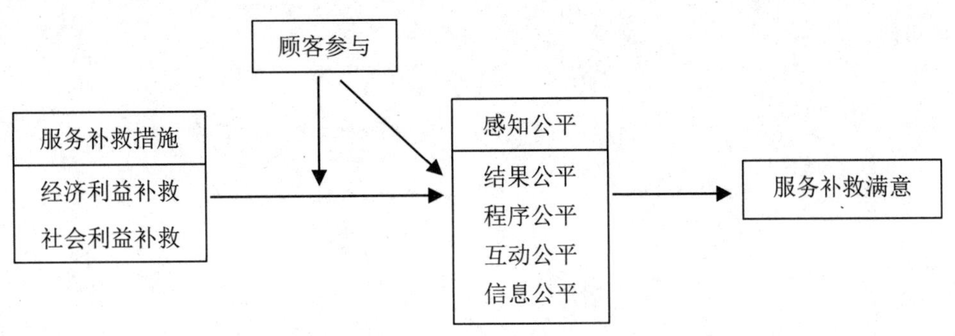

图 2-13　研究五的研究模型

图2-14 显示的是研究六的研究模型。研究六综合验证本文的研究模型，并对前五个研究的结果进行验证。研究六主要探究顾客参与在服务补救中的调节作用，及顾客参与对服务补救产生效果的内在机制。顾客参与在企业的服务补救措施（经济利益补救和社会利益补救）和顾客的服务补救满意度的关系中起调节作用；顾客本身的调节聚焦特质影响了顾客参与的这种调节作用。顾客参与通过自我概念和感知公平水平的提升对服务补救效果（服务补救满意度、再购意愿、推荐意愿）产生影响。顾客心理授权是顾客参与的前因变量。另外，企业的服务补救措施还可通过提升顾客的感知公平而对服务补救满意度产生影响，顾客参与对服务补救措施和感知公平之间的关系起调节作用。

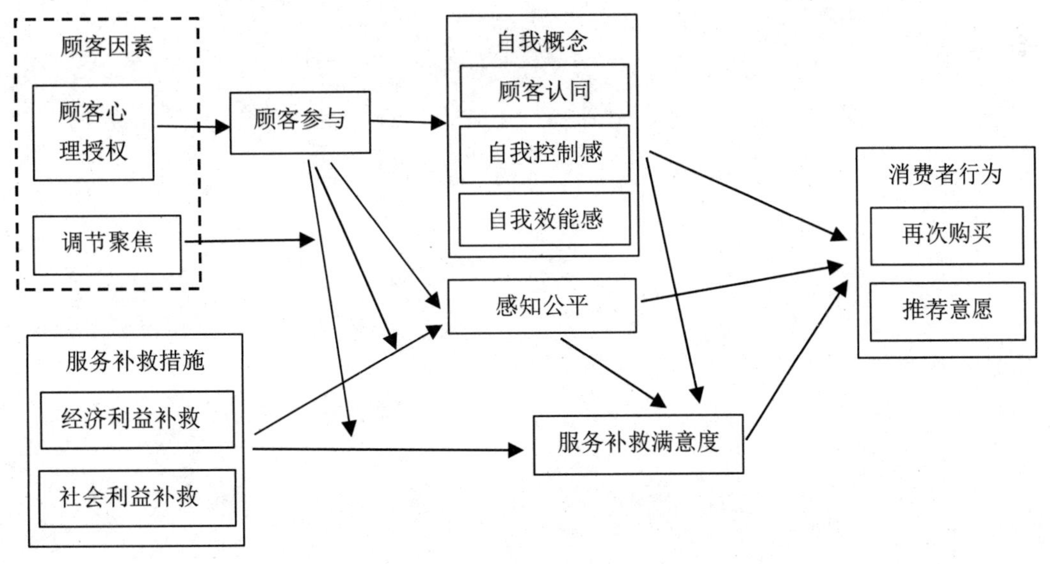

图 2-14　研究六的研究模型

第3章　研究一：网络服务补救中顾客参与的调节作用

研究一将首先探究在网络服务补救中顾客参与的调节作用。研究一的研究模型如下页图3-1所示。在该模型中，企业采取两类网络服务补救措施（经济利益补救和社会利益补救）来弥补遭遇服务失败的顾客。企业的网络服务补救措施影响了顾客的服务补救满意度，从而进一步影响了顾客的再次购买意愿和推荐 意愿等后续消费者行为。在这个过程中企业的网络服务补救措施对顾客服务补救满意度的影响受到顾客参与程度的影响。在本研究中将重点探究顾客参与在经济利益补救和社会利益补救与服务补救满意度中是否存在调节作用，以及顾 客参与在这两种服务补救措施与服务补救满意度的关系中的调节作用是否一致。另外，在研究一的模型中，本研究还加入了一个控制变量：服务失败的严重程度。前人的研究也表明服务失败的严重程度会负向影响服务补救满意度，且是一个重要的影响服务补救效果的变量[3,34]。因此，研究一中将服务失败的严重程度作为控制变量纳入到研究模型中来。

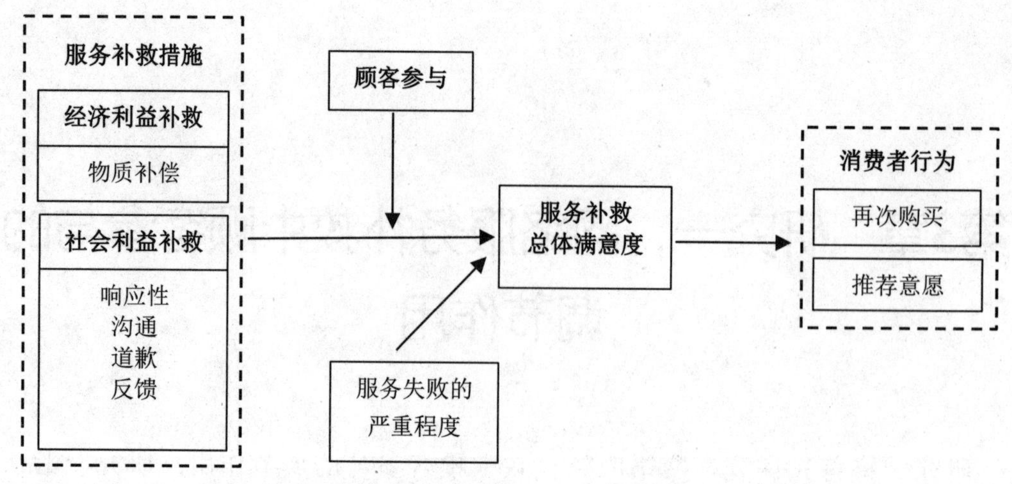

图 3-1　研究一的研究模型

本研究将首先通过对前人的研究进行文献回顾，提出研究模型中的各个变量之间的关系，提出本研究的研究假设，再通过问卷调查来验证本研究提出的这些研究假设。

3.1 文献综述与研究假设

3.1.1 经济利益补救和社会利益补救

当发生服务失败后，企业需要采取服务补救措施来挽留顾客。大量学者对企业如何开展有效的网络服务补救措施进行了研究。如，常亚平等（2009）将网络服务补救措施的维度定为：赔偿、沟通、解释、反馈和制度五个方面[19]；张国梅和孙伟（2015）认为网络服务补救措施的维度应当为：承认、解释、道歉和补偿四个方面[21]；*Holloway* 和 *Beatty*（2003）[18]以及*Forbes* 等（2005）[22]认为网络服务补救维度应当包括：退款、更换货物、给予折扣、更正错误和道歉这五个维度。目前学者们对于网络服务补救的维度并没有统一的定论，但在大部分的研究中仍然认同 *Smith* 等（1999）划分的四个维度，即有形补偿、响应速度、道歉和补救主动性[3]。

在这些服务补救措施中，学者们比较认同将这些网络服务补救措施划分为两类：即经济利益补救和社会利益补救（或功利补救和象征补救）[87]。经济利益补救是指企业给予顾客物质的、实体的补偿，如退款、免费赠品、优惠券、折扣等。社会利益补救是指企业在精神上、心理上或情绪上给予顾客补偿，如道歉、解释、表现礼貌等。经济利益补救和社会利益补救是两种不同类型的补救措施。研究表明这两种类型的补救措施对顾客的服务补救满意度产生不同的影响[87]。本研究也将服务补救措施划分为经济利益补救和社会利益补救这两种类型，每种类型中选取典型的服务补救措施作为指标来进行研究。其中，经济利益补救选取物质补偿作为指标，社会利益补救选取响应性、沟通、道歉和反馈作为指标。

前人的研究表明，企业的服务补救措施通过影响顾客的服务补救满意度，最终影响顾客的后续消费者行为（如口碑传播、重购意愿等）[88, 89]。服务补救满意度是指在服务失败后顾客对企业服务补救的满意评价，是顾客在面对服务失败及服务补救时的心理变化和情感评价[90]。企业的服务补救只有达到顾客的期望，使顾客满意之后，顾客才可能会继续使用企业的产品和服务，产生后续的消费者行为。后续的消费者行为主要为两类：一类是顾客继续购买该企业的产品和服务（常见指标为再次购买、重购意愿等）；另一类是顾客向其他人推荐该企业的产品和服务（常见的指标为推荐意愿、口碑传播等）。本研究分别选取再次购买和推荐意愿作为顾客后续消费者行为的指标。因此，本研究提出如下研究假设：

H3-1a：经济利益补救通过提升顾客的服务补救满意度，从而增加顾客的再次购买行为。

H3-1b：经济利益补救通过提升顾客的服务补救满意度，从而增加顾客进行推荐的意愿。

H3-2a：社会利益补救通过提升顾客的服务补救满意度，从而增加顾客的再次购买行为。

H3-2b：社会利益补救通过提升顾客的服务补救满意度，从而增加顾客进行推荐的意愿。

前人的研究还表明服务失败的严重程度会负向影响服务补救满意度[3, 34]。即当顾客遭遇的服务失败越严重时，顾客对企业产生的负向情绪越严重，对企业的失望和不信任感越高，企业进行服务补救的难度越大。顾客遭遇的服务失败越严重，顾客对服务补救的满意度会越低，从而对服务补救后的再次购买行为和进行推荐的意愿程度越低。据此，本研究提出如下研究假设：

H3-3a：服务失败的严重程度负向影响顾客的服务补救满意度。

H3-3b：服务失败的严重程度通过降低顾客的服务补救满意度，从而降低顾客再次购买行为的发生。

H3-3c：服务失败的严重程度通过降低顾客的服务补救满意度，从而降低顾客进行推荐的意愿。

3.1.2 顾客参与和企业服务补救措施

为了使服务补救产生更好的效果，需要企业和顾客双方的共同参与。顾客参与对企业的服务补救措施产生的效果会产生影响。服务补救中的顾客参与是指顾客在解决服务问题过程中参与服务补救的方式和程度[4]。*Meuter* 和 *Bitner*（1998）将顾客参与服务补救的水平从低到高分成三类：企业补救、联合补救和顾客补救。不同的顾客参与水平对服务补救效果的影响不同[49]。陈可和涂平（2014）的研究发现，企业与顾客共同参与服务补救（即联合补救）产生的服务补救满意度比顾客独立参与（即顾客补救）时产生的服务补救满意度更高[4]。

社会交换理论可以为顾客参与服务补救过程产生的作用进行解释。社会交换理论指出人类进行的所有活动最终目的都是为了追求能够满足人们基本需求的各种资源。人类的所有活动都可以看作是一种交换活动[91,92]。顾客参与服务补救过程也可以看作一个交换过程。顾客参与服务补救时投入了时间、精力等资源，期望能从企业那里获得相对应的收益（企业的服务补救）。在社会交换的过程中，人们倾向于匹配原则。即交换的双方在投入的资源种类和数量上能够大体相当。在服务补救过程中，顾客参与投入的资源（如时间、精力等）更多的是一种心理上的、精神上的投入，而企业的社会利益补救给予顾客的更多的也是精神上、心理上、情绪上的补偿。因此，对顾客来说，顾客参与和企业的社会利益补救（相比于经济利益补救）在投入和收益是相匹配的。因此，企业的社会利益补救对顾客补救满意度的影响受到顾客参与程度的影响，而企业的经济利益补救对顾客补救满意度的影响将不受顾客参与程度的影响。据此，本研究提出如下研究假设：

H3-4a：顾客参与正向调节了社会利益补救与服务补救满意度之间的关系。即顾客参与程度越高，社会利益补救对服务补救满意度的影响越大。

H3-4b：顾客参与对经济利益补救与服务补救满意度之间的关系不起调节的作用。

3.2 预研究：修订《服务补救措施量表》

在本研究中需要使用《服务补救措施量表》对经济利益补救和社会利益补救进行测量，本研究首先需要对《服务补救措施量表》进行修订。该量表分为经济利益补救分量表和社会利益补救分量表。经济利益补救的测量量表主要以 *Smith* 等（1999）[3] 中对有形补偿的测量量表为基础进行编制。社会利益补救的测量量表主要参考 *Forbes* 等（2005）[22]、郑秋莹和范秀成（2007）[92] 和张倩（2008）[93] 的研究，并结合本研究的研究情境进行编制，包括响应性、沟通、道歉和反馈4个维度。《服务补救措施量表》包含13个题项，采用李克特5点量表的形式进行测量，1 表示“非常不符合”，5 表示“非常符合”，依次类推。本研究派发包含《服务补救措施量表》在内的问卷246 份，最后有效回收问卷207 份，问卷的有效回收率为 84.15%。

本研究使用AMOS17.0软件对这207份有效数据进行验证性因子分析，以检验《服务补救措施量表》在本研究中的适用性。最终的验证性因子分析的结果如表 3-1 所示，在删除两个题项后（这两个题项的标准化因子因负荷太低而被删除），本研究修订的《服务补救措施量表》的模型拟合度良好（X^2=102.893，df=40，GFI=0.963，AGFI=0.927，CFI=0.968，NFI=0.922，IFI=0.969，TLI=0.950，RMSEA=0.054）。所有题项的标准化因子负荷均大于0.5（0.52～0.88），且在α=0.001 的水平上显著。总量表 Cronbach’s α 系数和组合信度都较高，均大于0.7（0.78和0.90）。这些结果表明修订的《服务补救措施量表》的适用性较好。该修订的量表将用于本研究的正式研究中。

表 3-1　《服务补救措施量表》的验证性因子分析结果（N=207）

变量	题项	标准化因子负荷
总量表（组合信度：0.90；Cronbach's α系数：0.78）		
经济利益补救	1. 商家做出了退换货或者退款等补偿行为	0.63***
	2. 商家主动承担运费	0.52***
社会利益补救		
响应性	4. 客服第一时间回复了我的留言	0.74***
	5. 客服第一时间处理了我的问题	0.82***
沟通	6. 当我表达不满时，客服能回馈以理解	0.54***
	8. 商家对出现的问题给出了耐心的解释	0.59***
	9. 当我表达不满时，客服能友好和耐心地来面对	0.61***
道歉	7. 商家诚恳地向我道歉	0.88***
	10. 商家承认自己的服务失误	0.60***
反馈	11. 解决问题后客服以电话或者短信的方式回访	0.67***
	12. 客服及时地通知我服务失误的处理结果以及处理过程	0.75***

注：题项前面的编号是问卷中的《服务补救措施量表》的编号顺序，*** 表示$p<0.001$。

3.3 正式研究：顾客参与的调节作用

3.3.1 研究设计

本研究通过与第三方网络调查公司合作派发网络问卷进行调查。该网络问卷主要分成 3 部分：第一部分调查顾客的个人资料，包括性别、年龄、职业、学历和月收入。在第二部分中，主要让顾客回忆最近 3 个月来在网络购物消费或网络服务中碰到的最近一次服务失误是什么？服务失误的严重程度如何（按严重程度1～10 打分，1 表示“最不严重”，10 表示“最严重”，依次类推）？商家是否有进行服务补救（“有”或“没有”，选择“没有”的话调查结束）？有进行服务补救的话，商家的服务补救措施进行得如何（用修订后的《服务补救措施量表》进行测量）？在第三部分中，主要调查顾客对商家的网络服务补救的满意度（使用1～7分自评，1 表示“最不满意”，7 表示“最满意”，依次类推，顾客认为自己在该次服务补救过程中参与的程度如何（按参与程度使用1～10自评，1 表示“完全没参与”，10 表示“完全参与”，依次类推），服务补救后是否在此商家再次购买或消费（4个选项：再没购买，比以前少，和以前一样，比以前更多），以及服务补救之后是否愿意向他人推荐该商家（按愿意程度1～5 打分，1 表示“非常不愿意”，5 表示“非常愿意”，依次类推）。

本研究通过网络派发调查问卷450份，回收有效问卷346份，问卷的有效回收率为76.89%。其中商家有进行服务补救的问卷为238份。本研究只对这238份问卷数据进行分析。在这238份问卷中，女性稍多（占比为51.26%），男性稍少（占比为48.74%）；受访者的职业主要为企业人员（占比为 66.39%）；大部分受访者的学历为大专或本科（占比为 82.35%）；受访者的年龄段主要集中在18～40 岁（占比为 92.01%）；受访者的月收入最多的为5001～8000 元（占比为 34.87%）。研究一的具体样本人口统计特征情况如表 3-2 所示。

表 3-2　研究一的样本人口统计特征情况（N=238）

	选项	人数/比例		选项	人数/比例
性别	男	116/48.74%	职业	全日制学生	32/13.45%
	女	122/51.26%		企业人员	158/66.39%
				公职/事业单位人员	38/15.97%
年龄段	18 岁以下	2/0.84%		私营企业主	2/0.84%
	18～25 岁	50/21.01%		个体户	4/1.68%
	26～30 岁	87/36.55%		其他	4/1.68%
	31～40 岁	82/34.45%			
	40 岁以上	17/7.14%	月收入	3000 元以下	30/12.61%
				3001～5000 元	52/21.85%
学历	大专以下	17/7.14%		5001～8000 元	83/34.87%
	大专或本科	196/82.35%		8001～10000 元	38/15.97%
	硕士	22/9.24%		10001～20000 元	26/10.92%
	博士	3/1.26%		20000元以上	9/3.78%

3.3.2 研究结果

（1）服务补救满意度的中介作用

本研究认为服务补救措施通过影响顾客的服务补救满意度，进而影响顾客的服务补救后行为（即再次购买和推荐意愿）。本研究使用AMOS 17.0 软件，通过结构方程模型分析来探究服务补救满意度在服务补救措施（经济利益补救和社会利益补救）和再次购买及推荐意愿之间关系中的中介作用。结构方程模型检验的中介效应的结果如图3-2和图3-3所示。

在图3-2的模型中，模型拟合度良好（X2=8.521，df =3，GFI =0.986，AGFI=0.930，CFI=0.976，NFI=0.964，IFI =0.976，TLI =0.919，RMSEA =0.088），且各路径系数均在 $\alpha=0.001$ 的水平上达到显著。从该模型可以看出，社会利益补救对服务补救满意度有显著正向影响（$\beta=0.50$，$p<0.001$），服务补救满意度对再次购买有显著正向影响（$\beta=0.27$，$p<0.001$），社会利益补救也直接对再次购买产生正向影响（$\beta=0.26$，$p<0.001$），这些结果表明服务补救满意度在社会利益补救和再次购买之间的关系中起部分中介作用。而经济利益补救对服务补救满意度产生正向影响（$\beta=0.19$, $p<0.001$），服务补救满意度对再次购买产生正向影响（$\beta=0.27$, $p<0.001$），而经济利益补救不对再次购买产生直接影响，这些结果表明服务补救满意度在经济利益补救和再次购买之间的关系中起完全中介作用。这些结果支持研究假设 H3-1a 和 H3-2a。另外，服务失误的严重程度对再次购买产生显著的负向影响（$\beta=-0.23$，$p<0.001$），服务失误的严重程度对服务补救满意度产生显著的负向影响（$\beta=-0.23$，$p<0.001$），服务补救满意度对再次购买产生显著的正向影响（$\beta=0.27$，$p<0.001$）。这些结果表明服务补救满意度在服务失误严重程度和再次购买之间的关系中起部分中介作用。这些结果支持研究假设 H3-3a 和 H3-3b。

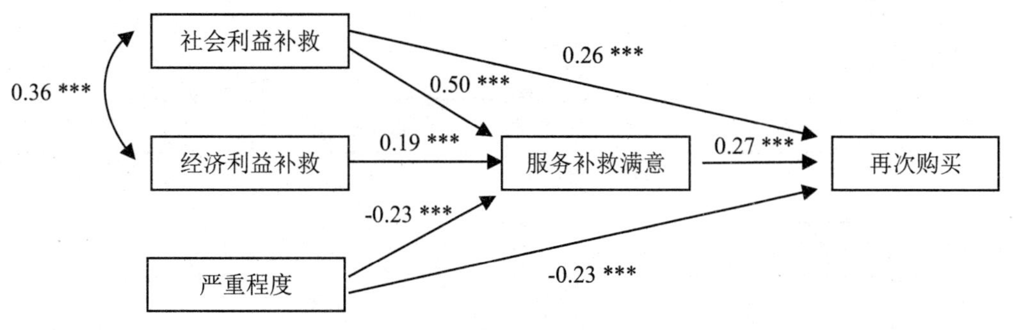

注：**表示p<0.01, ***表示p<0.001

图 3-2　服务补救措施对再次购买的影响模型

在图3-3 的模型中，模型拟合度良好（X^2=9.183，df=3，GFI=0.985，AGFI =0 .925， CFI =0 .977， NFI =0 .967， IFI =0 .977， TLI =0 .922， RMSEA=0.093），且各路径系数均在α=0.001 的水平上达到显著。从该模型可以看出，经济利益补救对服务补救满意度产生正向影响(β=0.19，p<0.001），服务补救满意度对推荐意愿产生正向影响(β=0.37，p<0.001），而经济利益补 救不对推荐意愿产生直接的显著影响，这些结果表明服务补救满意度在经济利益补救和推荐意愿之间的关系中起完全中介作用。社会利益补救对服务补救满意度有显著正向影响（β=0.50，p<0.001），服务补救满意度对推荐意愿有显著正向影响（β=0.37，p<0.001），社会利益补救也直接对推荐意愿产生显著的正向影响（β=0.30，p<0.001），这些结果表明服务补救满意度在社会利益补救和推荐意愿之间的关系中起部分中介作用。这些结果支持研究假设H3-1b和H3-2b。服务失误的严重程度对推荐意愿产生显著的负向影响（β=-0.14，p<0.01），服务失败的严重程度对服务补救满意度产生显著的负向影响（β=-0.23，p<0.001），服务补救满意度对推荐意愿有显著的正向影响（β=0.37，p<0.001）。这些结果表明服务补救满意度在服务失败严重程度和推荐意愿之间的关系中起部分中介作用。这些结果支持研究假设H3-3a 和 H3-3c。

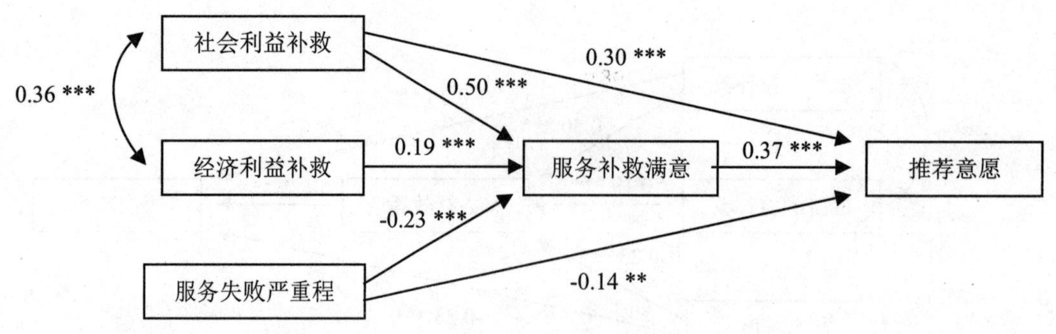

注：**表示p<0.01, ***表示p<0.001

图 3-3 服务补救措施对推荐意愿的影响模型

（2）顾客参与对服务补救满意度的调节作用

本研究接着对服务补救措施和顾客参与如何导致服务补救满意度进行分析。检验结果如表3-3所示。经济利益补救（$\beta=0.15$，$p<0.05$）和社会利益补救（$\beta=0.51$，$p<0.001$）都对顾客的服务补救满意度产生正向的影响（回归方程1），即发生服务失误后，商家进行经济利益补救和社会利益补救均可提高顾客的服务补救满意度。而顾客的参与程度并不直接对服务补救满意度产生影响（$\beta=0.05$，$p>0.05$）（回归方程2）。顾客参与和经济利益补救的乘积项不对服务补救满 意度产生影响（$\beta=0.10$，$p>0.05$）（回归方程3），这表明顾客参与对经济利 益补救和服务补救满意度之间的关系不起调节作用。顾客参与和社会利益补救 的乘积项对服务补救满意度产生显著影响（$\beta=0.34$，$p<0.01$）（回归方程4），这表明顾客参与对社会利益补救和服务补救满意度之间的关系起调节作用。这些结果支持研究假设 H3-4a 和 H3-4b。

表 3-3 服务补救措施和顾客参与对服务补救满意度的回归分析

	服务补救满意度			
	回归方程 1	回归方程 2	回归方程 3	回归方程 4
经济利益补救	0.15*	0.14*	0.04	
社会利益补救	0.51***	0.49***		0.48***
顾客参与		0.05		

续表

	服务补救满意度			
	回归方程 1	回归方程 2	回归方程 3	回归方程 4
顾客参与 × 经济利益补救			0.10	
顾客参与 × 社会利益补救				0.34**
R^2	0.33	0.33	0.06	0.22
调整R^2	0.33	0.32	0.06	0.21

注：*表示$p<0.05$，**表示$p<0.01$，***表示$p<0.001$。

为了进一步确定顾客参与在社会利益补救和服务补救满意度之间关系中的调节作用，本研究将对顾客参与程度低组（自评顾客参与程度为 6 分及以下者：共58人）和顾客参与程度高组（自评顾客参与程度9分及以上者共66人）人员的社会利益补救和服务补救满意度之间的关系进行回归分析。检验结果如表3-4所示。顾客参与程度高组人员的社会利益补救对服务补救满意度有显著的影响（$\beta=0.27$，$p<0.05$），而顾客参与程度低组人员的社会利益补救对服务补救满意度的影响不显著（$\beta=0.18$，$p>0.05$）。这些结果表明，只有顾客的参与程度较高的情况下，社会利益补救措施才会对服务补救满意度产生影响。

表 3-4　不同顾客参与程度下社会利益补救对服务补救满意度的影响

	服务补救满意度	
	顾客参与程度低组	顾客参与程度高组
社会利益补救	0.18	0.27*
R^2	0.03	0.07
调整R^2	0.02	0.06

注：* 表示 $p<0.05$。

3.4 研究一讨论

本研究的研究假设验证情况如表 3-5 所示。总的来说，研究一的结果验证了本研究的所有研究假设。研究一的结果表明，经济利益补救和社会利益补救都通过提升顾客的服务补救满意度，从而增加顾客的再次购买行为和进行推荐的意愿。顾客参与对服务补救满意度没有产生直接影响。顾客参与对社会利益补救和服务补救满意度之间的关系起调节作用，即当顾客参与的程度较高时，企业采取社会利益补救措施才能起到服务补救的效果。顾客参与对经济利益补救和服务补救满意度之间的关系不起调节作用。服务失败严重程度既可直接对顾客的再次购买行为和推荐意愿产生负向影响，也可通过负向影响服务补救满意度对再次购买行为和推荐意愿产生影响。根据研究结果，本文对研究一的研究模型进行修正（见图3-4）。

表 3-5　研究一的各个研究假设的验证情况汇总

研究假设	研究结果是否支持	备注
H3-1a：经济利益补救通过提升顾客的服务补救满意度，从而增加顾客的再次购买行为	支持	
H3-1b：经济利益补救通过提升顾客的服务补救满意度，从而增加顾客进行推荐的意愿	支持	
H3-2a：社会利益补救通过提升顾客的服务补救满意度，从而增加顾客的再次购买行为	支持	
H3-2b：社会利益补救通过提升顾客的服务补救满意度，从而增加顾客进行推荐的意愿	支持	
H3-3a：服务失败的严重程度负向影响顾客的服务补救满意度	支持	
H3-3b：服务失败的严重程度通过降低顾客的服务补救满意度，从而降低顾客再次购买行为的发生	支持	服务补救满意度起部分中介作用

续表

研究假设	研究结果是否支持	备注
H3-3c：服务失败的严重程度通过降低顾客的服务补救满意度，从而降低顾客进行推荐的意愿	支持	服务补救满意度起部分中介作用
H3-4a：顾客参与正向调节了社会利益补救与服务补救满意度之间的关系。即顾客参与程度越高，社会利益补救对服务补救满意度的影响越大	支持	
H3-4b：顾客参与对经济利益补救与服务补救满意度之间的关系不起调节作用	支持	

本研究区分了顾客参与对经济利益补救和社会利益补救的不同影响。本研究的结果表明顾客参与只对企业的社会利益补救的效果产生影响，却对经济利益补救的效果不产生影响。前人的研究并未对此进行探究，本研究对服务补救领域研究进行了补充。前人的研究从感知公平的角度也证实经济利益补救和社会利益补救对补救效果产生了不同的影响。比如，前人的大量研究表明，经济利益补救（如物质补偿）往往通过影响顾客对结果公平的感知，从而影响服务补救满意度；而社会利益补救（如解释、沟通）往往通过影响顾客对交互公平和程序公平的感知，从而影响服务补救满意度[3,20,88]。

本研究的结果为企业管理提供了一些启示。首先，企业在进行网络服务补救时需要将经济利益补救与社会利益补救双管齐下。人们购买和使用某些产品或服务时不仅仅为了获得该产品和服务的功能性价值，也看重这些产品表现出来的象征性价值[76]。服务失败发生时，顾客同时损失了产品和服务中蕴含的功能性价值和象征性价值。企业的经济利益补救和社会利益补救分别是针对顾客的功能性价值和象征性价值进行的补偿。因此，为了达到更好的补救效果，企业应对顾客同时开展这两种服务补救措施。本研究的结果也表明这两种服务补救措施都提升了顾客的服务补救满意度，并进一步提升了顾客再次购买和进行推荐的意愿。其次，企业应该在网络服务补救时提升顾客参与的程度。总的来看，本研究的结果表明顾客参与程度的提升是有利于提升服务补救满意度的。因此，为了提升服务补救满意度，企业应该通过各种途径来提升顾客参与的意愿。

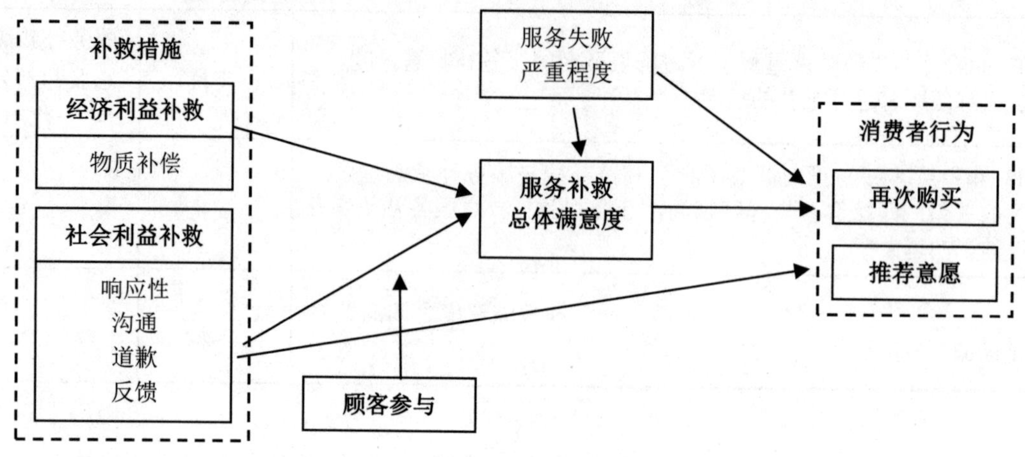

图 3-4 研究一的研究结果模型修正

本研究仍然存在一些局限性，需要在未来的研究中得到加强。首先，本研究虽然选取了典型的服务补救措施指标来代表经济利益补救和社会利益补救，但仍然有其他的一些补救措施没有考虑进去。比如，解释[19]、承认[21]等措施，前人的研究表明这些措施也是有效的服务补救措施。在未来的研究中可将这些服务补救措施也引入进行研究。其次，应当注意到本研究中使用了顾客自评的方法来测量顾客参与的程度。即本研究仅仅使用一个题项，通过顾客自评的方式来测定顾客参与的程度。这种测量方法可能会导致较大的偏差。实际上，前人已经开发了测量顾客参与的量表，能够较完整地对顾客参与的程度进行测量。本文在后续的研究中将在前人开发的顾客参与量表的基础上，进行相关修订后对顾客参与网络服务补救水平进行测量。

研究一探究了顾客参与在网络服务补救效果中的调节作用。然而，顾客参与在网络服务补救中发挥的作用可能会受到顾客本身的个性特征的影响。因为不同个性特征的顾客对顾客参与的意愿和态度可能不同。在研究二中将探究顾客个性特征和顾客参与如何共同对服务补救效果产生影响。由于顾客的个性特质包含的内涵太丰富，研究二将只选取顾客的调节聚焦这个代表性个性特质来进行探究。

第4章　研究二：调节聚焦和顾客参与的共同调节作用

研究二将继续探究网络服务补救中顾客参与的调节作用。研究二的研究模型如图4-1所示。在该模型中，企业的服务补救措施（经济利益补救和社会利益补救）对服务补救满意度产生影响，这种影响受到顾客参与的调节作用。而顾客参与在此过程中的调节作用又受到顾客本身的个性特征——调节聚焦（促进性调节聚焦 vs 防御性调节聚焦）的影响。研究二是对研究一的进一步深化，引入了顾客个性特征（即调节聚焦）来探讨不同顾客在顾客参与时对服务补救效果的不同影响。

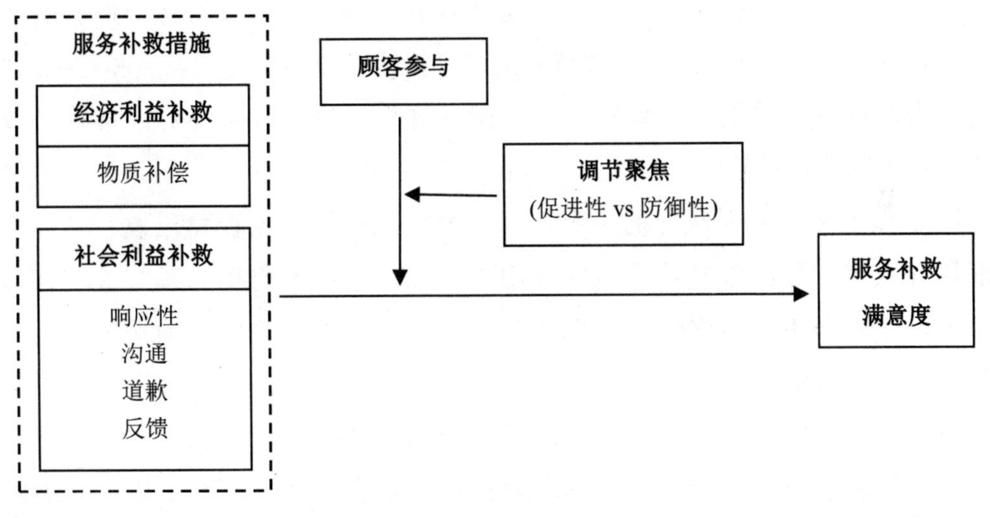

图 4-1　研究二的研究模型

学者们认为服务补救效果的感受主体是顾客，顾客的参与能够很大程度避免企业的服务补救与顾客的感知存在偏差，从而有利于服务补救效果的提升。前人研究也表明当顾客参与到服务补救过程中时，往往能有效地提升服务补救满意度[4,94,95]，进一步提升顾客的重购意愿[63]和口碑传播[96-98]。也有研究发现顾客参与对顾客服务补救满意度的影响会受其他变量的调节，如感知控制[99]。虽然前人在顾客参与服务补救的研究中取得了较丰富的成果，但仍然存在一些不足。首先，前人研究往往注重顾客参与在服务补救中产生的感知价值，却忽略了顾客参与给顾客带来的成本。顾客参与是顾客在精神、智力、情感等方面的投入，是以时间或精力、信息提供、合作生产的形式提供资源的行为[100]。顾客在参与过程中是需要资源投入的，这种投入使得顾客增加了成本。根据社会交换理论的对等性原则[91]，顾客成本的增加将导致顾客对企业的服务补救产生更高的期望值，从而导致服务补救满意度的下降。一方面，顾客参与导致感知价值的提升，从而提升其服务补救满意度（本研究称之为“价值效应”）；另一方面，顾客参与也导致顾客成本的增加，从而降低其服务补救满意度（本研究称之为“成本效应”）。这两种效应中哪种将起支配作用？这些是前人研究中所忽略的。

最后，鲜有研究探究服务补救中顾客参与的作用是否存在个体差异。顾客参与是顾客的一种积极主动的行为，而顾客的行为会受到其本身个性特质的影响，顾客参与也是如此。不同个性特质的顾客往往对顾客参与的态度和意愿不同，对顾客参与产生效果的期望值往往也不同，这将导致顾客参与对服务补救效果的影响在不同个性特质的顾客中存在差异。

基于以上两点前人研究的不足，本研究将从前景理论视角出发，从以下两方面探究顾客参与在服务补救中的作用。首先，本研究将探究顾客参与在服务补救过程中所产生的“价值效应”和“成本效应”如何共同影响顾客参与对服务补救效果的影响。其次，探究顾客参与在服务补救中的作用是否受到顾客个性特质的影响。顾客的调节聚焦特质是广泛影响消费者行为的一种个性特质，本研究将探究不同调节聚焦特质（促进性调节聚焦 vs 防御性调节聚焦）的顾客对顾客参与在服务补救中的作用是否存在不同影响。

本研究将首先通过对前人的研究进行文献回顾，提出研究模型中的各个变量之间的关系，并提出本研究的研究假设，再通过问卷调查来验证这些研究假设。

4.1 理论基础与研究假设

4.1.1 服务补救措施与服务补救满意度

当发生服务失败后，企业需要采取服务补救措施来挽留顾客。*Gronroos*（1988）正式提出“服务补救”这一概念，他认为服务补救是当出现服务失败后，企业为了应对消费者的投诉而做出的平复顾客情绪并且有助于问题解决的行动[10]。*Johnston* 等（1995）认为服务补救是及时发现并处理服务失败的主动性和应对性行为[11]。韦福祥（2002）认为服务补救是服务提供者对服务失败而采取的一种积极的、即时的反应和行为[12]。综合前人的观点，本研究认为服务补救是服务提供方为弥补服务失败的伤害，为了挽留顾客而采取的一系列积极的反应和行为。

大量学者对企业开展有效的服务补救措施进行了研究。如，常亚平等（2009）将服务补救措施定为：赔偿、沟通、解释、反馈和制度五个方面[19]；张国梅和孙伟（2015）认为服务补救的维度应当为四个维度：承认、解释、道歉和补偿[21]；*Holloway* 和 *Beatty*（2003）[18] 以及 *Forbes* 等（2005）[22] 认为有效的服务补救措施包括：退款、更换货物、给予折扣、更正错误和道歉这五个维度。目前学者们对于服务补救的维度并没有统一的定论，但在大部分研究中仍然认同 *Smith* 等（1999）划分的四个维度，即有形补偿、响应速度、道歉和补救主动性[3]。

在这些服务补救措施中，学者们都比较认同将这些补救措施划分为两类：即经济利益补救和社会利益补救（或功利补救和象征补救）[87]。经济利益补救是指企业给予顾客经济的、物质的、实体的补偿，如退款、免费赠品、优惠券、折扣等。社会利益补救是指企业在精神上、心理上或情绪上给予顾客补偿，如道歉、解释、表现礼貌等。经济利益补救和社会利益补救是两种不同类型的补救措施。在企业和顾客交换的过程中，服务失败会给顾客造成经济性和精神性损失（社会利益损失），企业希望通过这两类补救措施挽回顾客的经济和非经济损失，重新赢得顾客满意和信任。研究表明这两种类型的补救措施都对顾客的补救满意度产生影响，但通过不同的机制产生不同的影响[87]。本研究也将服务补救措施分为经济利益补救和社会利益补救两种类型，每种类型中选取典型的服务补救措施作为代表来进行研究。因此，本研究提出以下研究假设：

H4-1：企业的服务补救措施对顾客的服务补救满意度产生正向影响。

H4-1a：企业的经济利益补救对顾客的服务补救满意度产生正向影响。

H4-1b：企业的社会利益补救对顾客的服务补救满意度产生正向影响。

4.1.2 顾客参与的调节作用

顾客参与是顾客在精神、智力、情感等方面的投入，是以时间或精力、信息提供、合作生产等形式提供资源的行为[100]。*Kellogg* 等（1997）从服务产品生产流程角度将顾客参与划分为事前准备、建立关系、信息交换行为和干涉行为[52]。*Ennew*和 *Blinks*（1999）将顾客参与行为分为信息分享、责任行为和人际互动[53]。*Groth*（2005）将顾客参与分为信息共享、人际互动和合作生产[54]；*Yi* 和 *Gong*（2013）则认为顾客参与包括信息寻求、信息分享、责任行为和人际互动等方面[55]。综合前人研究，本研究认为顾客参与是顾客投入一定资源，参与服务生产以提升消费质量的过程，包括信息搜寻、信息分享、责任行为和人际互动等行为表现方式。

顾客参与会对服务补救效果产生影响。社会交换理论指出人类进行的所有活动最终目的都是为了追求能够满足我们基本需求的各种资源。人类的所有活动都可以看作是一种交换活动[91,92]。顾客参与服务补救过程也可以看作一个交换过程。顾客参与服务补救时投入了时间、精力等资源，期望能从企业那里获得相对应的收益（即企业的服务补救）。因此，顾客参与服务补救的程度会影响顾客对企业服务补救效果的感知。据此，本研究提出如下研究假设：

H4-2：顾客参与在服务补救措施和服务补救满意度之间的关系中起调节作用。

H4-2a:顾客参与在经济利益补救和服务补救满意度之间的关系中起调节作用。

H4-2b:顾客参与在社会利益补救和服务补救满意度之间的关系中起调节作用。

那么，顾客参与在经济利益补救/社会利益补救和服务补救满意度之间的关系起怎样的调节作用呢？前人研究往往认为顾客参与服务补救会提升服务补救满意度[4,94,95]和顾客的重购意愿和口碑传播[63,96]。从顾客角度来看，顾客参与服务补救过程中的信息分享、合作和人际互动等，有助于顾客更加了解服务补救内容，可以强化顾客的感知控制和感知价值，并使顾客更容易获得所期望的服务补救结果。从这个角度看，顾客参与程度越高，顾客对服务补救措施的接受程度越高，从而使得服务补救措施产生更好的效果。这种效应本研究称之为“价值效应”。然而，另一方面，顾客参与服务补救过程中的事前准备、人际互动等需要耗费顾客的时间、精力、心理等资源，这会导致顾客的投入增加，使得顾客感知在服务补救过程中增加了成本，如果顾客感觉在此过程中产生的成本过高反而可能降低对服务补救方式的接受程度。从这个角度看，顾客参与程度越高反而降低了对服务补救措施的接受程度，从而导致服务补救措施产生的效果降低。这种效应本研究称之为“成本效应”。

因此，顾客参与对服务补救措施产生的影响取决于顾客产生的“价值效应”大还是“成本效应”大。总的来说，随着顾客参与强度的增加，顾客感知的价值和成本都随着增加。然而，整个过程增长量却是不同的。前景理论为本研究预测感知价值和成本的增加量提供了依据。前景理论认为人们对收益和损失的敏感程度是不同的，损失带来的痛苦感要大大超过收益带来的快乐感[101]。顾客参与服务补救所产生的价值感知可以看作是一种收益，产生的成本感知可以看作是一种损失。本研究预测服务补救过程中价值感知量、成本感知量随顾客参与强度增加的变化情况如图4-2 所示。根据前景理论，随着顾客参与强度的增加，价值感知量一开始增长很快，随后增长变慢，最后趋于平稳。而成本感知量一开始由于参与强度低时往往被顾客所忽略而增长缓慢，随后增长变快，最后成本感知量比价值感知量高。总效应一开始随顾客参与强度的增加而增长，随后下降，最后下降到变为负向。应当注意到，只有在总效应为正的时候，顾客参与才可能发生，因为顾客参与是为了追寻收益，而不是追求损失。所以，最初的时候，顾客感知的“价值效应”是大于“成本效应”的，只有这样总效应才能为正。当顾客感知参与的“成本效应”大于参与的“价值效应”时，顾客参与便会停止。据此，本研究提出如下研究假设：

H4-3：顾客参与在服务补救措施和服务补救满意度之间关系中的调节作用呈倒 U 型关系。即顾客参与程度中等时，服务补救措施对服务补救满意度的影响最大。

H4-3a：顾客参与在经济利益补救和服务补救满意度之间关系中的调节作用呈倒 U 型关系，即相比于顾客参与程度高和参与程度低时，顾客参与程度中等时经济利益补救对服务补救满意度的影响更大。

H4-3b：顾客参与在社会利益补救和服务补救满意度之间关系中的调节作用呈倒 U 型关系，即相比于顾客参与程度高和参与程度低时，顾客参与程度中等时社会利益补救对服务补救满意度的影响更大。

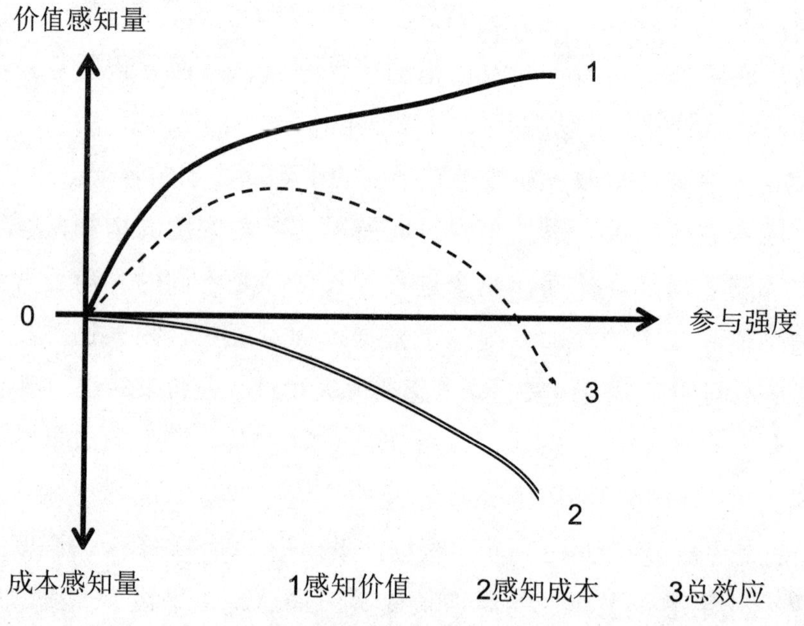

图 4-2 感知价值和感知成本随顾客参与强度的变化关系

4.1.3 调节聚焦与顾客参与

顾客参与服务补救产生的效果可能受到顾客本身个性特质的影响。顾客的调节聚焦就是其中一种重要的个性特质因素。调节聚焦可以看作是一种自我调节的过程，是人们寻求将他们的行为与有关的目标和标准匹配起来的过程。顾客的调节聚焦可以分为促进性调节聚焦和防御性调节聚焦[67]。促进性调节聚焦的个体追求的是个人的成长和发展，而防御性调节聚焦的个体追求的是安全和保障。促进性调节聚焦的个体试图达到的是“理想自我”，强调实现个体的希望和愿望；防御性调节聚焦的个体试图达到的是“应该自我”，强调完成个体的责任和义务。促进性调节聚焦的个体倾向于使用“渴望—接近”的行为策略，而防御性调节聚焦的个体倾向于使用“警惕—回避”的行为策略。总的来说，促进性调节聚焦的个体采用积极主动的“接近性原则”来指导他们的行为，而防御性调节聚焦的个体采用谨慎消极的“避免性原则”来指导他们的行为[102]。因此，这两种不同调节聚焦方式的个体在大部分的行为上都表现出差异。另外，促进性调节聚焦的顾客对正性结果更敏感，而防御性调节聚焦的顾客对负性结果更敏感[67]。

顾客参与本质上是顾客的一种积极主动的行为，这种行为契合促进性调节聚焦个体的行为策略，却不契合防御性调节聚焦个体的行为策略。促进性调节聚焦的个体更愿意采用顾客参与行为，他们更会在意其参与行为所产生的结果。因此，顾客参与在服务补救过程中的作用在促进性调节聚焦顾客身上表现明显。而防御性调节聚焦的个体本身不愿采取顾客参与行为，对其参与行为所产生的效果关注度就较低（地板效应）。因此，顾客参与在服务补救过程中的作用在防御性调节聚焦顾客身上表现不明显。因此，本研究提出以下研究假设：

H4-4：顾客参与在服务补救措施和服务补救满意度的关系中的调节作用只体现在促进性调节聚焦顾客身上，而不体现在防御性调节聚焦顾客身上。

H4-4a：顾客参与在经济利益补救和服务补救满意度的关系中的调节作用只体现在促进性调节聚焦顾客身上，而不体现在防御性调节聚焦顾客身上。

H4-4b：顾客参与在社会利益补救和服务补救满意度的关系中的调节作用只体现在促进性调节聚焦顾客身上，而不体现在防御性调节聚焦顾客身上。

4.2 研究设计与数据分析

4.2.1 问卷设计与数据收集

本研究调查消费者在近3个月网络购物过程中遭遇服务失败后，企业采取的服务补救措施是否令消费者满意的情况。研究问卷包括调查：（1）人口统计学特征（包括性别、年龄、月收入、职业等），（2）顾客对服务失败和服务补救满意度的感知情况，（3）企业的服务补救措施，（4）顾客参与服务补救的程度和（5）顾客调节聚焦特征这五部分。本研究的主要变量为服务补救措施、顾客参与、调节聚焦和服务补救满意度。在本研究中，除了服务补救满意度采取单个测项进行测量外（测量题项为："您对这次商家的补救的总体满意程度如何？"使用李克特七点量表形式进行测量，7 表示"非常满意"，1 表示"非常不满意"，依次类推），其他三个变量使用测量量表进行测量，量表借鉴现有学者的研究成果，并考虑网络服务补救的特点进行设计。本研究的研究变量的操作性定义及测量问项的来源如表 4-1 所示。除人口统计学特征和服务补救满意度外，其余问项均采用李克特五点量表形式进行测量，5 表示"非常符合"，1 表示"非常不符合"，依次类推。

表 4-1 研究二的主要变量操作性定义及测量问项来源

研究变量	操作性定义	测量问项来源
服务补救	物质补偿是指商家利用经济手段来弥补或减少顾客在服务失败中的经济损失，如退款，换货，免运费等	*Smith* 等（1999）[3]、*Forbes* 等（2005）[22]、郑秋莹和范秀成（2007）[92]
	响应性是指商家迅速对服务中的问题进行回应并采取措施	
	沟通是指商家与顾客在服务补救过程中能友好协商，双方阐述各自的要求和观点等	
	道歉是指商家向顾客道歉，承担责任，并做出补救承诺	
	反馈是指商家向顾客沟通服务补救的进度和结果，并对顾客的问题和要求做出回答	

续表

研究变量	操作性定义	测量问项来源
顾客参与	事前准备是指顾客在服务补救活动开始前所做的一些准备工作，如信息搜寻等	*Ennew* 和 *Blinks*（1999）[53]、*Kellogg* 等（1997）[52]、彭艳君和景奉杰（2008）[56]
	信息分享是指顾客将与服务补救活动顺利开展相关的自身信息告知商家的行为	
	合作是指顾客配合商家更好地完成服务补救活动的行为。	
	人际互动是指顾客能够与商家友好沟通的行为	
调节聚焦	促进性调节聚焦的个体倾向于使用“渴望—接近”的行为策略	*Higgins* 等（2001）[67]
	防御性调节聚焦的个体倾向于使用“警惕—回避”的行为策略	

本研究以近3个月有过网络购物时遭遇服务失败的消费者为研究对象，通过网络和现场发放两种方式发放并回收问卷425份，删除问卷填写不完整以及明显与实际状况不符的问卷，最后回收有效问卷370份，问卷有效率达87.06%。在这370份遭遇网络服务失败的问卷中，只有291份中的商家对顾客进行了服务补救。本研究只针对这291份数据进行分析。在这291份数据中，有79.38% 的受访者在近3个月遭遇1～2次的服务失败，17.18% 的受访者遭遇3～5次的服务失败，其余遭遇5次以上的服务失败。本研究针对最近一次的服务失败中消费者参与网络服务补救情况进行调查。

本研究所选取的样本具体人口统计特征情况如表4-2所示。在这些受访者中，女性较多，占比为60.82%，男性较少，占比为39.18%。受访者的年龄段主要集中在18～40岁，占比达到93.47%。受访者的职业主要为企业人员，占比为60.82%。在受访者的月收入方面，5001～8000元范围内人数最多，占比为33.33%；20000元以上人数最少，占比为4.12%；其他月收入范围内人数基本接近。

表 4-2　研究二的样本具体人口统计学特征情况（N=291）

	选项	人数/比例		选项	人数/比例
性别	男	114/39.18%	职业	全日制学生	42/14.43%
	女	177/60.82%		企业人员	177/60.82%
年龄段	18 岁以下	2/0.69%		公职/事业单位人员	50/17.18%
	18～25 岁	81/27.84%		私营企业主	7/2.41%
	26～30 岁	86/29.55%		个体户	8/2.75%
	31～40 岁	105/36.08%		其他	7/2.41%
	40 岁以上	17/5.84%	月收入	3000 元以下	42/14.43%
服务失败次数	0 次	8/2.75%		3000～5000 元	45/15.46%
	1～2 次	231/79.38%		5001～8000 元	97/33.33%
	3～5 次	50/17.18%		8001～10000 元	52/17.87%
	5～10 次	1/0.34%		10001～20000 元	43/14.78%
	10 次以上	1/0.34%		20000 元以上	12/4.12%

4.2.2 数据质量分析

本研究运用 SPSS21.0 和 AMOS17.0 对研究二的各变量的测量量表的信度和效度进行分析。信度分析结果显示，三个变量的测量量表的Cronbach's α 系数均大于0.7（0.80～0.83），三个量表均具有较好的信度。三个变量的测量量表的组合信度均大于 0.7（0.86～0.88），所有量表的测量题项的标准化因子载荷均大于 0.5（0.51～0.87），且在 α=0.001 的水平上达到显著，这些结果表明这三个变量的测量量表均具有较好的收敛效度（见表 4-3）。模型配适度检验结果显示，服务补救措施和调节聚焦的测量模型的所有配适度指标均达到相关标准，顾客参与的测量模型配适度指标中，除NFI 外，其他配适度指标均达到相关标准，这些结果表明三个变量的测量模型的配适度良好，具有较好的结构效度（见表 4-4）。综上所述，三个变量的测量量表均具有良好的信度和效度。

表 4-3　研究二的三个主要变量测量量表的信度和效度检验

潜变量	维度	题项	标准化因子载荷	组合信度	Cronbach's α系数
服务补救措施	物质补偿	商家做出了退换货或者退款等补偿 行为	0.56***	0.88	0.80
		商家主动承担补救过程中的费用（如：运费）	0.54***		
		商家回馈给我以现金折扣或赠品等补偿	0.53***		
	响应性	客服第一时间处理了我的问题	0.68***		
		客服第一时间回复了我的留言	0.69***		
	沟通	当我表达不满时，客服能回馈以理解	0.66***		
		当我表达不满时，客服能够友好和 耐心地面对我	0.63***		
		商家对出现的问题给出了耐心的解释	0.57***		
	道歉	商家诚恳地向我道歉	0.76***		
		商家承认自己的服务失误	0.54***		
	反馈	解决问题后客服以电话、短信或网 络的其他方式回访	0.63***		
		客服及时地通知我服务失误的处理结果以及处理过程	0.60***		

续表

潜变量	维度	题项	标准化因子载荷	组合信度	Cronbach's α系数
顾客参与	信息分享	我清楚地向商家提出了我的要求	0.51***	0.88	0.83
		我回答了商家向我提出的所有与服务有关的问题	0.54***		
		我向商家提出了解决这个问题的想法和建议	0.58***		
	合作	我向商家了解解决该问题的进展状况	0.59***		
		在服务补救中，我努力地配合商家的工作	0.64***		
		我会做一些事情使得服务补救的工作变得简单些	0.54***		
		我向商家提供了尽可能多的他们需要的信息	0.54***		
	人际互动	在沟通过程中，客服能够友好而耐心地面对我	0.68***		
		我与商家的沟通很愉快	0.74***		
		我与商家的沟通很顺畅	0.69***		
		我感谢商家对这次服务补救做出的努力	0.51***		
	事前准备	在与商家沟通前，我会认真阅读网站上的具体说明	0.51***		
		在与商家沟通前，我会再次确认服务出现的问题所在	0.64***		
		在与商家沟通前，我已经清楚了解决该问题的步骤	0.53***		
调节聚焦	促进性调节聚焦	与大多数人相比，在生活中我常常能得到我自己想要的	0.65***	0.86	0.81
		我总能完成那些让我付出很多努力的事情	0.55***		
		我总能做好我所尝试的各种事情	0.58***		
		当一件对我很重要的事情即将完成时，我常常发现自己能够完成得跟 理想中的一样好	0.61***		
		在我的生活中，我能够找到引起我兴趣且让我投入精力的活动	0.53***		
	防御性调节聚焦	从小到大，我曾经做过一些父母不能容忍的“越界”事情	0.56***		
		从小到大，我经常令父母感到不安	0.77***		
		我经常不遵守父母确定的规则	0.87***		
		从小到大，我曾经以父母反对的方式行事	0.53***		

注：*** 表示 $p<0.001$。

表 4-4　研究二的三个主要变量的测量模型的配适度分析

	卡方值	自由度	卡方/自由度	GFI	AGFI	CFI	NFI	IFI	RMSEA
服务补救	76.812	40	1.920	0.967	0.936	0.957	0.916	0.958	0.057
顾客参与	68.582	40	1.715	0.960	0.934	0.929	0.851	0.932	0.050
调节聚焦	53.403	26	2.046	0.961	0.932	0.949	0.906	0.950	0.060
配适度标准			<3	>0.9	>0.9	>0.9	>0.9	>0.9	<0.08

4.2.3 假设检验

本研究首先检验顾客参与是否在服务补救措施（经济利益补救和社会利益补救）和服务补救满意度之间关系中存在调节作用。本研究首先通过多个回归方程来进行检验，检验结果如表4-5 所示。从回归方程1 可以得出，经济利益补救（$\beta=0.28$，$p<0.001$）和社会利益补救（$\beta=0.46$，$p<0.001$）都对服务补救满意度产生显著正向影响，即经济利益补救和社会利益补救的力度越大，顾客的服务补救满意度就越高。这些结果支持研究假设 H4-1a 和 H4-1b。从回归方程2可看出，顾客参与并不直接影响服务补救满意度（$\beta=0.10$，$p>0.05$）。回归方程 3 的结果显示，顾客参与和经济利益补救的乘积项对服务补救满意度产生显著影响（$\beta=0.76$，$p<0.001$），这表明顾客参与在经济利益补救对服务补救满意度的影响中起调节作用。回归方程 4 的结果显示，顾客参与和社会利益补救的乘积项对服务补救满意度产生显著影响（$\beta=0.25$，$p<0.05$），这表明顾客参与在社会利益补救对服务补救满意度的影响中起调节作用。总的来看，这些结果表明顾客参与在经济利益补救和社会利益补救对服务补救满意度的关系中均起调节作用。

表 4-5　顾客参与的调节作用回归分析

	服务补救满意度			
	回归方程 1	回归方程 2	回归方程 3	回归方程 4
经济利益补救	0.28***	0.27***	-0.23	
社会利益补救	0.46***	0.41***		0.35**

续表

	服务补救满意度			
	回归方程 1	回归方程 2	回归方程 3	回归方程 4
顾客参与		0.10		
顾客参与 × 经济利益补救			0.76***	
顾客参与 × 社会利益补救				0.25*
R^2	0.40	0.41	0.32	0.34
调整R^2	0.40	0.40	0.32	0.34

注：*表示p<0.05, **表示p<0.01, ***表示p<0.001。

为了进一步验证顾客参与在经济利益补救和社会利益补救与服务补救满意度的关系中的调节作用是否随着顾客参与水平的增加而呈现倒U 型关系，本研究将所有受访者按照顾客参与的得分高低分为顾客参与程度低组（93人）、顾客参与程度中组（105人）和顾客参与程度高组（93人），本研究接着分别对这三组受访者的服务补救措施和服务补救满意度的关系进行回归分析检验。回归分析的检验结果如表4-6所示。总的来说，相比于顾客参与水平低和高的情况，在顾客参与水平中等时，经济利益补救对服务补救满意度的影响更大（0.41vs 0.22，0.41vs0.25）。该结果显示经济利益补救对服务补救满意度的影响随顾客参与水平的增加而呈现倒U 型变化趋势，该结果支持研究假设 H4-3a。而相比于顾客参与水平中等和高的情况，在顾客参与水平低时，社会利益补救对服务补救满意度的影响更大（0.46vs0.31，0.46v s 0.29）。该结果显示社会利益补救对服务补救满意度的影响随顾客参与水平增加而呈下降趋势，该结果不支持研究假设 H4-3b。

表 4-6　不同顾客参与程度组人员的服务补救措施对服务补救满意度的回归分析

	服务补救满意度		
	顾客参与程度低	顾客参与程度中	顾客参与程度高
经济利益补救	0.22*	0.41***	0.25*
社会利益补救	0.46***	0.31***	0.29*
R^2	0.32	0.32	0.21
调整R^2	0.30	0.31	0.20

注：*表示p< 0.05, ***表示p<0.001。

本研究接着探究顾客参与和调节聚焦共同对服务补救措施和服务补救满意度之间关系的调节作用，即探究拥有不同调节聚焦特质（促进性调节聚焦vs防御性调节聚焦）人员的顾客参与程度对服务补救满意度的影响。检验结果如表4-7所示。在回归方程 1 中，经济利益补救措施对服务补救满意度有显著影响（β=0.28，p<0.001），社会利益补救措施也对服务补救满意度有显著影响（β=0.46，p<0.001）。在回归方程 2 中，顾客参与和调节聚焦并不直接对服务补救满意度产生显著影响。从回归方程 3 到回归方程 5 探究的是调节聚焦和顾客参与是否共同对经济利益补救和服务补救满意度之间的关系产生调节作用。回归方程 3 的结果显示，经济利益补救和顾客参与的乘积项对服务补救满意度产生显著影响（β=0.76，p<0.001），即顾客参与调节了经济利益补救和服务补救满意度之间的关系。回归方程 4 的结果显示，经济利益补救、顾客参与和调节聚焦三者的乘积项对服务补救满意度产生显著影响（β=0.16，p<0.01），这表明调节聚焦和顾客参与共同对经济利益补救和服务补救满意度之间的关系起调节作用。在回归方程 5 中，经济利益补救、顾客参与和调节聚焦三者的乘积项也不对服务补救满意度产生显著影响，但经济利益补救和顾客参与的乘积项对服务补救满意度产生显著影响（β=0.73，p<0.001）。总的来看，这些结果表明顾客参与在经济利益补救和服务补救满意度的关系上的调节作用受到顾客调节聚焦的影响。

表 4-7　顾客参与和调节聚焦共同对服务补救满意度的影响

	服务补救满意度							
	回归方程 1	回归方程 2	回归方程 3	回归方程 4	回归方程 5	回归方程 6	回归方程 7	回归方程 8
经济利益补救	0.28***	0.27***	-0.23	0.40***	-0.21			
社会利益补救	0.46***	0.41***				0.35**	0.56***	0.35***
顾客参与		0.10						
调节聚焦		0.01						
经济利益补救×顾客参与			0.76***		0.73***			

续表

	服务补救满意度							
	回归方程1	回归方程2	回归方程3	回归方程4	回归方程5	回归方程6	回归方程7	回归方程8
社会利益补救×顾客参与						0.25*		0.24
经济利益补救×顾客参与×调节聚焦				0.16**	0.04			
社会利益补救×顾客参与×调节聚焦							0.04	0.01
R2	0.40	0.41	0.32	0.24	0.32	0.34	0.33	0.34
调整R2	0.40	0.40	0.32	0.23	0.31	0.34	0.33	0.33

注：* 表示 p< 0.05，** 表示 p< 0.01，*** 表示 p< 0.001。

表4-7中从回归方程 6 到回归方程 8 探究的是调节聚焦和顾客参与是否共同在社会利益补救和服务补救满意度的关系中起调节作用。回归方程 6 的结果显示，社会利益补救和顾客参与的乘积项对服务补救满意度产生显著影响（β=0.25，p<0.05），即顾客参与调节了社会利益补救和服务补救满意度之间的关系。回归方程 7 的结果显示，社会利益补救、顾客参与和调节聚焦三者的乘积项对服务补救满意度不产生显著影响，这表明调节聚焦和顾客参与并没有共同对经济利益补救和服务补救满意度之间的关系起调节作用。在回归方程8中，社会利益补救、顾客参与和调节聚焦三者的乘积项也不对服务补救满意度产生显著影响，且社会利益补救和顾客参与的乘积项也不对服务补救满意度产生显著影响。这些结果表明调节聚焦和顾客参与并不共同对社会利益补救和服务补救满意度之间的关系起调节作用。值得注意的是，从回归方程 6 到回归方程 8，社会利益补救均对服务补救满意度产生了显著影响。总的来看这些结果表明顾客参与在社会利益补救和服务补救满意度之间关系上的调节作用不受顾客调节聚焦的影响。

接下来，本研究要检验顾客参与在服务补救和服务补救满意度之间关系中的调节作用是否在不同调节聚焦个体（促进性调节聚焦vs防御性调节聚焦）身上表现出差异。本研究将受访者的调节聚焦得分（调节聚焦得分为促进性调节 聚焦分量表得分减去防御性调节聚焦分量表得分[102]）按高低排序，按中值将受访者分为促进性调节聚焦组（得分高组，143人）和防御性调节聚焦组（得分低组，148人）。接着，本研究分别对两组人员的顾客参与的调节作用进行回归分析。回归结果如表4-8和表4-9所示。表4-8的结果显示，在促进性调节聚焦组中，顾客参与只对经济利益补救和服务补救满意度之间的关系起调节作用（β=0.86，p<0.001，见表4-8的回归方程3），却不对社会利益补救和服务补救满意度之间的关系起调节作用（β=0.18，p>0.05，见表4-8的回归方程4）。表4-9的结果显示，在防御性调节聚焦组中，顾客参与既对经济利益补救和服务补救满意度之间的关系起调节作用（β=0.69，p<0.001，见表4-9的回归方程3），又对社会利益补救和服务补救满意度之间的关系起调节作用（β=0.37，p<0.05，见表4-9的回归方程4）。这些结果不支持研究假设H4-4a，也不支持研究假设H4-4b。

表 4-8　促进性调节聚焦组的顾客参与的调节作用回归分析

	服务补救满意度			
	回归方程 1	回归方程 2	回归方程 3	回归方程 4
经济利益补救	0.28***	0.28***	-0.28	
社会利益补救	0.53***	0.46***		0.48**
顾客参与		0.12		
顾客参与 ×经济利益补救			0.86***	
顾客参与 ×社会利益补救				0.18
R^2	0.49	0.49	0.38	0.42
调整 R^2	0.48	0.48	0.38	0.42

注：** 表示 p<0.01，*** 表示 p<0.001。

表 4-9　防御性调节聚焦组的顾客参与的调节作用回归分析

	服务补救满意度			
	回归方程 1	回归方程 2	回归方程 3	回归方程 4
经济利益补救	0.29***	0.26**	-0.21	
社会利益补救	0.37***	0.32***		0.14
顾客参与		0.12		
顾客参与 ×经济利益补救			0.69***	
顾客参与 ×社会利益补救				0.37*
R^2	0.30	0.31	0.25	0.23
调整 R^2	0.29	0.29	0.24	0.21

注：* 表示 p<0.05, ** 表示 p<0.01, *** 表示 p<0.001。

为了进一步探明这两组人员（促进性调节聚焦 vs 防御性调节聚焦）中顾客参与的调节作用，本文按前文所述的方法将所有受访者分为6组，即促进性调节聚焦&顾客参与程度低组（42人）、促进性调节聚焦&顾客参与程度中组（45人）、促进性调节聚焦&顾客参与程度高组（56人）、防御性调节聚焦&顾客参与程度低组（51人）、防御性调节聚焦&顾客参与程度中组（60人）和 防御性调节聚焦&顾客参与程度高组（37人）。分别对这6组人员的服务补救 措施（经济利益补救和社会利益补救）与服务补救满意度的关系进行回归分析。检验结果如表4-10所示。从表4-10中可以看出，对于促进性调节聚焦顾客来说，在顾客参与程度低时，经济利益补救（β=0.28，p<0.05）和社会利益补救（β=0.56, p<0.001）均对服务补救满意度有显著正向影响；在顾客参与程度高时，经济利益补救（β=0.35, p<0.01）和社会利益补救（β=0.27，p<0.05）均对服务补救满意度有显著正向影响；在顾客参与程度中等时，经济利益补救（β=0.27，p>0.05）和社会利益补救（β=0.25，p>0.05）均对服务补救满意度没有产生显著影响。而对于防御性调节聚焦顾客来说，在顾客参与程度中等时，经济利益补救（β=0.49，p<0.001）和社会利益补救（β=0.37，p<0.001）均对服务补救满意度有显著正向影响；在顾客参与程度高时，社会利益补救对服务补救满意度有显著正向影响（β=0.46，p<0.05），而经济利益补救对服务补救满意度没有显著影响（β=-0.01，p>0.05）；在顾客参与程度低时，经济利益补救（β=0.09， p>0.05）和社会利益补救（β=0.24，p>0.05）均没有对服务补救满意度产生显著影响。

表 4-10　六种情况下服务补救措施对服务补救满意度的影响

	服务补救满意度					
	促进性调节聚焦			防御性调节聚焦		
顾客参与	参与程度低	参与程度中	参与程度高	参与程度低	参与程度中	参与程度高
经济利益补救	0.28*	0.27	0.35**	0.09	0.49***	-0.01
社会利益补救	0.56***	0.25	0.27*	0.24	0.37***	0.46*
R^2	0.50	0.19	0.50	0.07	0.15	0.21
调整 R^2	0.47	0.15	0.47	0.03	0.14	0.16

注：* 表示 p<0.05，** 表示 p<0.01，*** 表示 p<0.001。

4.3 研究二讨论

研究二主要探究顾客参与和调节聚焦对服务补救满意度的影响。研究二的各个研究假设的验证情况如表4-11 所示。研究假设H4-1a、H4-1b、H4-2a、H4-2b和H4-3a均得到研究二结果的支持，研究假设H4-3b、H4-4a、H4-4b却没有得到研究二结果的支持。本研究发现顾客参与对服务补救措施（经济利益补救和社会利益补救）和服务补救满意度之间的关系起调节作用。顾客参与在经济利益补救和服务补救满意度之间关系中的调节作用呈倒U型关系，即相比于顾客参与程度高和参与程度低时，顾客参与程度中等时经济利益补救对服务补救满意度的影响更大。而顾客参与在社会利益补救和服务补救满意度之间关系中的调节作用在参与程度低时效果最好，却在顾客参与程度中等和参与程度高时社会利益补救对服务补救满意度的影响较小。顾客参与在服务补救措施和服务补救满意度之间关系中的调节作用受到顾客调节聚焦的影响。具体来说，对于促进性调节聚焦的顾客，顾客参与只调节了经济利益补救和服务补救满意度之间的关系；而没有调节社会利益补救和服务补救满意度之间的关系。对于防御性调节聚焦的顾客，顾客参与既调节了经济利益补救和服务补救满意度之间的关系；也调节了社会利益补救和服务补救满意度之间的关系。

表 4-11　研究二的各个研究假设的验证情况汇总

研究假设	研究结果是否支持	备注
H4-1：企业的服务补救措施对顾客的服务补救满意度产生正向影响		
H4-1a：企业的经济利益补救对顾客的服务补救满意度产生正向影响	支持	
H4-1b：企业的社会利益补救对顾客的服务补救满意度产生正向影响	支持	
H4-2：顾客参与在服务补救措施和服务补救满意度之间的关系中起调节作用		
H4-2a：顾客参与在经济利益补救和服务补救满意度之间的关系中起调节作用	支持	
H4-2b：顾客参与在社会利益补救和服务补救满意度之间的关系中起调节作用	支持	
H4-3：顾客参与在服务补救措施和服务补救满意度之间关系中的调节作用呈倒 U 型关系。即顾客参与程度中等时，服务补救措施对服务补救满意度的影响最大		
H4-3a：顾客参与在经济利益补救和服务补救满意度之间关系中的调节作用呈倒 U 型关系，即相比于顾客参与程度高和参与程度低时，顾客参与程度中等时经济利益补救对服务补救满意度的影响更大	支持	
H4-3b：顾客参与在社会利益补救和服务补救满意度之间关系中的调节作用呈倒 U 型关系，即相比于顾客参与程度高和参与程度低时，顾客参与程度中等时社会利益补救对服务补救满意度的影响更大	不支持	
H4-4：顾客参与在服务补救措施和服务补救满意度的关系中的调节作用只体现在促进性调节聚焦顾客身上，而不体现在防御性调节聚焦顾客身上		
H4-4a：顾客参与在经济利益补救和服务补救满意度的关系中的调节作用只体现在促进性调节聚焦顾客身上，而不体现在防御性调节聚焦顾客身上	不支持	
H4-4b：顾客参与在社会利益补救和服务补救满意度的关系中的调节作用只体现在促进性调节聚焦顾客身上，而不体现在防御性调节聚焦顾客身上	不支持	

本研究的研究结果是围绕着顾客参与给顾客带来的“价值效应”和“成本效应”展开的。本研究的研究结果表明，在顾客参与服务补救的过程中，顾客参与对服务补救措施和服务补救满意度的调节作用都是正的（见表4-6）。这说明顾客对服务补救措施的感知的总效应都是正的，即“价值效应”都是大于“成本效应”的。只是对于经济利益补救措施的感知总效应，随着顾客参与程度的增加呈倒U型关系，即当顾客参与程度中等时，“价值效应”与“成本效应”的差值最大，顾客对经济利益补救的接受度最大。而对于社会利益补救措施的感知总效应，随着顾客参与程度的增加呈下降趋势，即当顾客参与程度低时，“价值效应”与“成本效应”的差值最大，顾客对社会利益补救的接受度最大。

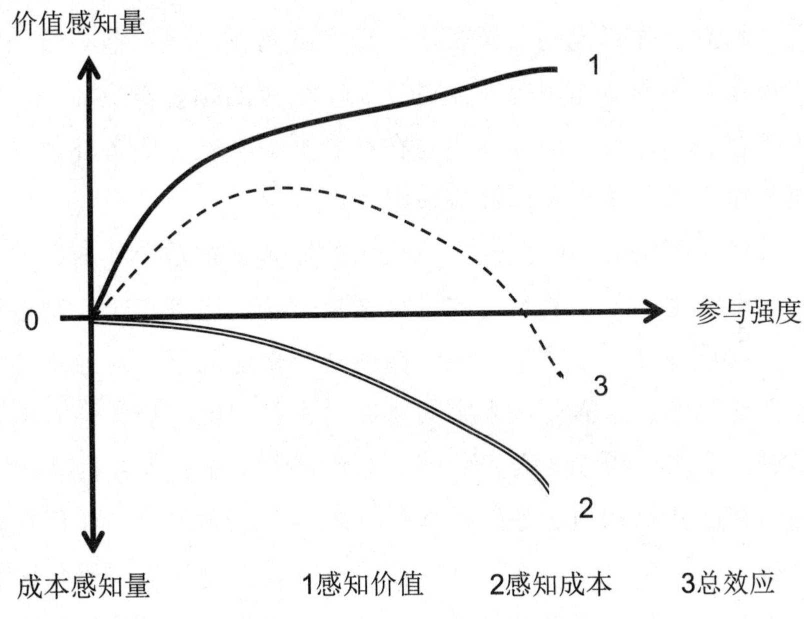

图 4-3　顾客对社会利益补救的感知随顾客参与程度的可能变化情况

本研究的部分研究假设没有得到证实。其中，研究假设 H4-3b 没有得到验证。本研究的假设认为顾客参与对社会利益补救和服务补救满意度之间的调节作用的强度呈现倒U型关系，即当顾客参与程度为中等时（相比于参与程度低和高时），社会利益补救对服务补救满意度的影响最强。而本文的研究结果表明，当顾客参与程度低时（相比于参与程度中等和高时），社会利益补救对服务补救满意度的影响最强。产生这一现象的可能原因在于社会利益补救给顾客的价值感知在顾客参与程度低时就已经达到了最大，而随着顾客参与程度的进一步提升，顾客的价值感知并没有得到进一步提升，而是稳定在一个水平上。而社会利益补救给顾客带来的成本感知却随着顾客参与程度的增加而在不断提升当中。因此，社会利益补救给顾客带来的总效应在顾客参与程度较低时就到了最大值，之后不断降低（见图 4-3）。未来的研究需要对此进行验证。

本研究的另外两个研究假设 H4-4a 和 H4-4b 也没得到验证。本研究认为顾客参与对服务补救（经济利益补救和社会利益补救）和服务补救满意度之间关系上的调节作用只存在于促进性调节聚焦个体身上，而不存在于防御性调节聚焦个体身上。然而，本研究的结果表明，顾客参与在经济利益补救和服务补救满意度之间关系上的调节作用既在促进性调节聚焦的顾客身上体现，也在防御性调节聚焦顾客身上体现。而顾客参与在社会利益补救和服务补救满意度之间关系上的调节作用只存在于防御性调节聚焦顾客身上。也就是说，对于经济利益补救，促进性调节聚焦和防御性调节聚焦的顾客感知是一致的，但是对于社会利益补救的感知是不一致的。造成这种结果可能的原因在于促进性调节聚焦的顾客对经济利益补救比较敏感，而防御性调节聚焦的顾客对经济利益补救和社会利益补救均敏感。这需要在未来的研究中进行验证。值得注意的是，虽然研究假设 H4-4a 和 H4-4b 没有得到验证，但顾客参与在服务补救措施（经济利益补救和社会利益补救）和服务补救满意度之间关系中的调节作用在促进性调节聚焦顾客和防御性调节聚焦顾客身上表现不同。促进性调节聚焦顾客和防御性调节聚焦顾客在参与网络服务补救时，对企业服务补救措施的感知是不一致的。

本研究验证了顾客参与在服务补救和服务补救满意度之间关系中的调节作用，而没有发现顾客参与对服务补救满意度的直接作用。前人在探究服务补救过程中顾客参与的作用时，往往探究顾客参与对服务补救效果（服务补救满意度、再购意愿、口碑等）的直接影响[4,95]。前人的研究中往往忽视了顾客参与服

务补救过程中企业的服务补救措施的实施。事实上，从逻辑上分析，企业实施的服务补救措施是根本上影响服务补救效果的因素，顾客参与是能够影响企业的补救措施是否契合顾客的需求。因此，在探究服务补救中顾客参与的作用时，不应该忽略企业的服务补救措施。基于此，本研究将顾客参与作为了调节变量而不是自变量，探究顾客参与如何影响企业的服务补救措施发挥作用。前人较少进行这方面的探究，本研究对顾客参与网络服务补救的研究进行了补充。

本研究发现顾客参与程度高（vs参与程度低或 vs参与程度中等）时反而使得企业服务补救措施产生的作用降低。这与前人的研究结果不一致。前人的研究往往发现顾客参与对服务补救效果产生直接的正向影响[4,95]，即顾客参与程度越高服务补救效果越好。本研究与前人研究产生不一致结果的可能原因在于，前人研究中发现了顾客参与所带来的感知价值，而本研究则发现了顾客参与给顾客所带来的成本感知对价值感知的抵消作用。前人的研究中往往忽略了顾客参与所带来的顾客的成本感知，本研究为顾客参与服务补救的研究提供了新的思路。

本研究验证了顾客参与的作用受到顾客本身的调节聚焦特质的影响。即本研究验证了顾客参与在服务补救中的作用存在个体差异。前人鲜有对这方面进行的探究，往往忽略了不同的人群对顾客参与有不同的需求和态度。探究顾客参与服务补救中的个体差异，有利于深化理解顾客参与在服务补救中起作用。本研究在这方面丰富了顾客参与网络服务补救的研究。

本研究进一步区分了经济利益补救和社会利益补救对服务补救满意度的不同影响。本研究的研究结果得到了前人研究的支持。前人也有研究探究了经济利益补救和社会利益补救之间的差别[87]。本研究从顾客参与的角度进一步验证了经济利益补救和社会利益补救的区别，丰富了网络服务补救的研究。

本研究也为企业的管理带来一些启示。首先，企业应当降低顾客参与的成本感知。本研究的结果表明，顾客参与程度低时比参与程度中等和高时，顾客对企业社会利益补救措施的接受程度更高；顾客参与程度中等时比参与程度低和高时，顾客对企业经济利益补救措施的接受程度更高。即无论是经济利益补救还是社会利益补救，顾客参与程度高时都没有产生最好的效果。产生这一结果的原因可能在于顾客参与给顾客带来了成本感知。因此，企业应该通过适当措施来降低顾客参与网络服务补救时的成本感知，进一步提升顾客参与给顾客带来的感知价值，从而进一步提升顾客对企业服务补救措施的接受程度。比如，企业应完善企业与顾客的双向沟通渠道，建立自助服务措施（如智能客服），优化企业网站界面，建立常见问题解答系统，对一线员工进行培训和授权等。通过各种措施降低顾客参与时信息搜集的难度，降低顾客与企业沟通的成本，提升一线员工对顾客的响应性和服务补救的效率，从而最终降低顾客参与的成本。

其次，为达到最优的服务补救效果，企业应当针对不同参与水平下不同调节聚焦特质的顾客采取不同的补救措施。本文结果表明顾客参与对服务补救效果的影响是存在个体差异的。总的来说，对促进性调节聚焦的个体，企业最优的策略是在其低参与水平下采取社会利益补救措施；而对于防御性调节聚焦的个体，企业最优的策略是在其参与水平中等时采取经济利益补救措施。这样能更有效地提升服务补救的效果，达到事半功倍的效果。为了有效地区分不同的顾客群体，企业应当完善顾客信息搜集和反馈系统，建立完善的客户管理系统。借助完善的客户管理系统能够有效区分不同顾客群体了解他们的特点，从而为他们提供针对性地服务补救措施来提升服务补救满意度。

最后，企业要同时采取经济利益补救和社会利益补救的措施。应当注意到，总的来看经济利益补救和社会利益补救都对服务补救满意度的提升有显著作用。因此，企业的服务补救措施应当双管齐下，对顾客的经济损失（经济利益）和精神损失（社会利益）同时进行服务补救。

值得注意的是本研究仍然有一些问题有待解决。第一，本研究假设是顾客参与服务补救存在作用相反的“价值效应”和“成本效应”，两种效应的相互作用导致了本研究的结果。前人已有研究证实了顾客参与能提升顾客的感知价值[94,103,104]。然而，鲜有研究验证顾客参与服务补救时存在的“成本效应”。本文虽然支持了研究假设，但没有直接证实顾客参与服务补救的“成本效应”。因此，未来的研究需要验证顾客参与是否存在“成本效应”，以及这种效应是否是唯一导致本研究结果的原因。

第二，经济利益补救和社会利益补救在本研究的两类人群中（促进性调节聚焦 vs 防御性调节聚焦）得到不同的结果的内在原因需要进行探究。正如前文所述，促进性调节聚焦的顾客可能对经济利益补救比较敏感，而防御性调节聚焦的顾客可能对经济利益补救和社会利益补救均敏感。是否是这种原因需要在未来的研究中进行探究。

研究一和研究二表明了顾客参与在企业的服务补救措施和顾客的服务补救满意度之间关系中起调节作用，这两个研究共同表明顾客参与网络服务补救对企业的服务补救效果产生了影响。那么，顾客参与对企业补救效果产生影响的原因是什么呢？本文接下来的研究三、研究四和研究五将探究顾客参与对网络服务补救产生作用的内在机制。

第5章　研究三：自我概念在顾客参与服务补救中的中介作用

正如前文所述，顾客参与服务补救能对受损的自我概念进行修复。修复自我概念是顾客参与服务补救中能获得的价值之一。研究三将基于自我概念修复的视角来探究在网络服务补救中顾客参与对服务补救产生效果的作用机制。研究三的研究模型如图5-1所示。在该模型中，顾客参与服务补救通过提升顾客的自我概念，从而提升服务补救满意度，也提升了顾客的再次购买和向他人进行推荐的意愿。本研究中选取自我控制感和自我效能感作为自我概念的两个指标。另外，顾客参与也可直接通过提升服务补救满意度，进而提升顾客的再次购买和向他人进行推荐的意愿。

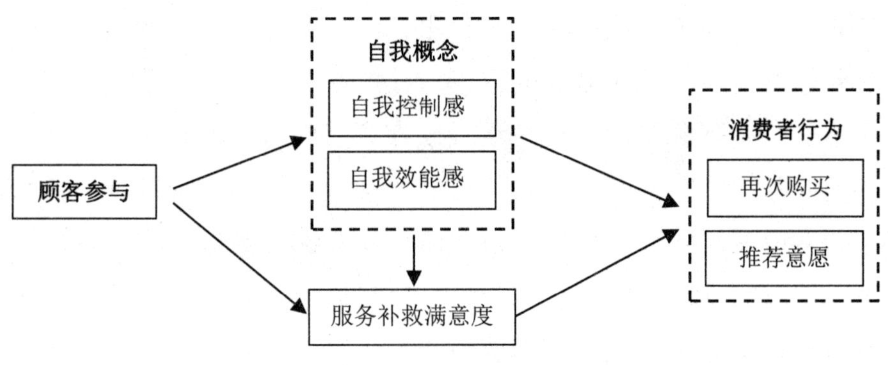

图 5-1　研究三的研究模型

本研究将首先通过对前人的研究进行文献回顾，提出研究模型中的各个变量之间的关系，提出本研究的研究假设，再通过问卷调查来验证这些研究假设。

5.1 文献综述和研究假设

5.1.1 自我概念与企业补救措施

前文已经阐述了企业的经济利益补救（如，补偿、退款）和社会利益补救（如，道歉、解释）的补救原理以及达到的补救效果往往是不同的[88,89]。企业的经济利益补救和社会利益补救分别是针对顾客在服务失败时的功能性价值损失和象征性价值损失进行的服务补救。早在*Gardner* 和*Levy*（1955）[74] 以及 *Levy*（1959）[75] 就提出，人们购买和使用某些产品或服务时不仅仅为了获得该产品和服务的功能性价值，也是看重这些产品表现出来的象征性价值。

产品和服务的象征性价值往往体现的是顾客的自我概念。自我概念可以看作是一组稳定的用来表征自我的知识结构和自我图示，这些自我图示组织与自我相关的信息并帮助人们在环境中定位自己[73]。根据自我图示理论，人们通过各种方式来保持和加强他们的自我概念。其中，人们保持和加强自我概念的一种方式是通过他们购买和使用的产品和服务。顾客如何感知他们拥有的产品和服务、想要拥有何种产品和服务取决于这些产品和服务对于他们自己和其他人的象征性价值[76]。而象征性价值主要反映在顾客的自我概念中。因此，从这个角度看，当服务失败发生时，顾客的自我概念受到了挫折或破坏。前人的研究也表明，顾客遭遇服务失败会导致他们的自我概念受到威胁或损害[72,80,81]。顾客参与服务补救的过程可以看作是一种对自我概念的修复过程。因此，如果企业的补救措施能够起到修复顾客自我概念的话，那顾客的服务补救满意度就会提升。

5.1.2 顾客参与和自我概念

正如前文所述，本研究认为顾客参与和企业的社会利益补救是相匹配的。正如社会利益补救有利于顾客的自我概念修复，顾客参与也有利于顾客对自我概念的修复，因为只有顾客才知道自己的自我概念在哪里受损。从这个角度看，在服务补救过程中顾客参与可以看作是顾客主动地对自己的自我概念进行修复的过程。前人研究也表明，顾客参与有利于顾客对服务失败时受损的自我概念进行修复。自我概念是一个复杂的概念，包含的内容很多。自我控制感和自我效能感是自我概念中的两个重要组成部分，也是人们行为驱动的两个重要因素。本研究选取自我控制感和自我效能感作为自我概念的两个指标进行研究。

服务失败的情境下，自我控制感是指消费者对失误严重程度的认知与主观感受，并根据自身因素对心理反应与行为选择的调整与控制[105]。研究表明顾客参与能通过提升自我控制感来影响顾客满意度。比如，望海军和汪涛（2007）的研究表明顾客参与通过自我控制感对顾客满意度有着积极的影响[106]。彭艳君（2009）的研究也表明自我控制感是顾客参与和顾客满意度之间关系的中介变量之一[107]。根据前人研究，本研究认为在服务补救中顾客参与通过提升顾客的自我控制感，从而提升服务补救满意度。据此，本研究提出如下研究假设：

H5-1：顾客参与通过提升顾客的自我控制感，从而提升服务补救满意度。

自我效能感是指个体在执行某一行为操作时对自身能够在何种水平上完成该行为活动所具有的信念、判断或主体自我感受[108]。大量研究表明顾客的自我效能感对于提高工作绩效、增强工作动机、改善工作态度都有重要意义。但在服务补救研究中，鲜有研究探究顾客参与的自我效能感能否促进他们的积极参与行为。目前在自助服务领域的研究中，探究了顾客参与和自我效能感的关系。研究表明自我效能感是顾客参与自助服务的重要因素[60, 109]。作为与自我控制感相类似的自我概念，本研究认为在服务补救过程中，顾客参与也可能提升顾客的自我效能感，进而提升服务补救满意度。据此，本研究提出如下研究假设：

H5-2：顾客参与通过提升顾客的自我效能感，从而提升服务补救满意度。

5.1.3 顾客参与和服务补救后行为

正如前文所述，在服务补救过程中顾客参与能够提升服务补救满意度。而大量的服务补救的研究表明服务补救满意度是导致顾客的再次购买或向他人进行推荐的重要前因变量。因此，本研究认为顾客参与可通过提升服务补救满意度来增加再次购买或向他人进行推荐的概率。据此，本研究提出如下研究假设：

H5-3a：顾客参与通过提升顾客的服务补救满意度，从而提升顾客再次购买的概率。

H5-3b：顾客参与通过提升顾客的服务补救满意度，从而提升顾客进行推荐的概率。

另外，正如前文所述，顾客参与是通过能提升顾客的自我概念（自我控制感、自我效能感），从而对自我概念进行修复。而根据自我图示理论，服务补救过程可以看作是对顾客的自我概念进行修复的过程。即自我概念修复是使得服务补救达到效果，进而产生服务补救后行为的内在机制。因此，本研究认为顾客参与可直接通过提升顾客的自我概念（自我控制感、自我效能感），从而增加再次购买或向他人推荐的概率。因此，本研究提出如下研究假设：

H5-4a：顾客参与通过提升顾客的自我控制感，从而提升顾客再次购买的概率。

H5-4b：顾客参与通过提升顾客的自我控制感，从而提升顾客向他人进行推荐的概率。

H5-5a：顾客参与通过提升顾客的自我效能感，从而提升顾客再次购买的概率。

H5-5b：顾客参与通过提升顾客的自我效能感，从而提升顾客向他人进行推荐的概率。

5.2 预研究：相关量表的修订

本研究需要用到《顾客参与量表》、《自我控制感量表》和《自我效能感量表》分别对顾客参与、自我控制感和自我效能感进行测量。顾客参与的测量主要是以 *Ennew* 和 *Blinks*（1999）[53]、*Kellogg* 等（1997）[52]与彭艳君和景奉杰（2008）[56]的研究为基础，并结合本研究的情景进行编制，形成《顾客参与量表》。该量表共16个题项，包括4个维度：事前准备、信息分享、合作和人际互动。《自我控制感量表》是以 *Bagozzi* 和 *Dholakia*（2002）[110]以及 *Zadro* 等（2004）[111]的量表为基础进行编制，共3个题项。《自我效能感量表》是以 *Sharma* 和 *Patterson*（2000）[112]以及 *Maxharm* 和 *Netemeyer*（2003）[113]研究为基础进行编制，共3个题项。本研究派发包含这3个量表在内的问卷186份，有效回收132 份，问卷的有效回收率为70. 97%。这些量表都采用李克特 5 点量表的形式进行测量，1 表示“非常不符合”，5 表示“非常符合”，依次类推。

本研究首先使用AMOS 17.0软件对这132份数据进行验证性因子分析，以检验《顾客参与量表》《自我控制感量表》和《自我效能感量表》在本研究中的适用性。《顾客参与量表》的最终验证性因子分析的结果如表 5-1 所示。在删除 5 个题项后（因为题项的标准化因子负荷太低而被删除），本研究修订的《顾客参与量表》的模型拟合度良好（X2 =67.160， df =40， GFI =0.912，AGFI=0.854，CFI=0.916，NFI=0.823，IFI=0.920，TLI=0.885，RMSEA=0.072）。所有题项的标准化因子负荷均大于0.5（0.50～0.78），且在 α=0.001的水平上达到显著。总量表的组合信度（0.85）和Cronbach's α 系数（0.82） 均大于0.7。这些结果表明修订的《顾客参与量表》的适用性较好。该修订的量表将用于正式研究中。

表 5-1　《顾客参与量表》的验证性因子分析结果（N=132）

变量	题项	标准化因子负荷
总量表（组合信度：0.85；Cronbach's α系数：0.82）		
事前准备	14. 在与商家沟通前，我会再次确认服务出现的问题所在	0.50***
	16. 在与商家沟通前，我已经清楚了解决该问题的步骤	0.53***
信息分享	2. 我清楚地向商家提出了我的要求	0.61***
	3. 我向商家提出了解决这个问题的想法和建议	0.51***
	4. 我回答了商家向我提出的所有与服务有关的问题	0.51***
人际互动	10. 我与商家的沟通很愉快	0.70***
	11. 我与商家的沟通很顺畅	0.78***
	12. 我友好地对待商家或客服人员	0.51***
	13. 我感谢商家对这次服务补救作出的努力	0.60***
合作	6. 在服务补救中，我努力地配合商家的工作	0.58***
	7. 我认为服务补救不是商家一个人的事情，需要我的配合	0.51***

注：题项前面的编号是问卷中的《顾客参与量表》的编号顺序，*** 表示p<0.001。

《自我控制感量表》和《自我效能感量表》的最终验证性因子分析的结果如表5-2所示。在删除1个题项后（因为题项的标准化因子负荷太低而被删除），本研究修订的《自我控制感量表》和《自我效能感量表》的模型拟合度良好（X^2=2.526, df=4，GFI=0.992，AGFI=0.971，CFI=0.912，NFI=0.986，IFI=0.931，TLI=0.905，RMSEA=0.000）。所有题项的标准化因子负荷均大于0.5（0.60～0.83），且在α=0.001的水平上达到显著。自我控制感和自我效能 感量表的组合信度（0.72和0.70）和Cronbach's α系数均大于0.7（0.71和0.71）。这些结果表明修订的《自我控制感量表》和《自我效能感量表》的适用性较好。这两个修订的量表将用于正式研究中。

表 5-2　《自我控制感量表》和《自我效能感量表》的验证性因子分析结果（N=132）

变量	题项	标准化因子负荷
自我控制感（组合信度：0.72；Cronbach's α 系数：0.71）		
自我控制感	2. 服务补救过程中，我有较高的控制感	0.66***
	3. 我认为我能较好地掌控此次服务补救的进程	0.83***
自我效能感（组合信度：0.70；Cronbach's α 系数：0.71）		
自我效能感	4. 我在与商家解决问题方面有一些经验	0.63***
	5. 我有信心能够很好地与商家共同解决这个问题	0.60***
	6. 对于服务补救，我具备相关的知识和经验	0.74***

注：题项前面的编号是问卷中的量表的编号顺序，***表示p<0.001。

5.3 正式研究：顾客参与的作用机制研究

5.3.1 研究设计

本研究通过与第三方网络调查公司合作派发网络问卷。该网络问卷主要分成3部分：第一部分调查顾客的个人资料，包括性别、年龄、职业、学历和月收入。在第二部分中，主要让顾客回忆最近3个月来碰到的最近一次网络服务失败是什么？服务失误的严重程度如何（按严重程度1～10 进行评分，1 表示“最不 严重”，10 表示“最严重”，依次类推）？商家是否进行服务补救？没有进行 服务补救的话，该调查终止。有进行服务补救的话，消费者自身参与的程度如何（用修订后的《顾客参与量表》进行测量）？在参与过程中获得的自我控制感（用修订后的《自我控制感量表》进行测量）和自我效能感（用修订后的《自我效能感量表》进行测量）如何？在第三部分中，主要调查顾客对商家的服务补救的满意度（按1～7 分进行自评，1 表示“最不满意”，7 表示“最满意”，依次类推），服务补救后是否在此商家再次购买（在 4 个选项中进行选择：再 没购买，比以前少，和以前一样，比以前更多），以及服务补救之后是否愿意向他人推荐该商家（按愿意程度1～5 打分，1 表示“非常不愿意”，5 表示“非常愿意”，依次类推）。

本研究通过网络派发调查问卷 602 份。排除掉填写无效的问卷和商家没有进行服务补救的问卷后，有效问卷为 322 份，问卷有效率为 53.49%。在这 322 份问卷中，女性居多（占比为 63.04%），男性较少（占比为 36.96%），受访者的职业主要为企业人员（占比为 54.04%），大部分的受访者学历为大专或本科（占比为 83.54%），受访者的年龄段主要集中在18～40 岁（占比为 89.75%），受访者的月收入集中在5001～8000 元（占比为 29.19%）。本研究的样本具体人口统计特征情况如表5-3 所示。

表 5-3 研究三的样本人口统计特征情况表（N=322）

	选项	人数/比例		选项	人数/比例
性别	男	119/36.96%	职业	全日制学生	69/21.43%
	女	203/63.04%		企业人员	174/54.04%
				公职/事业单位人员	66/20.50%
年龄	18 岁以下	2/0.62%		私营企业主	3/0.93%
	18~25 岁	105/32.61%		个体户	6/1.86%
	26~30 岁	93/28.88%		其他	4/1.24%
	31~40 岁	91/28.26%			
	40 岁以上	31/9.63%	月收入	3000 元以下	65/20.19%
				3001~5000 元	76/23.60%
学历	大专以下	20/6.21%		5001~8000 元	94/29.19%
	大专或本科	269/83.54%		8001~10000 元	48/14.91%
	硕士	31/9.63%		10001~20000 元	37/11.49%
	博士	2/0.62%		20000 元以上	2/0.62%

5.3.2 研究结果

本研究首先使用AMOS 17.0软件通过结构方程模型分析来探究自我控制感和自我效能感是否在顾客参与和服务补救满意度的关系中起中介作用。检验结果如图5-2所示。该模型的拟合度良好（X^2=12.302，df=1，GFI=0.982，AGFI=0.815，CFI=0.959，NFI=0.956，IFI=0.959，TLI=0.752，RMSEA=0.188），且各路径系数均在α=0.01的水平上达到显著。该模型结果显示，顾客参与对自我控制感有显著正向影响（β=0.43，$p<0.001$），自我控制感对服务补救满意度产生显著正向影响（β=0.19，$p<0.001$），顾客参与也直接对服务补救满意度产生显著影响（β=0.36，$p<0.001$），这些结果表明自我控制感在顾客参与和服务补救满意度之间的关系中起部分中介作用。顾客参与对自我效能感有显著正向影响（β=0.46，$p<0.001$），自我效能感对服务补救满意度产生显著正向影响（β=0.17，$p<0.01$），顾客参与直接对服务补救满意度产生显著的影响（β=0.36，$p<0.001$），这些结果表明自我效能感在顾客参与和服务补

救满意度之间的关系中起部分中介作用。这些结果支持研究假设 H5-1 和 H5-2。

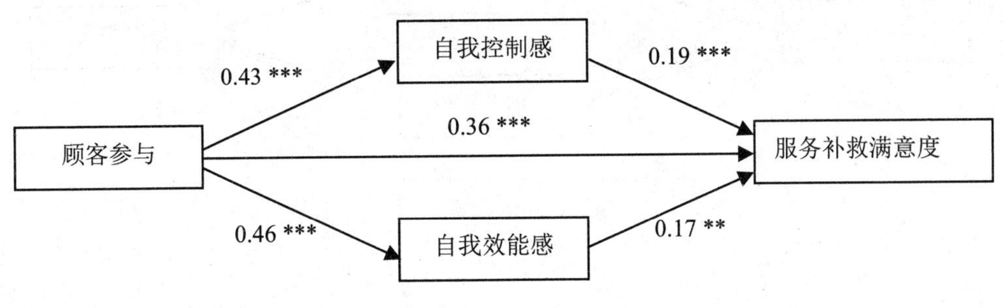

注：**表示p<0.01, ***表示p<0.001

图 5-2　顾客参与对补救满意度的影响模型

接着，本研究检验顾客在参与服务过程中获得的自我控制感和自我效能感是否在顾客参与和服务补救后行为（再次购买和推荐意愿）的关系中起中介作用。检验结果如图5-3和图 5-4所示。图5-3的中介效应模型的拟合度良好（X^2=5.518，df=2，GFI=0.991，AGFI=0.957，CFI=0.983，NFI=0.974，IFI=0.983，TLI=0.949，RMSEA=0.074），且各路径系数均在α=0.05 的水平上达到显著。该模型结果显示，顾客参与对服务补救满意度产生显著正向影响（β=0.51，p<0.001），服务补救满意度对再次购买产生显著的正向影响（β=0.29，p<0.001），而顾客参与并不直接对再次购买产生显著影响，这些结果表明服务补救满意度在顾客参与和再次购买的关系中起完全中介作用。顾客参与对自我控制感产生显著正向影响（β=0.44，p<0.001），自我控制感对再次购买产生显著的正向影响（β=0.13，p<0.05），而顾客参与并不直接对再次购买产生显著影响，这些结果表明自我控制感在顾客参与和再次购买的关系中起完全中介作用。而顾客参与并不对自我效能感产生显著影响，自我效能感也不对再次购买产生显著影响，即自我效能感在顾客参与和再次购买之间的关系中不起中介作用。这些结果支持研究假设 H5-3a和 H5-4a，但不支持研究假设 H5-5a。

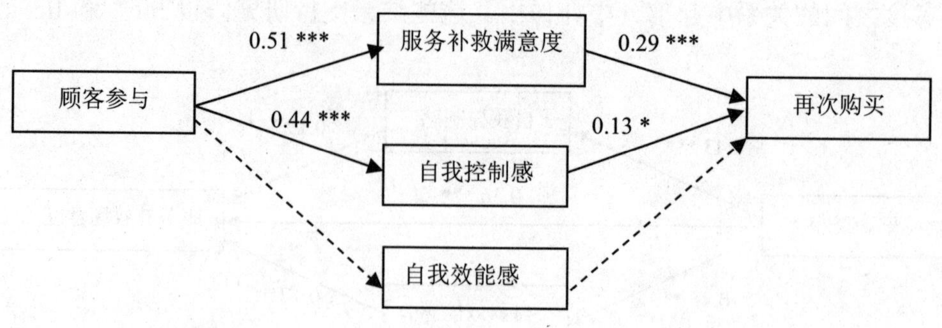

图 5-3 顾客参与对再次购买的影响模型

注：虚线为不显著的路径，*表示p<0.05, ***表示p<0.001。

图5-4的中介效应模型的拟合度良好（X^2=15.191，df=2，GFI=0.977，AGFI=0.887，CFI=0.949，NFI=0.943，IFI=0.950，TLI=0.848，RMSEA=0.074），且各路径系数均在α=0.01的水平上达到显著。该模型结果显示，顾客参与对服务补救满意度产生显著正向影响（β=0.51，p<0.001），服务补救满意度对推荐意愿产生显著的正向影响（β=0.37，p<0.001），而顾客参与并不直接对推荐意愿产生显著影响，这些结果表明服务补救满意度在顾客参与和推荐意愿的关系中起完全中介作用。顾客参与对自我效能感产生显著正向影响（β=0.46，p<0.001），自我效能感对推荐意愿产生显著的正向影响（β=0.17，p<0.01），而顾客参与并不直接对推荐意愿产生显著影响，这些结果表明自我效能感在顾客参与和推荐意愿的关系中起完全中介作用。而顾客参与并不对自我控制感产生显著影响，自我控制感也不对推荐意愿产生显著影响，即自我控制感在顾客参与和推荐意愿之间的关系中不起中介作用。这些结果支持研究假设 H5-3b 和 H5-5b，但不支持研究假设 H5-4b。

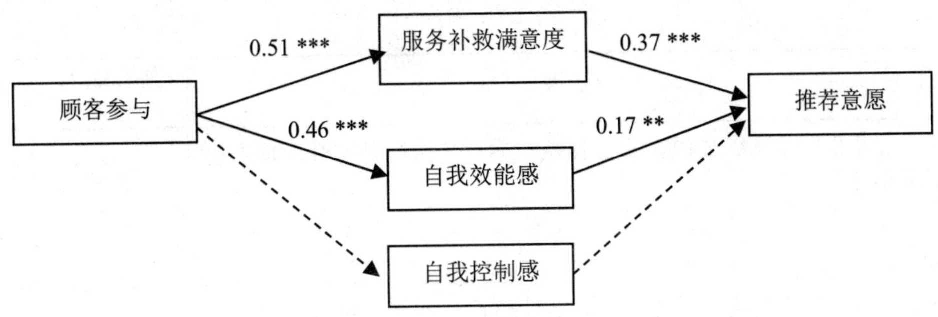

注：虚线为不显著的路径，**表示p<0.01, ***表示p<0.001

图 5-4　顾客参与对推荐意愿的影响模型

5.4 研究三讨论

本研究以自我图示理论和社会交换理论为基础，主要探究顾客参与在服务补救中的作用及内在机制。研究三的各个研究假设的验证情况如表 5-4 所示。本研究的研究结果表明顾客参与通过服务补救满意度、自我控制感和自我效能感对顾客的服务补救后行为（再次购买和推荐意愿）产生影响。本研究提出的研究假设除了 H5-4b和H5-5a之外，其他的研究假设都得到了验证。

表 5-4　研究三的各个研究假设的验证情况汇总

研究假设	研究结果是否支持	备注
H5-1：顾客参与通过提升顾客的自我控制感，从而提升服务补救满意度	支持	
H5-2：顾客参与通过提升顾客的自我效能感，从而提升服务补救满意度	支持	
H5-3a：顾客参与通过提升顾客的服务补救满意度，从而提升顾客再次购买的概率	支持	
H5-3b：顾客参与通过提升顾客的服务补救满意度，从而提升顾客向他人进行推荐的概率	支持	
H5-4a：顾客参与通过提升顾客的自我控制感，从而提升顾客再次购买的概率	支持	

续表

研究假设	研究结果是否支持	备注
H5-4b：顾客参与通过提升顾客的自我控制感，从而提升顾客向他人进行推荐的概率	不支持	
H5-5a：顾客参与通过提升顾客的自我效能感，从而提升顾客再次购买的概率	不支持	
H5-5b：顾客参与通过提升顾客的自我效能感，从而提升顾客向他人进行推荐的概率	支持	

本研究探究了顾客参与对服务补救后行为（再次购买、口碑推荐）产生作用的内在机制。本研究的结果表明顾客参与并不直接对服务补救后行为产生影响，而是通过提升顾客的服务补救满意度以及提升顾客的自我概念（自我控制感、自我效能感）来实现的。虽然已有学者开始探究顾客参与服务补救对其重购意愿[63]、口碑传播[97,98]等服务补救后行为的影响，但前人的研究并未揭示出顾客参与服务补救产生效果的内在机制。本研究首次从自我图示理论的视角探究顾客参与服务补救的作用，有利于深化对顾客参与行为的理解，丰富了网络服务补救研究，为研究网络服务补救提供新思路。

值得注意的是，本研究的研究假设H5-4b和H5-5a都没有得到验证。即自我控制感并不对顾客参与和推荐意愿之间的关系起中介作用；自我效能感并不对顾客参与和再次购买的关系起中介作用。本研究的结果表明提升顾客的自我控制感能提升顾客的再次购买意愿，却不能提升顾客的推荐意愿；提升顾客的自我效能感能提升顾客的推荐意愿，却不能提升顾客的再次购买意愿。这些结果似乎表明，提升不同的自我概念将导致不同的服务补救后行为。为什么会导致这样的结果？自我控制感与再次购买意愿之间，以及自我效能感和推荐意愿之间，存在怎样的联系和机制？这需要在后续的研究中加以证实。

本研究的结果也为企业的实践提供了一定的启示。首先，企业在补救过程中需要加强引导顾客的参与。本研究的结果表明，顾客参与可以提高服务补救满意度，同时也可提高顾客的再次购买和推荐意愿等服务补救后行为。前人的研究也表明顾客参与是可以提升顾客的重购意愿和口碑传播等行为[63,97,98]。因此，企业引导顾客参与到服务补救过程中来可以提升服务补救的效果。具体到

网络服务补救中，企业可以通过增加与顾客交流沟通的渠道，简化服务补救流程，及时对顾客进行回访，增加客服权限等措施来吸引顾客参与到服务补救中来。

最后，企业在进行网络服务补救过程中需要提升顾客的自我控制感和自我效能感，提升服务补救满意度。本研究的结果表明自我控制感和自我效能感是顾客参与能提升顾客的再次购买或推荐意愿的内在原因之一。因此，企业在服务补救过程中可通过提升顾客的自我控制感和自我效能感，从而达到提升服务补救的效果。比如，企业可按照顾客的要求来安排服务补救的节奏、时间、内容等，及时给顾客反馈补救进度，使得顾客能有较强的自我控制感和自我效能感。

本研究也存在一些不足，需要在未来的研究中得到加强。首先，本研究选取自我效能感和自我控制感作为自我概念的指标来进行研究。自我概念是个十分复杂的概念，现有研究并没有完善的测量总体自我概念的量表，因此本研究选择自我效能感和自我控制感作为指标来进行研究。但自我效能感和自我控制感并不能完全代表自我概念，且本研究表明自我效能感和自我控制感对服务补救后行为产生了不同的影响。因此，未来的研究中需要找到更能代表自我概念的指标，或完善整体自我概念的测量，来重复本研究，并进一步验证本研究的结果。其次，本研究中没有考虑到服务失败归因、情绪、感知公平等因素的影响。前人研究已经表明感知公平[3, 34, 35, 114]、情绪[44, 90, 115, 116]、服务失败归因[38-40, 80]等这些因素会影响服务补救满意度。同时，这些因素也可能影响顾客参与水平的高低。未来的研究中可将这些因素纳入进来进行探究。

研究三从自我图示理论出发，认为服务补救过程中顾客的自我概念的提升有助于提升服务补救的效果。但自我概念是一个非常复杂的概念，本研究选取了自我控制感和自我效能感这两个指标进行探究。那么，本研究得出的研究结果是否对自我概念中的其他方面（如自我概念联结，自尊，自我认同等）同样适用？因此，研究四将从另外一个自我概念的指标——顾客认同（自我认同在消费领域的体现）来检验自我概念的提升是否是顾客参与网络服务补救的内在机制。

第6章　研究四：顾客认同在顾客参与服务补救中的中介作用

研究三探究了自我概念中的自我控制感与自我效能感在顾客参与和服务补救效果（即服务补救满意度、再次购买和推荐意愿）中的中介作用。然而自我概念中还有另外一个重要的部分为自我认同。自我认同体现在消费者行为中为顾客认同。研究四将继续探究顾客认同是否在顾客参与和服务补救效果中存在中介作用。研究四的研究模型如图6-1所示。顾客参与对服务补救满意度产生正向影响，而这种影响是通过顾客认同的中介作用而产生的。顾客的心理授权是激发顾客参与网络服务补救的重要前因变量。本研究接下来将通过调查网络服务中的顾客参与服务补救的情况，来验证本研究提出的研究模型和研究假设。

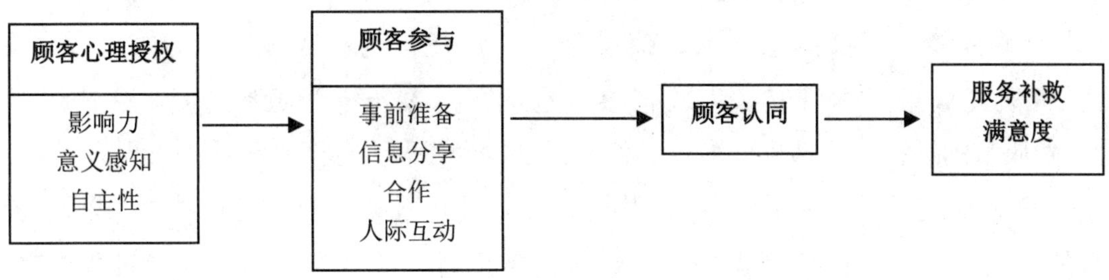

图 6-1　研究四的研究模型

顾客参与是顾客的一种主动性行为，它受到顾客本身的内在动机的影响很大[4,60]。顾客心理授权是顾客的一种“由内而外”的心理需求与动机[117]，反映的是顾客自我效能感、控制感增强的过程。前人从顾客的心理授权视角对顾客参与服务补救进行的研究较少，顾客心理授权能否激发顾客参与行为，进而对服务补救效果产生影响是值得进一步探究的。另外，当发生服务失败时，顾客的自我概念就可能会受到威胁和损害[80, 81]。顾客参与服务补救的一个重要目的是为了修复受损的自我概念，重新对自我概念产生认同（即顾客认同），进而才能对服务补救产生满意的效果。因此，本研究从顾客动机的视角出发，探究顾客心理授权、顾客认同在顾客参与服务补救中的作用及效果。

本研究将首先通过对前人的研究进行文献回顾，提出研究模型中的各个变量之间的关系，提出本研究的研究假设，再通过问卷调查来验证这些研究假设。

6.1 文献综述与研究假设

6.1.1 顾客参与和服务补救满意度

近年来，学者们开始探究顾客参与在服务补救中的作用。顾客参与是顾客在精神、智力、情感等方面的投入，是以时间或精力、信息提供、合作生产的形式提供资源的行为[100]。*Kellogg*（1997）等从服务产品生产流程角度将顾客参与划分为事前准备、建立关系、信息交换行为、干涉行为[52]。*Ennew*和*Blinks*（1999）将顾客参与行为分为信息分享、责任行为和人际互动[53]。*Groth*（2005）将顾客参与分为信息共享、人际互动和合作生产[54]；*Yi* 和*Gong*（2013）则认为顾客参与包括信息寻求、信息分享、责任行为和人际互动等方面[55]。综合前人研究成果，本研究认为顾客参与是顾客投入一定资源参与服务生产以提升消费质量的过程，包括事前准备、信息分享、合作和人际互动等行为表现方式。

前人研究往往表明顾客参与服务补救会提升服务补救满意度[4,94,95]以及顾客的重购意愿和口碑传播[63,96]。从顾客角度来看，顾客参与服务补救过程中的信息分享、合作和人际互动等，有助于顾客更加了解服务补救的内容，可以强化顾客的感知价值，并使顾客更容易获得所期望的服务补救结果。从这个角度看，顾客参与程度越高，顾客对服务补救措施的接受程度越高，从而使得服务补救措施产生效果。因此，本研究提出如下研究假设：

H6-1：顾客参与正向影响服务补救满意度。

6.1.2 顾客认同的中介作用

较少有研究者就顾客参与对服务补救满意度的作用机制进行研究。一般认为，顾客参与通过提升顾客的感知公平[5]或控制感和感知价值或责任归因[100]来提升服务补救满意度。然而，顾客参与如何对服务补救满意度产生影响仍然不清晰。本研究从顾客内在动机的视角出发，认为顾客认同是顾客参与对服务补救满意度的作用机制。

服务失败一旦出现，就意味着服务中的一些事件或活动没有达到顾客的预想目标，使得顾客的某些自我计划受到挫败[72,118]。这样顾客已有的认知状态和秩序被扰乱，从而使得那些与自我计划相关的深层的自我概念遭到破坏、缺失甚至遗失。因此，一旦发生服务失败，顾客的自我概念可能会受到威胁和损害[80,81]。因而，本研究认为顾客参与服务补救时对自我概念的修复是其对服务补救效果产生作用的机制。

顾客认同是顾客对个人身份与企业身份相似性的感知，顾客感知到企业代表的身份特征与自己越类似，这种共同感越强[119]。顾客认同会影响顾客的行为和态度。在服务补救中形成顾客认同的顾客会对企业负面行为（服务失败）更宽容，即顾客认同正向影响服务补救满意度。前人的研究也表明顾客认同在服务补救中的正向作用。比如，谢凤华（2015）的研究表明，服务补救措施提升了顾客认同，从而提升了顾客满意度[120]。谭鑫（2017）的研究表明，网购服务补救质量通过提升顾客认同，从而提升了顾客的二次满意[121]。肖海林和李书品（2017）研究表明顾客认同对服务补救满意度有显著正向影响[38]。

顾客参与能够在服务补救中通过与员工的交流互动产生良好印象，从而产生顾客认同。比如，*Bhattacharya* 和 *Sen*（2003）的研究发现顾客与企业接触的时间越长就越会加深顾客对企业的认同[122]。顾客参与服务补救时信息分享、合作和人际互动有利于加强顾客与企业的相互了解，加强顾客对企业的认同。因此，顾客参与能够对顾客认同产生正向影响。

综上所述，顾客参与对顾客认同产生正向影响，顾客认同对服务补救满意度产生正向影响，而顾客参与又对服务补救满意度有正向影响。因此，本研究提出顾客参与通过顾客认同对服务补救满意度产生正向影响。张群（2015）的研究中发现类似的顾客认同的中介作用，该研究表明顾客认同在顾客参与和顾客公民行为的关系中起中介作用[123]。基于此，本研究提出如下研究假设：

H6-2：顾客认同在顾客参与和服务补救满意度的关系中起中介作用。

6.1.3 顾客心理授权与顾客参与

鉴于顾客参与在服务补救中的重要作用，如何提升顾客参与成为一个重要的课题。顾客参与是顾客自发的行为，受其本身的内在动机的影响很大。顾客心理授权正是顾客的这种内在动机。顾客心理授权的概念来源于顾客授权。*Pires* 等（2006）的研究将顾客授权定义为由企业通过采取措施使顾客获得权力从而做出选择的过程[124]。*Ramani* 和 *Kumar*（2008）认为顾客授权反映了企业为其顾客提供途径以实现与企业相互合作[125]。然而，*Len* 等（2006）从顾客消费心理的角度分析认为“顾客授权”可以不涉及权力的实质转移，而是顾客对权力的一种体验，是一种心理感知[126]。这种从顾客心理角度来探究的顾客授权实质上就是顾客心理授权。顾客心理授权既反映了顾客的动机强度，也反映了顾客对自己能力的认知程度。

韩小芸等（2011）的研究指出顾客心理授权是指顾客在企业授权措施影响下所产生的对服务经历的控制感[127]。韩小芸和黎冬梅（2006）的研究指出，顾客心理授权是顾客在企业授权行为措施的影响下产生的由顾客感知的消费意义、消费能力、消费自主权和影响力组成的心理状态[128]。顾客心理授权是顾客对被授予权力的一种心理感知，是一种“由内而外”的心理需求与动机，反映了个体自我效能感增强的过程[117]。大部分学者认为顾客心理授权包括顾客感知到的选择权、知情权和影响权三个方面的内容[96, 117, 127, 129]。李超平等（2006）[130]和 *Spreitzer*（1995）[131]对企业员工的研究后则认为心理授权包括意义、自我效能、自主性和影响力四个方面。考虑到本研究的情景，本研究综合这两方面的研究，将顾客心理授权划分为影响力、意义感知和自主性三个维度。

由于顾客心理授权是顾客的一种内在动机，增强了个体自我效能感，因此会增强顾客参与服务补救的意愿。*Rodi* 和 *Kleine*（2000）从理论上提出，顾客的角色认知、动机和能力对顾客参与有重要的影响，其中动机起着更为关键的作用[132]。前人的研究也表明顾客心理授权对顾客参与有显著正向影响[96, 133]。

因此，本研究提出如下研究假设：

H6-3：顾客心理授权正向影响顾客参与。

6.2 研究设计与数据分析

6.2.1 问卷设计和数据收集

本研究调查消费者在近 3 个月中网络购物过程中遭遇服务失败后，消费者参与的服务补救过程的情况。调查问卷包括人口统计学特征（包括性别、年龄、职业、月收入和受教育程度）调查、服务失败和服务补救满意度情况调查、顾客心理授权调查、顾客参与情况调查和顾客认同情况调查五部分。本研究的主要变量为顾客心理授权、顾客参与、顾客认同和服务补救满意度。除了服务补救满意度采取单个测项进行测量外（测量题项为“您对这次商家的补救的总体满意程度如何？”采用李克特七点量表形式进行测量，7 表示“非常满意”，1 表示“非常不满意”，依次类推），其他三个变量均使用量表进行测量，量表借鉴现有学者的研究成果，并考虑网络服务补救的特点进行设计。本研究的主要变量的操作性定义及测量问卷来源见表 6-1。除人口统计学特征调查和服务补救满意度的测量外，其余量表的问项均采用李克特五点量表形式测量，5 表示“非常同意”，1 表示“非常不同意”，依次类推。

表 6-1　研究四的主要变量操作性定义及测量问项来源

研究变量	操作性定义	测量问项来源
顾客心理授权	意义感知：顾客感知到参与服务补救的有用性和重要性	韩晓芸等（2011）[127]、李超平等（2006）[130]
	自主性：顾客可以在多大程度上自主选择服务补救的方式、提出服务补救要求的心理感知	
	影响力：顾客可以在多大程度上影响服务补救的结果和过程的心理感知	

续表

研究变量	操作性定义	测量问项来源
顾客参与	事前准备：顾客在参与服务补救之前，为了使服务补救过程更顺畅而做出的事前调查了解的过程	Ennew和Blinks（1999）[53]、Kellogg等（1997）[52]、彭艳君和景奉杰（2008）[56]
	信息分享：顾客和企业将与服务补救过程顺利开展所需要的信息告知对方的过程	
	合作：顾客配合企业更好地完成服务补救的行为	
	人际互动：顾客在服务补救过程中能与企业人员友好沟通的行为	
顾客认同	顾客认同：顾客对个人身份与企业身份相似性的感知，是顾客自愿、主动做出的，并且具有选择性的行为	Wu和Tsai（2007）[134]、金立印（2009）[135]

本研究以近3个月有过网络购物时遭遇服务失败且企业进行了服务补救的消费者为研究对象，本研究针对消费者参与最近一次的服务补救情况进行调查。本研究通过网络和现场发放两种方式发放并回收问卷443份，去除掉问卷填写不完整以及明显与实际状况不符的问卷，最终回收有效问卷369份，问卷有效回收率达到83.30%。

本研究所选取的样本的具体人口统计特征情况如表6-2所示。在这些受访者中，男女人数接近，男性占比为47.96%，女性占比为52.03%。受访者年龄段集中在18～40岁，占比为82.38%。受访者的职业主要为企业人员，占比为52.57%。在受访者中受过大专或本科教育的人数最多，占比为84.01%。受访者的月收入方面，5001～8000元范围内人数最多，占比为32.52%；20000 元以上人数最少，占比为4.07%；其他范围内人数比较接近。

表 6-2　研究四的样本人口统计特征情况（N=369）

	选项	人数/比例		选项	人数/比例
性别	男	177/47.96%	职业	全日制学生	49/13.28%
	女	192/52.03%		企业员工	194/52.57%

续表

	选项	人数/比例		选项	人数/比例
年龄	18 岁以下	11/2.98%	职业	公职/事业单位人员	90/24.39%
	18~25 岁	84/22.76%		私营企业主	9/2.44%
	26~30 岁	106/28.72%		个体户	10/2.71%
	31~40 岁	114/30.89%		其他	17/4.61%
	40 岁以上	54/14.63%	月收入	3000 元以下	70/18.97%
受教育程度	高中以下	9/2.44%		3000~5000 元	70/18.97%
	高中	14/3.79%		5001~8000 元	120/32.52%
	大专或本科	310/84.01%		8001~10000 元	56/15.17%
	硕士	29/7.86%		10001~20000 元	38/10.30%
	博士	7/1.90%		20000 元以上	15/4.07%

6.2.2 数据质量分析

接下来，本研究运用 SPSS21.0和 AMOS17.0 对各变量的测量量表的信度和效度进行分析。信度分析结果显示，三个变量的 Cronbach's α 系数均大于 0.7（0.80～0.87），这表明三个测量量表均具有较好的信度。三个变量的测量量表的组合信度均大于 0.7（0.87～0.88），所有测量条目的标准化因子载荷均大于 0.5（0.51～0.78），且在 α=0.001 的水平上显著，这表明三个变量的测量量表具有较好的收敛效度（见表6-3）。模型配适度检验结果显示，顾客心理授权、顾客参与和顾客认同的测量模型的配适度指标大部分达到相关标准，这表明三个变量的测量模型的配适度良好，均具有良好的结构效度（见表6-4）。综上所述，三个变量的测量量表均具有良好的信度和效度。

表 6-3 研究四的主要变量的测量量表的信度与效度分析

潜变量	维度	题项	标准化因子载荷	组合信度	Cronbach's α
顾客心理授权	意义感知	我所做的这件事情非常有意义	0.66***	0.88	0.80
		完成这次补救对我来说很有意义	0.67***		
		参与到服务补救过程中对我很有意义	0.63***		
	自主性	我自己可以决定如何来完成这次服务补救	0.68***		
		在如何处理这件事情上，我有很大的独立性	0.69***		
		我能自主地决定如何处理这件事情	0.73***		
	影响力	我对这件事情起主导的控制作用	0.73***		
		我在这次事件中对商家有重大的影响作用	0.57***		
		我能很大地影响这次服务补救事件的进展	0.59***		
顾客参与	信息分享	我清楚地向商家提出了我的要求	0.51***	0.88	0.83
		我回答了商家向我提出的所有与服务有关的问题	0.54***		
		我向商家提出解决这个问题的想法和建议	0.58***		
	合作	我向商家了解解决该问题的进展状况	0.59***		
		在服务补救中，我努力地配合商家的工作	0.64***		
		我会做一些事情使得服务补救的工作变得简单些	0.54***		
		我向商家提供了尽可能多他们需要的信息	0.54***		
	人际互动	在沟通过程中，客服能友好和耐心地面对我	0.68***		
		我与商家的沟通很愉快	0.74***		
		我与商家的沟通很顺畅	0.69***		
		我感谢商家对这次服务补救做出的努力	0.51***		
	事前准备	在与商家沟通前，我会认真阅读网站上的具体说明	0.51***		
		在与商家沟通前，我会再次确认服务出现的问题所在	0.64***		
		在与商家沟通前，我已经清楚了解决该问题的步骤	0.53***		

续表

潜变量	维度	题项	标准化因子载荷	组合信度	Cronbach's α
顾客认同	顾客认同	我对该商家有认同感	0.65***	0.87	0.87
		将来我会在该商家进行更多购买	0.78***		
		我的个性与该商家的产品的个性很相似	0.66***		
		我会再次光顾该商家	0.76***		
		我会将该商家作为我网购的首选	0.78***		
		我与该商家的其他顾客有很多共同点	0.57***		
		当有人赞扬该商家时，我会感觉很高兴	0.68***		

注：*** 表示p<0.001。

表 6-4　研究四的三个主要变量的测量模型的配适度分析

	卡方值	自由度	卡方/自由度	GFI	AGFI	CFI	NFI	IFI	RMSEA
顾客心理授权	46.160	24	1.923	0.973	0.949	0.975	0.949	0.975	0.050
顾客参与	198.336	73	2.717	0.929	0.908	0.903	0.853	0.905	0.068
顾客认同	53.339	14	5.239	0.945	0.889	0.944	0.932	0.944	0.077
标准			< 3	> 0.9	> 0.9	> 0.9	> 0.9	> 0.9	< 0.08

6.2.3 假设检验

本研究接下来对各个研究假设进行检验。表6-5显示的是顾客参与对服务补救满意度的回归分析结果。结果显示顾客参与对服务补救满意度有显著正向影响（$\beta=0.34$，$p<0.001$）。研究假设 H6-1得到验证。

表 6-5　顾客参与对服务补救满意度的回归分析

	标准化系数	t 值	p 值	调整R^2
顾客参与对服务补救满意度	0.34	7.018	0.000	0.116

最后，本研究运用AMOS 17.0 软件通过结构方程模型对本研究的研究模型进行检验。通过对各个模型的比较，数据拟合度最优的模型如图6-2所示。该模型的配适度检验结果如表6-6所示，模型配适度指标除了AGFI外，其他配适度指标均达到配适度标准，这些结果显示该模型的配适度良好。

表 6-6　研究模型的配适度分析

	卡方值	自由度	卡方/自由度	GFI	AGFI	CFI	NFI	IFI	RMSEA
最优模型	1254.411	425	2.952	0.919	0.885	0.908	0.903	0.910	0.073
配适度标准			< 3	> 0.9	> 0.9	> 0.9	> 0.9	> 0.9	< 0.08

从图 6-2 的检验模型可以看出，顾客心理授权对顾客参与有显著正向影响（β=0.67，p<0.001），研究假设 H6-3 得到验证。顾客参与对顾客认同有显著正向影响（β=0.61，p<0.001)；顾客认同对服务补救满意度有显著正向影响（β=0.40，p<0.001)；另外，顾客参与并不直接对服务补救满意度产生显著正向影响。这些结果表明顾客认同在顾客参与和服务补救满意度的关系中起完全中介作用，研究假设H6-2得到验证。

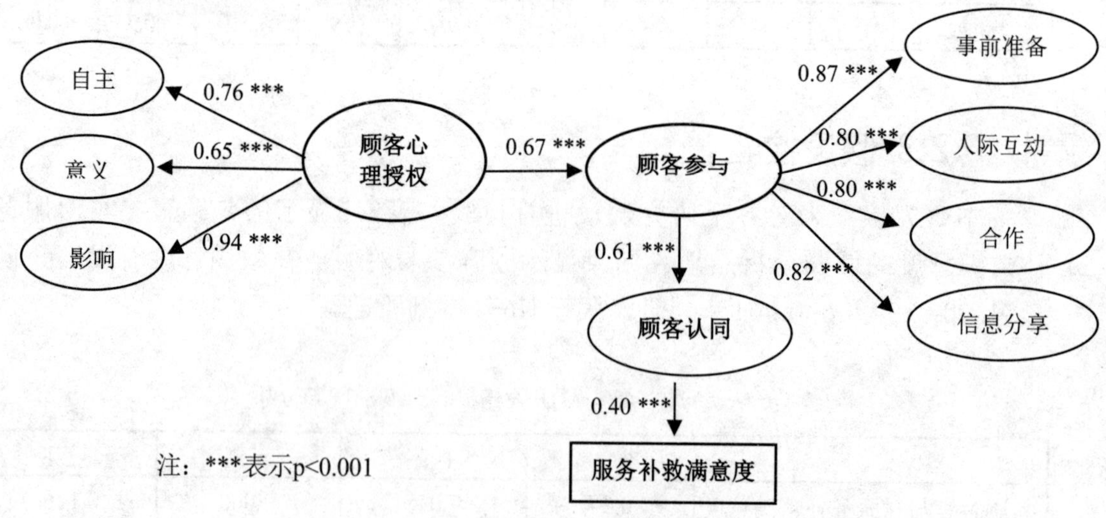

图 6-2　研究四的模型检验

6.3 研究四讨论

研究四的各个研究假设的验证情况如表 6-7 所示。本研究的结果表明，顾客参与对服务补救满意度产生正向影响；顾客认同在顾客参与和服务补救满意度的关系中起中介作用；顾客心理授权正向影响顾客参与。本研究的所有研究假设都得到了验证。

表 6-7　研究四的各个研究假设的验证情况汇总

研究假设	研究结果是否支持	备注
H6-1：顾客参与正向影响服务补救满意度	支持	
H6-2：顾客认同在顾客参与和服务补救满意的关系中起中介作用	支持	
H6-3：顾客心理授权正向影响顾客参与	支持	

本研究验证了在网络服务补救中，顾客心理授权是顾客参与的前因变量，本研究为顾客参与网络服务补救提供了新的解释途径。在服务补救的研究中，前人较少聚焦于顾客参与的前因变量。陈可和涂平（2014）研究表明顾客参与动机、顾客参与能力和服务补救机会是影响顾客参与服务补救的重要因素[4]。本研究进一步从顾客动机的视角，验证了顾客心理授权这一动机对顾客参与服务补救的影响。本研究丰富了顾客参与网络服务补救的前因变量的研究成果。

本研究验证了顾客认同在顾客参与和服务补救满意度之间关系中的中介作用。前人对于顾客参与服务补救的作用机制研究较少。本研究验证了顾客参与服务补救中对自我概念的修复（即提升顾客认同）是提升服务补救满意度的根本途径之一。而前人研究表明服务失败会带来顾客自我概念的损害[80, 81]。本研究丰富了顾客参与服务补救的作用机制的研究。

本研究对企业的管理也有一些启示意义，主要体现在以下几个方面。第一，企业应该更好地促进在网络服务补救中的顾客参与行为，从而提升服务补救的效果。企业可以在服务补救过程中加强与顾客的信息交流以及人际互动；加强服务补救时双方的合作；同时明确售后服务的政策和流程；通过这些措施引导顾客参与行为的发生。第二，在网络服务补救过程中，企业应加强顾客心理授权感知的引导。可以通过加强对顾客在参与服务补救时的意义感知；让顾客在服务补救过程中充分发挥其自主性；让顾客感觉到其在服务补救过程中所拥有的影响力；加强顾客自我效能感和自我控制感；通过这些措施来提升顾客心理授权。第三，在服务补救过程中，企业应特别注意恢复顾客自我概念与企业产品/形象之间的联结，注意重建企业产品/形象对顾客的象征意义，使得顾客能重建对自我概念的认同。

本研究也存在一些不足之处。第一，本研究对影响顾客参与网络服务补救的其他前因变量考虑不全面。本研究仅仅考虑了顾客心理授权这个变量，而其他诸如顾客参与能力大小、顾客的角色认知、顾客投入的资源（时间、金钱）等因素也可能对顾客参与产生影响。未来的研究中仍需进一步验证其他因素对顾客参与的影响。第二，本研究以顾客认同来反映顾客自我概念的修复，然而自我概念修复可能还反映在其他变量上，比如自尊。其他的反映自我概念的变量是否也能促进服务补救满意度的提升？这需要在后续的研究中进行验证。

研究三和研究四验证了网络服务补救中自我概念（自我控制感、自我效能感、顾客认同）的提升是顾客参与网络服务补救的内在机制。正如前文所述，除了自我概念的提升外，本文认为感知公平的获取也是顾客参与网络服务补救所追寻的价值之一。接下来的研究五中，本文将探究在网络服务补救中的感知公平的提升是否是顾客参与对网络服务补救产生效果的内在机制。

第7章　研究五：感知公平在顾客参与网络服务补救中的中介作用

正如前文所述，本文认为顾客参与网络服务补救过程除了可以获得自我概念修复的价值外，提升其在网络服务补救过程中的感知公平也是顾客需要获得的价值之一。顾客参与会影响其对企业服务补救措施的评价过程，从而影响服务补救满意度。感知公平是这个评价过程中的重要一环。公平理论认为顾客对服务补救措施的公平性评价越高，服务补救满意度也就越高。感知公平有两层含义，一是服务补救措施能否弥补服务失败给顾客带来的损失；二是与其他顾客相比，自己所得到的服务补救措施是否公平。本研究认为，顾客参与程度越高，越能影响顾客对公平的感知，从而影响顾客的服务补救满意度。研究五将以公平理论为基础，探究顾客参与在企业服务补救措施和服务补救满意度关系中的影响及影响机制。

研究五的研究模型如图7-1所示。企业的服务补救措施（经济利益补救和社会利益补救）通过提升顾客的感知公平（结果公平、程序公平、互动公平和信息公平）水平，从而提升顾客的服务补救满意度。和前面的研究一样，本研究仍然选择物质补偿作为经济利益补救的指标，选择响应性、沟通、道歉和反馈作为社会利益补救的指标。在这个过程中，顾客参与既可以调节服务补救措施和感知公平之间的关系，也可以通过提升顾客的感知公平从而影响服务补救满意度。另外，本研究认为企业不同的服务补救措施将提升顾客感知公平的不同维度，进而提升服务补救满意度。本研究将通过实证的问卷调查来验证该研究模型。

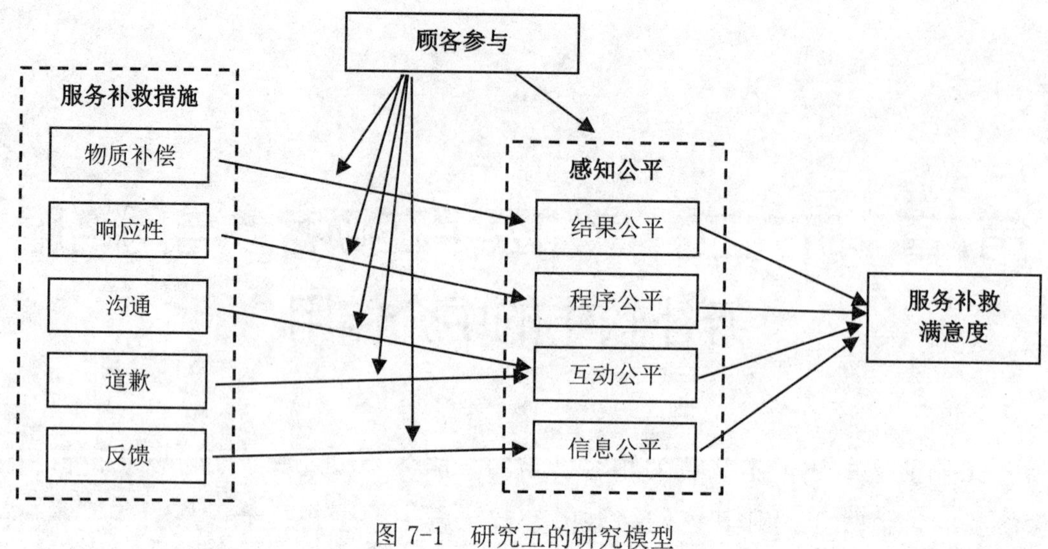

图 7-1　研究五的研究模型

本研究将首先通过对前人的研究进行文献回顾，提出研究模型中的各个变量之间的关系，进而提出本研究的研究假设，再通过问卷调查来验证这些研究假设。

7.1 文献综述与研究假设

7.1.1 服务补救措施与感知公平

在网络服务失败后，企业需要进行服务补救才能挽救企业声誉，保留顾客。企业对顾客的服务补救措施主要包括：物质补偿、道歉、主动性、响应速度、解释、问题解决等[3, 25, 31, 136]。应当注意到，不同的服务补救措施会产生不同的服务补救效果。公平理论认为这是因为不同的服务补救措施激活了不同的感知公平的维度而引起的。

感知公平的概念在公平理论中详细进行了阐述。公平理论认为在服务过程中，顾客通常会进行付出与得到的比较，当认为自己体验到的服务质量能够弥补服务价格付出时，这样的结果才是公平的[82]。顾客在服务补救的各个环节中都存在着对公平的感知[3]。*Tax* 等（1998）的研究指出，公平理论已成为服务补救领域的重要理论基础，为研究网络服务补救提供了重要的理论支撑[83]。

目前大多数学者认为感知公平包含结果公平、程序公平和互动公平三个方面。结果公平是指顾客对在服务补救过程中所得到的补偿的评价；程序公平是指解决问题的过程中规范的政策和影响服务补救结果的结构性考虑（如过程、制度）；互动公平是指服务提供商解决服务问题的方式和礼貌，以及双方在细节方面的交互作用[84]。然而，在网络服务中，近年来有学者认为感知公平的维度应该再加上信息公平这个维度。在网络服务中顾客获取信息的来源更丰富，对信息的透明性和公平性更敏感。*Greenberg*（1993）[85] 和 *Kono vs ky*（2000）[86]认为信息公平是指是否准确及时地给当事人传达了应有的信息，以及是否给予当事人一定的解释或者合理的理由。本研究由于探究的是网络服务补救的问题，因此本研究测量的感知公平包括 4 个维度：结果公平、程序公平、互动公平和信息公平。

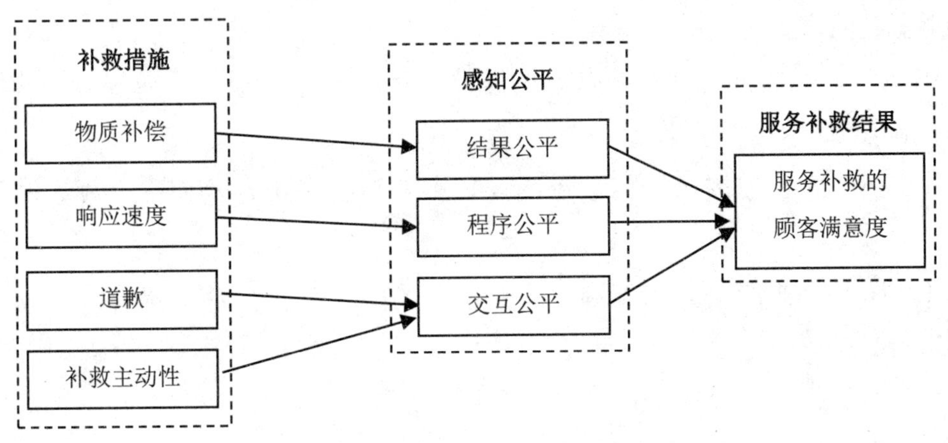

图 7-2　感知公平在服务补救措施和服务补救结果中的中介作用

应当注意到，不同的服务补救措施可能激活的是感知公平的不同维度[3, 88]。在这方面的研究中，比较典型的是 *Smith* 等（1999）的研究（见图7-2）。正如图7-2所示，该研究表明物质补偿激活了个体的结果公平感知；响应速度激活了个体的程序公平感知；道歉和补救主动性激活了个体的交互公平感知[3]。后人的许多研究借鉴了该模型。本研究也将以此模型为基础，来探究顾客参与在网络服务补救过程中的作用。只是本研究的感知公平增加了信息公平这个维度。

同时为了对应感知公平的四个维度，本研究选取了企业在服务补救过程中常采用的五种服务补救措施作为经济利益补救（物质补偿） 和社会利益补救（响应性、沟通、道歉和反馈）的指标（见图7-1）。

结合*Smith* 等（1999）[3]、*Greenberg*（1993）[85] 和 *Kono vs ky*（2000）[86] 的研究，本研究认为企业的服务补救措施激活了顾客对公平的不同维度的感知。具体来看，物质补偿激活了顾客的结果公平感知；响应性激活了顾客的程序公平感知；道歉和沟通激活了顾客的交互公平感知，反馈激活了顾客的信息公平感知。而顾客被激活的感知公平提升了他们的服务补救满意度（见图 7-1）。因此，本研究提出如下研究假设：

H7-1：企业的服务补救措施（经济利益补救和社会利益补救）通过提升顾客的感知公平，从而提升顾客的服务补救满意度。

H7-1a：企业的物质补偿措施通过提升顾客的结果公平感知，从而提升顾客的服务补救满意度。

H7-1b：企业的响应性措施通过提升顾客的程序公平，从而提升顾客的服务补救满意度。

H7-1c：企业的沟通措施通过提升顾客的交互公平，从而提升顾客的服务补救满意度。

H7-1d：企业的道歉措施通过提升顾客的交互公平，从而提升顾客的服务补救满意度。

H7-1e：企业的反馈措施通过提升顾客的信息公平，从而提升顾客的服务补救满意度。

7.1.2 顾客参与的调节作用

本研究认为在网络服务补救中，企业的服务补救措施通过感知公平影响了服务补救满意度。顾客参与对服务补救效果的影响首先体现在顾客参与调节了服务补救措施和感知公平之间的关系。为了使服务补救产生更好的效果，需要企业和顾客双方的共同参与。服务补救中的顾客参与是指顾客在解决服务问题过程中参与服务补救的方式和程度[4]。顾客参与服务补救过程中需要投入的体力、精神、智力等行为。顾客在参与过程中，会关注是否能够互惠及解决相关问题，并通过比较其投入与回报比率，以此来确定自己是否受到了公平的待遇[137]。因此，顾客参与会正向影响顾客感知公平的认知。具体来说，顾客参与服务补救过程中，通过与企业人员的互动沟通（增加互动公平感知），提供和了解必要的信息和解释（增加信息公平感知），了解企业关于服务补救的政策和流程等（增加程序公平感知），对服务补救结果有更理性的认识（增加结果公平感知），从而提升顾客的感知公平水平。

前人的大量研究已经表明，不同的服务补救措施将影响不同维度的感知公平[3]。结合前人的研究，本研究认为，物质补偿将影响顾客的结果公平感知；响应性影响顾客的程序公平感知；沟通和道歉影响顾客的互动公平感知；反馈影响顾客的信息公平感知。正如前文所述，顾客参与将影响顾客的感知公平。因而，服务补救措施和感知公平之间的关系将受到顾客参与的调节作用。因此，本研究提出如下研究假设：

H7-2：企业的服务补救措施对顾客感知公平的影响受到顾客参与的调节作用。

H7-2a：物质补偿对结果公平的正向影响受到顾客参与的调节作用；即顾客参与水平越高，企业的物质补偿对顾客结果公平感知的影响越大。

H7-2b：响应性对程序公平的正向影响受到顾客参与的调节作用；即顾客参与水平越高，企业的响应性对顾客程序公平感知的影响越大。

H7-2c：沟通对互动公平的正向影响受到顾客参与的调节作用；即顾客参与水平越高，企业的沟通对顾客互动公平感知的影响越大。

H7-2d：道歉对互动公平的正向影响受到顾客参与的调节作用；即顾客参与水平越高，企业的道歉对顾客互动公平感知的影响越大。

H7-2e：反馈对信息公平的正向影响受到顾客参与的调节作用；即顾客参与水平越高，企业的反馈对顾客信息公平感知的影响越大。

7.1.3 感知公平在顾客参与和服务补救满意度关系中的中介作用

顾客参与还可直接或间接对服务补救效果产生影响。前人大多数研究认为顾客参与会提升顾客满意度。顾客参与既可能直接影响顾客满意度[138, 139]；也可能通过顾客体验价值[103]、服务质量[56,140,141]、感知公平[137]等间接对顾客满意度产生影响。

顾客参与包括顾客在生产和传递过程中投入的体力、精神、智力等行为，需要顾客与企业进行信息分享、合作和互动。在这个过程中，顾客的投入比不参与时增加了许多，由于自我服务偏见，顾客感知会被放大，对公平的感知更敏感。因此，顾客参与会提升顾客的感知公平水平。而正如前文所述，感知公平会直接影响服务补救满意度。基于此，本研究认为顾客参与通过影响顾客的感知公平，从而影响服务补救满意度。因此，本研究提出如下研究假设：

H7-3：顾客参与通过感知公平正向影响顾客的服务补救满意度。

H7-3a：顾客参与通过结果公平正向影响顾客的服务补救满意度。

H7-3b：顾客参与通过程序公平正向影响顾客的服务补救满意。

H7-3c：顾客参与通过互动公平正向影响顾客的服务补救满意度。

H7-3d：顾客参与通过信息公平正向影响顾客的服务补救满意度。

7.2 相关量表修订

本研究通过问卷调查来检验顾客参与和感知公平在网络服务补救过程中的作用。涉及的主要变量包括服务补救措施、感知公平、顾客参与和服务补救满意度。由于本研究情景的特殊性，需要先对相关测量量表进行修订，以提升相关变量测量的有效性。因此，在正式研究之前，本研究先通过 3 个预研究对服务补救措施、感知公平和顾客参与的测量量表进行修订。

7.2.1 预研究一：修订《服务补救措施量表》

本研究首先对《服务补救措施量表》进行修订。本研究的《服务补救措施量表》主要参考 *Smith* 等（1999）[3]、*Forbes* 等（2005）[22]、郑秋莹和范秀成（2007）[92]和张倩（2008）[93]的研究，并结合本研究的研究情境进行编制，包括经济利益补救（物质补偿）和社会利益补救（包括响应速度、沟通、道歉和反馈）两个方面，共 5 个维度。《服务补救措施量表》包含 13 个题项，采用李克特 5 点量表的形式进行测量，5 表示“非常符合”，1 表示“非常不符合”，依次类推。本研究

派发包含《服务补救措施量表》在内的问卷250份，有效回收207份，问卷的有效回收率为82.80%。

本研究使用AMOS17.0软件对这207份数据进行验证性因子分析，以检验《服务补救措施量表》在本研究中的适用性。最终验证性因子分析的结果如表7-1所示，在删除两个题项后（因为题项的标准化因子负荷太低而被删除），本研究修订的《服务补救措施量表》的模型拟合度良好（X^2=102.893，df=40，GFI=0.963，AGFI=0.927，CFI=0.968，NFI=0.922，IFI=0.969, TLI=0.950，RMSEA=0.054）。所有题项的标准化因子负荷均大于0.5（0.52～0.88），且在α=0.001的水平上达到显著。总量表Cronbach's α 系数和组合信度都较高，均大于0.7（0.78和0.90）。这些结果表明修订的《服务补救措施量表》的适用性较好。该修订的量表将用于正式研究中。

表 7-1　《服务补救措施量表》的验证性因子分析结果（N=207）

潜变量	题项	标准化因子负荷
服务补救措施	组合信度：0.90，Cronbach 's α 系数：0.78	
经济利益补救		
物质补偿	1. 商家对我做出了退换货或者退款等补偿行为	0.63***
	2. 商家主动承担运费	0.52***
社会利益补救		
响应速度	4. 客服第一时间回复了我的留言	0.74***
	5. 客服第一时间处理了我的问题	0.82***
沟通	6. 当我表达不满时，客服能回馈以理解	0.54***
	8 商家对出现的问题给出了耐心的解释	0.59***
	9. 当我表达不满时，客服能友好和耐心地来面对	0.61***
道歉	7. 商家诚恳地向我道歉	0.88***
	10. 商家承认自己的服务失误	0.60***
反馈	11. 解决问题后客服以电话或者短信的方式回访	0.67***
	12. 客服及时的通知我服务失误的处理结果以及处理过程	0.75***

注：题项前面的编号是问卷中的《服务补救措施量表》的题项编号顺序，*** 表示p<0.001。

7.2.2 预研究二：修订《感知公平量表》

接着，本研究对《感知公平量表》进行修订。本研究对感知公平各维度的测量主要参考 *Smith* 等（1999）[3] 和 *Kono vs ky*（2000）[86] 所提出的量表，同时结合本研究的研究情景编制而成。该量表包括结果公平、程序公平、互动公 平和信息公平4个维度。《感知公平量表》包含16 个题项，采用李克特5点量表的形式进行测量，5 表示“非常同意”，1 表示“非常不同意”，依次类推。本研究派发包含《感知公平量表》在内的问卷350 份，有效回收282 份，问卷的有效回收率达到80. 57%。

本研究使用AMOS17.0软件对这282份数据进行验证性因子分析，以检验《服务补救措施量表》在本研究中的适用性。最终验证性因子分析的检验结果如表 7-2 所示，在删除两个题项后（因为题项的标准化因子负荷太低而被删除），本研究修订的《感知公平量表》的模型拟合度较好（X2=208.454，f=73，GFI=0.910，AGFI=0.870，CFI=0.922，NFI=0.886，IFI=0.923，TLI=0.903，RMSEA=0.081）。所有题项的标准化因子负荷均大于 0.5（0.60～0.80），且在α=0.001 的水平上达到显著。总量表和 4 个分量表的Cronbach's α系数（0.71～0.91）和组合信度（0.72～0.93）都较高，均大于0.7。这些结果表明修订的《感知公平量表》的适用性较好。该修订的量表将用于正式研究中。

表 7-2　《感知公平量表》的验证性因子分析结果（N=282）

题项	标准化因子负荷	组合信度	Cronbach's α系数
感知公平		0. 93	0. 91
结果公平		0. 74	0. 74
1. 商家补救的结果很合理	0. 69***		
2. 商家的补救达到了我所期望的结果	0. 73***		
3. 在解决这个问题的时候，商家满足了我的要求	0. 67***		
程序公平		0. 78	0. 78
4. 我认为商家用正确的方式解决了我的问题	0. 73***		
6. 商家处理我的问题的程序是恰当的	0. 64***		

续表

题项	标准化因子负荷	组合信度	Cronbach's α系数
7. 商家按照标准流程来处理我的问题	0.67***		
8. 商家及时迅速地处理我的问题	0.70***		
互动公平		0.83	0.83
9. 商家准确地理解了我反映的问题	0.69***		
11. 商家待人谦逊温和	0.71***		
12. 同商家的沟通有愉悦感	0.77***		
13. 商家对我反映的问题很上心	0.80***		
信息公平		0.72	0.71
14. 商家详尽告知我该问题的解决步骤	0.67***		
15. 我可以很及时地知道服务补救的过程	0.77***		
16. 商家会通过短信或电话及时反馈给我服务补救结果	0.60***		

注：题项前面的编号是问卷中的《感知公平量表》的题项编号顺序，*** 表示 $p<0.001$。

7.2.3 预研究三：修订《顾客参与量表》

本研究对顾客参与的测量主要以*Ennew* 和 *Blinks*（1999）[53]、*Kellogg* 等（1997）[52] 和彭艳君和景奉杰（2008）[56] 的研究为基础，结合本研究的情景进行编制，形成《顾客参与量表》。该量表共16个题项，包括4个维度：事前准备、信息分享、合作和人际互动。该量表采用李克特5点量表的形式进行测量，5表示“非常同意”，1 表示“非常不同意”，依次类推。本研究派发包含《顾客参与量表》在内的问卷共 200 份，有效回收132 份，问卷的有效回收率为 66. 00%。

本研究使用 AMOS 17.0 软件对这 132 份数据进行验证性因子分析，以检验《顾客参与量表》在本研究中的适用性。最终验证性因子分析的结果如表 7-3 所示。删除 5 个题项后（因为题项的标准化因子负荷太低而被删除），本研究修订的《顾客参与量表》的模型拟合度较好（X^2=67.160，df=40，GFI=0.912，AGFI=0.854，CFI=0.916，NFI=0.823，IFI=0.920，TLI=0.885，

RMSEA=0.072）。所有题项的标准化因子负荷均大于0.5（为0.50～0.78），且在α=0.001的水平上显著。总量表组合信度和Cronbach's α系数都较高，均大于0.7（0.85和0.82）。这些结果表明修订的《顾客参与量表》的适用性较好。该修订的量表将用于正式研究中。

表7-3　《顾客参与量表》的验证性因子分析结果（N=132）

潜变量	题项	标准化因子负荷
总量表（组合信度：0.85；Cronbach's α系数：0.82）		
事前准备	14. 在与商家沟通前，我会再次确认服务出现的问题所在	0.50***
	16. 在与商家沟通前，我已经清楚了解决该问题的步骤	0.53***
信息分享	2. 我清楚地向商家提出了我的要求	0.61***
	3. 我向商家提出了解决这个问题的想法和建议	0.51***
	4. 我回答了商家向我提出的所有与服务有关的问题	0.51***
人际互动	10. 我与商家的沟通很愉快	0.70***
	11. 我与商家的沟通很顺畅	0.78***
	12. 我友好地对待商家或客服人员	0.51***
	13. 我感谢商家对这次服务补救做出的努力	0.60***
合作	6. 在服务补救中，我努力地配合商家的工作	0.58***
	7. 我认为服务补救不是商家一个人的事情，需要我的配合	0.51***

注：题项前面的编号是问卷中的《顾客参与量表》的题项编号顺序，***表示p<0.001。

7.3 实证研究

7.3.1 研究设计

本研究将参与过网络服务并接受过商家服务补救的顾客作为调查对象，利用网上发放问卷和线下发放问卷相结合的形式收集所需数据。调查问卷主要分为三部分，第一部分是收集受访者的个人基本信息，包括性别、年龄、职业、学历和月收入。第二部分是甄别问项，本研究的调研对象为使用过网络服务并接受过网络服务补救的顾客，如果没有这种经历，则停止填写问卷。第三部分是针对在服务补救过程中商家的服务补救措施（通过修订的《服务补救措施量表》进行测量）、顾客参与程度（通过修订的《顾客参与量表》进行测量）、顾客感知的公平程度（通过修订的《感知公平量表》进行测量）、和顾客的服务补救满意度进行测量。

问卷的第三部分是问卷的主体部分。本研究主要测量的变量包括顾客参与、服务补救措施、感知公平和顾客满意度。在这4个变量中，服务补救措施、感知公平和顾客参与都使用相关量表进行测量。量表中的问项均采用李克特5点量表形式进行测量。受访者在问卷填写的过程中，根据自身对服务体验在1到5的选项当中进行选择，1代表“非常不同意”，5 代表“非常同意”，依次类推。而顾客服务补救满意度使用单项测项进行测量：“您对这次商家的补救的总体满意程度如何？”按 1~7 分进行自评，1 表示“最不满意”，7 表示“最满意”，依次类推。

7.3.2 样本情况

本研究通过网络和线下共派发调查问卷490份，其中商家有进行服务补救的问卷为324份，在这324份问卷中有效问卷为257份，有效问卷的比例为79.32%。在这 257份问卷中，样本的具体人口统计学特征如表 7-4所示。总的来说，参与本问卷调查的人员中男性占比为40.47%，女性占比为59.53%；受访者的职业主要为企业人员（占比为 63.81%）；大部分受访者的学历为大专或本科（占比为 85.21%）；受访者的年龄段集中在18～40 岁（占比为 90.27%）；受访者的月收入最多为5001～8000 元（占比为 31.91%），其次为8001～10000 元（占比为21.01%）。

表 7-4　研究五的样本人口统计特征情况（N=257）

	选项	人数/比例		选项	人数/比例
性别	男	104/40.47%	职业	全日制学生	40/15.56%
	女	153/59.53%		企业人员	164/63.81%
				公职/事业单位人员	45/17.51%
年龄	18 岁以下	0/0.00%		私营企业主	4/1.56%
	18~25 岁	63/24.51%		个体户	2/0.78%

续表

	选项	人数/比例		选项	人数/比例
年龄	26～30 岁	88/34.24%	职业	其他	2/0.78%
	31～40 岁	81/31.52%			
	40 岁以上	25/9.73%	月收入	3000 元以下	37/14.40%
				3001～5000 元	48/18.68%
学历	大专以下	13/5.06%		5001～8000 元	82/31.91%
	大专或本科	219/85.21%		8001～10000 元	54/21.01%
	硕士	24/9.34%		10001～20000 元	31/12.06%
	博士	1/0.39%		20000 元以上	5/1.95%

7.3.3 研究结果

本研究首先使用AMOS17.0通过结构方程模型来检验感知公平在企业的服务补救措施和服务补救满意度之间关系中的中介作用。检验结果的最优模型如图7-3所示。该检验模型的模型配适度良好（X^2=161.522，df=28，GFI=0.927，AGFI=0.918，CFI=0.925，NFI=0.934，IFI=0.926，RMSEA=0.038）。

图 7-3 检验模型的结果显示，物质补偿对结果公平有显著正向影响（β=0.57, p<0.001），结果公平对服务补救满意度有显著正向影响（β=0.55, p<0.001），而物质补偿并不直接对服务补救满意度产生显著影响。因此，结果公平在物质补偿和服务补救满意度的关系中起完全中介作用，该结果支持研究假设H7-1a。响应性对程序公平产生显著正向影响（β=0.51, p<0.001），程序公平对服务补救满意度产生显著正向影响（β=0.29, p<0.001），而响应性并不直接对服务补救满意度产生显著影响。因此，程序公平在响应性和服务补救满意度的关系中起完全中介作用，该结果支持研究假设H7-1b。沟通对交互公平有显著正向影响（β=0.48, p<0.001），交互公平对服务补救满意度有显著正向影响（β=0.18, p<0.05），而沟通并不直接对服务补救满意度产生显著影响。因此，交互公平在沟通和服务补救满意度的关系中起完全中介作用，该结果支持研究假设H7-1c。道歉对交互公平有显著正向影响（β=0.12, p<0.05），交互公平对服务补救满意度有显著正向影响（β=0.18, p<0.05），而道歉并不直

接对服务补救满意度产生显著影响。因此，交互公平在道歉和服务补救满意度的关系中起完全中介作用，该结果支持研究假设 H7-1d。反馈对交互公平有显著正向影响（β=0.21，p<0.001），交互公平对服务补救满意度有显著正向影响（β=0.18，p<0.05），而反馈并不直接对服务补救满意度产生显著影响。因此，交互公平在反馈和服务补救满意度的关系中起完全中介作用。值得注意的是，反馈是通过提升顾客的交互公平（而不是信息公平），从而对服务补救满意度 产生影响。信息公平并不在反馈和服务补救满意度的关系中起中介作用，信息公平被排除出了本模型。研究假设 H7-1e没有得到验证。

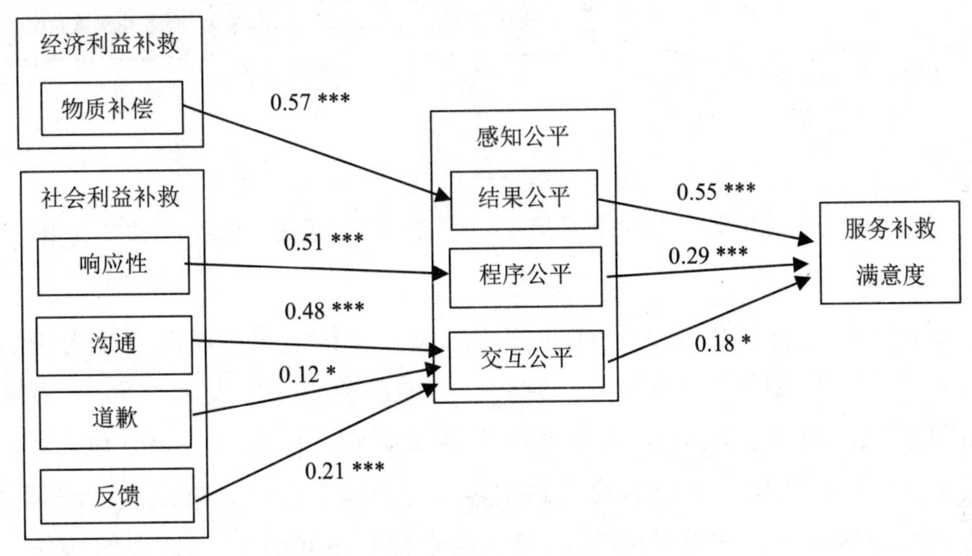

注：* 表示p<0.05, *** 表示p<0.001

图 7-3　感知公平在企业服务补救措施和服务补救满意度之间关系中的中介作用

本研究接着探究总体感知公平在经济利益补救/社会利益补救与服务补救满意度之间关系中的中介作用。此处的总体感知公平去除了信息公平这个维度，只是结果公平、程序公平和交互公平三个维度的结果的总分。检验结果的最优模型如图 7-4 所示。该检验模型的模型配适度良好（X^2=64.483，df=3，GFI=0.937，AGFI=0.898，CFI=0.907，NFI=0.902，IFI=0.907，RMSEA=0.078）。该模型的结果显示，经济利益补救对感知公平有显著正向影响（β=0.34，p<0.001），感知公平对服务补救满意度有显著正向影响（β=0.73， p<0.001），而经济利益补救并不直接对服务补救满意度产生显著影响。因此感知公平在经济利益补救和服务补救满意度的关系中起完全中介作用。社会利益补救对感知公平产生显著正向影响（β=0.57, p<0.001），感知公平对服务补救满意度产生显著正向影响（β=0.73, p<0.001），而社会利益补救并不直接对服务补救满意度产生显著影响。因此，感知公平在社会利益补救和服务补救满意度的关系中起完全中介作用。

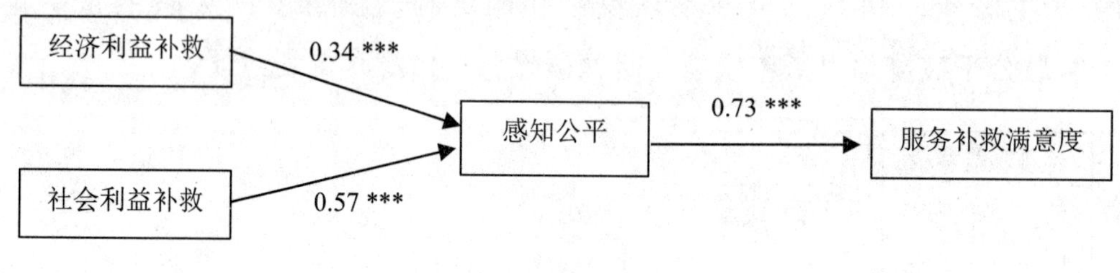

注：*** 表示p<0.001

图 7-4　总体感知公平在服务补救措施和服务补救满意度之间关系中的中介作用

本研究接着使用SPSS21.0软件通过回归分析检验顾客参与在服务补救措施和感知公平关系中的调节作用。回归分析的检验结果如表7-5所示。物质补偿和顾客参与的乘积项对结果公平产生显著影响（β=0.35，p<0.001），这表明物质补偿对结果公平的影响受到顾客参与的调节作用。响应速度和顾客参与的乘积项对程序公平产生显著影响（β=0.33，p<0.01），这表明响应速度对程序公平的影响受到顾客参与的调节作用。沟通和顾客参与的乘积项（β=0.35，p<0.001）以及道歉和顾客参与的乘积项（β=0.51，p<0.001）均对互动公平产 生显著影响，这表明沟通和道歉对互动公平的影响均受到顾客参与的调节作用。 反馈和顾客参与的乘积项对信息公平产生显著影响（β=0.46，p<0.001），这表明反馈对信息公平的影响受到顾客参与的调节作用。

表 7-5　顾客参与和补救措施对感知公平各维度的影响

维度	结果公平	程序公平	互动公平 1	互动公平 2	信息公平
物质补偿	0.30***				
响应速度		0.23*			

续表

维度	结果公平	程序公平	互动公平 1	互动公平 2	信息公平
沟通			0.31***		
道歉				-0.01	
反馈					0.16
顾客参与 ×物质补偿	0.35***				
顾客参与×响应性		0.33**			
顾客参与×沟通			0.35***		
顾客参与×道歉				0.51***	
顾客参与 ×反馈					0.46***
R^2	0.37	0.29	0.38	0.25	0.37
调整R^2	0.37	0.28	0.37	0.25	0.36

注：* 表示$p<0.05$, ** 表示$p<0.01$, *** 表示$p<0.001$。

为了进一步检验顾客参与对服务补救措施和感知公平之间的关系的影响，本研究接下来按顾客参与得分高低进行排序，将得分靠前的1/3人员定为顾客参与程度高组，将得分靠后的1/3人员定为顾客参与程度低组。对顾客参与程度高（68人，占比为32.85%）和顾客参与程度低（70人，占比为33.82%）的 两组人员分别进行回归分析，以检验两组人员在服务补救措施和感知公平之间的关系是否一致。回归分析的检验结果如表7-6 所示。

表 7-6　顾客参与程度不同的两组顾客在五个回归方程中的回归系数

回归方程	顾客参与程度低（68人）	顾客参与程度高（70人）
物质补偿对结果公平	0. 59***	0. 65***
响应性对程序公平	0. 36**	0. 41**
沟通对互动公平	0. 62***	0. 47***
道歉对互动公平	0. 22	0. 31*
反馈对信息公平	0. 63***	0. 27*

注：* 表示$p<0.05$,** 表示$p<0.01$, *** 表示$p<0.001$。

从表 7-6 可知，在物质补偿对结果公平的回归方程中，参与程度高的顾客组（β=0.65）比参与程度低的顾客组（β=0.59）回归系数更大。在响应性对程序公平的回归方程中，参与程度高的顾客组（β=0.41）比参与程度低的顾客组（β=0.36）回归系数更大。这两组结果表明，顾客参与程度高时（相比于顾客参与程度低），当企业采取物质补偿/响应性的措施时，顾客感知到更强的结果公平/程序公平。另外，在道歉对互动公平的回归方程中，当顾客的参与程度高时，道歉对互动公平的存在显著正向影响（β=0.31）；当顾客的参与程度低时，道歉对互动公平的影响不显著。再结合表 7-5 的结果，研究假设 H7-2a、H7-2b 和 H7-2d 得到了验证。

然而，在沟通对互动公平的回归方程中，参与程度低的顾客组（β=0.62）比参与程度高的顾客组（β=0.47）回归系数更大。在反馈对信息公平的回归方程中，参与程度低的顾客组（β=0.63）比参与程度高的顾客组（β=0.27）回归系数更大。这两组结果表明，顾客参与程度低时（相比于参与程度高），当企业采取沟通/反馈的措施时，顾客感知到更强的互动公平/信息公平。本研究的研究假设 H7-2c 和 H7-2e 得到部分验证。即顾客参与在沟通和互动公平的关系以及反馈和信息公平的关系中都起调节作用，但顾客参与的调节效应结果却与研究假设相反。

最后，本研究对感知公平各维度在顾客参与和服务补救满意度的关系中的中介作用进行检验。检验结果如表 7-7 和表 7-8 所示。从表 7-7 可知，顾客参与对结果公平（β=0.31，p<0.001）、程序公平（β=0.32，p<0.001）、互动公平（β=0.35，p<0.001）和信息公平（β=0.42，p<0.001）都存在显著的正向影响。

表 7-7 顾客参与和感知公平的关系

	结果公平	程序公平	互动公平	信息公平
顾客参与	0.31***	0.32***	0.35***	0.42***
R^2	0.10	0.10	0.13	0.18
调整 R^2	0.09	0.10	0.12	0.17

注：*** 表示 p<0.001。

从表 7-8 可知，在回归方程1中，顾客参与对服务补救满意度有显著正向

影响（β=0.36, p<0.001），但回归方程的 R^2 和调整 R^2 较小（0.13），说明顾客参与对服务补救满意度的影响较小。结合回归方程2和回归方程3，去除信息公平后，结果公平（β=0.45, p<0.001）、程序公平（β=0.24, p<0.01）和互动公平（β=0.16, p<0.05）都对服务补救满意度产生显著正向影响。在回归方程4中，将顾客参与（β=0.11, p<0.05）和结果公平（β=0.44, p<0.001）、程序公平（β=0.23, p<0.01）、互动公平（β=0.14, p<0.05）一起作为回归因子时，这四个因子都对服务补救满意度产生正向影响。将回归方程4和回归方程3进行比较可以发现，虽然回归方程4比回归方程3多了顾客参与这个因子，但回归方程的 R^2 和调整 R^2 却均只增加了0.01（0.61-0.60=0.01）。综合来看，顾客参与虽然对服务补救满意度可产生直接的正向影响，但这种影响比感知公平（结果公平、程序公平、互动公平）的影响要小。

表 7-8　顾客参与和感知公平对服务补救满意度的影响

维度	服务补救满意度			
	回归方程1	回归方程2	回归方程3	回归方程4
顾客参与	0.36***			0.11*
结果公平		0.45***	0.45***	0.44***
程序公平		0.21**	0.24**	0.23**
互动公平		0.13	0.16*	0.14*
信息公平		0.09		
R^2	0.13	0.61	0.60	0.61
调整R^2	0.13	0.60	0.60	0.61

注：*表示p<0.05,**表示p<0.01,***表示p<0.001。

结合表 7-7 和表 7-8 的结果可知，顾客参与主要通过结果公平、程序公平和互动公平对服务补救满意度产生影响，另外顾客参与还可直接对服务补救满意度产生影响。即结果公平、程序公平和互动公平对顾客参与和服务补救满意度之间的关系起部分中介作用；而信息公平对顾客参与和服务补救满意度之间的关系不起中介作用。本研究的研究假设H7-3a、H7-3b和 H7-3c都得到验证，而研究假设 H7-3d 没有得到验证。

7.4 研究五讨论

本研究的研究假设证实情况如表 7-9 所示。本研究的研究假设 H7-1a、H7-1b、H7-1c 和 H7-1d 得到验证，H7-1e 没有得到验证。这结果表明企业的服务补救措施（物质补偿、响应性、沟通、道歉、反馈）通过提升顾客的感知公平（结果公平、程序公平和互动公平）水平，从而提升了服务补救满意度。本研究的研究假设 H7-2a、H7-2b 和 H7-2d 得到验证，H7-2c 和 H7-2e 得到部分验证。这些结果表明顾客参与对服务补救措施和感知公平之间的关系起调节作用，只是调节效应的方向不一致。当顾客参与程度高（相比于低）时，物质补偿能引起顾客更高的结果公平感知；响应性能引起顾客更高的程序公平感知；道歉能引起顾客更高的互动公平感知；而沟通能引起顾客更低的互动公平感知；反馈能引起顾客更低的信息公平感知。另外，本研究的研究假设H7-3a、H7-3b 和 H7-3c 得到验证，而 H7-3d 没有得到验证。这结果表明顾客参与通过结果公平、程序公平和互动公平都影响了服务补救满意度。而信息公平却在顾客参与和补救满意度的关系中不起中介作用。

表 7-9　研究五的各个研究假设的验证情况汇总

研究假设	研究结果是否支持	备注
H7-1：企业的服务补救措施通过提升顾客的感知公平，从而提升顾客的服务补救满意度		
H7-1a：企业的物质补偿措施通过提升顾客的结果公平感知，从而提升服务补救满意度	支持	
H7-1b：企业的响应性措施通过提升顾客的程序公平感知，从而提升服务补救满意度	支持	
H7-1c：企业的沟通措施通过提升顾客的交互公平感知，从而提升服务补救满意度	支持	
H7-1d：企业的道歉措施通过提升顾客的交互公平感知，从而提升服务补救满意度	支持	

续表

研究假设	研究结果是否支持	备注
H7-1e：企业的反馈措施通过提升顾客的信息公平感知，从而提升 服务补救满意度	不支持	反馈通过交互公平对服务补救满意度产生影响
H7-2：企业的服务补救措施对顾客感知公平的影响受到顾客参与 的调节作用		
H7-2a：企业的物质补偿措施对结果公平的正向影响受到顾客参与 的调节作用；即顾客参与水平越高，企业的物质补偿对顾客结果公 平感知的影响越大	支持	
H7-2b：企业的响应性措施对程序公平的正向影响受到顾客参与的 调节作用；即顾客参与水平越高，企业的响应性对顾客程序公平感 知的影响越大	支持	
H7-2c：企业的沟通措施对互动公平的正向影响受到顾客参与的调 节作用；即顾客参与水平越高，企业的沟通对顾客互动公平感知的 影响越大	部分支持	得到相反调节效应结果
H7-2d：企业的道歉措施对互动公平的正向影响受到顾客参与的调 节作用；即顾客参与水平越高，企业的道歉对顾客互动公平感知的 影响越大	支持	
H7-2e：企业的反馈措施对信息公平的正向影响受到顾客参与的调 节作用；即顾客参与水平越高，企业的反馈对顾客信息公平感知的 影响越大	部分支持	得到相反调节效应结果
H7-3：顾客参与通过感知公平正向影响顾客的服务补救满意度		
H7-3a：顾客参与通过结果公平正向影响顾客的服务补救满意度	支持	
H7-3b：顾客参与通过程序公平正向影响顾客的服务补救满意度	支持	
H7-3c：顾客参与通过互动公平正向影响顾客的服务补救满意度	支持	
H7-3d：顾客参与通过信息公平正向影响顾客的服务补救满意度	不支持	

本研究验证了感知公平是顾客参与对服务补救产生影响的内在机制之一。本研究的结果表明，感知公平中的结果公平、程序公平和互动公平在顾客参与和服务补救满意度之间关系起中介作用。前人的研究中鲜有对服务补救中顾客参与的机制进行研究，本研究对服务补救的研究进行了补充。本研究的研究结果其实也得到了前人相似研究的证实。比如，张辉和胡金林（2015）的研究表明，感知公平在顾客参与和顾客满意之间有中介关系[137]。本研究将顾客参与和感知公平之间的关系延伸到了服务补救领域。

本研究的结果表明顾客参与对不同服务补救措施和感知公平之间的关系所起的调节作用不一致。具体来说，当企业采取物质补偿、响应性和道歉的服务补救措施时，顾客参与程度高时服务补救的效果更明显；而当企业采取沟通和反馈的服务补救措施时，顾客参与程度低时服务补救的效果反而更明显。顾客参与在服务补救中的这种调节效应结果是本研究首次发现，为未来的研究提供一定的参考价值。这个结果表明，顾客参与程度不一定越高越好，有时候参与程度高可能会带来反作用。在顾客参与的大部分的研究中，基本上都认为顾客参与会正向影响顾客满意度。然而，也有少量研究表明顾客参与可能对顾客满意度没有影响。比如，汪涛和望海军（2008）的研究表明，当顾客感知服务提供 方设计的情景与顾客预期方式不一致时，顾客参与对顾客满意度没有显著影响[62]。因此，顾客参与对顾客满意度的影响，尤其是在服务补救领域中，其作用 机制可能并不是线性的，可能是曲线、倒U型或者其他模式，这需要在以后的研究中进一步探究。

本研究也为企业的实践提供了一定的启示，主要体现在以下两个方面。首先，企业需要针对不同的网络服务补救措施引导不同的顾客参与水平。根据本文的研究结果，当企业采取物质补偿、响应性和道歉的服务补救措施时，企业应当引导顾客较高的参与水平；而当企业采取沟通和反馈的服务补救措施时，企业应当引导顾客较低的参与水平。只有根据不同的服务补救措施，引导不同的顾客参与水平，顾客才能感知到更高的感知公平水平，从而产生更高的服务补救满意度，而并不是顾客参与水平越高越好。

其次，企业需要在网络服务补救过程中提升顾客的感知公平水平。本研究结果表明企业的服务补救措施和顾客参与都能通过提升感知公平，从而提升服务补救满意度的。因此，提升顾客在服务补救过程中的感知公平水平，是提升服务补救满意度的关键所在。而提升顾客的感知公平水平，需要遵循两点原则：（1）服务补救措施能否弥补服务失败给顾客带来的损失；（2）与别人相比，顾客所得到的服务补救措施是否公平[92]。企业应该从服务补救的结果、服务补救的过程、服务补救的实施方法、与顾客的沟通互动和信息反馈等方面入手，提升顾客的结果公平、程序公平、互动公平和信息公平的感知。

本研究仍然存在一些局限性，需要在未来的研究中加强。首先，本研究虽然选取了典型的服务补救措施指标来代表经济利益补救和社会利益补救，但仍然有其他的一些服务补救措施没有考虑进去。比如，解释[19]、承认[21]等措施，前人的研究表明这些措施也是有效的服务补救措施。在未来的研究中可将这些服务补救措施也引入进行研究。

其次，本研究揭示出企业在采取不同的服务补救措施时，顾客参与对这些服务补救措施产生了不同的影响。特别是当企业采取沟通和反馈的服务补救措施时，顾客参与表现出与其他服务补救措施与感知公平之间相反的调节作用。顾客参与产生不同调节作用的机制是什么？为什么会产生这种现象？这在本文中并没有进行更进一步的研究，这需要在未来的研究中进行探讨。

再次，本研究是基于公平理论来探究顾客参与在服务补救过程中的作用。然而，公平理论只是众多理解顾客参与服务补救的理论之一。前人的研究还从其他理论着手来探究顾客参与和顾客满意之间的关系。比如，张广玲和潘志华（2018）基于角色理论探究了顾客参与对顾客满意的影响。结果表明顾客参与通过角色模糊、角色冲突和角色负荷对顾客满意产生负向影响[142]。服务补救领域的研究也可以借鉴这些理论（比如，角色理论）来进一步丰富对顾客参与在服务补救中作用的理解。

最后，未来的研究还需要探究企业如何才能促进顾客参与。本文的研究结果表明顾客参与在很多情况下能提升服务补救满意度。因此，企业需要在服务补救过程中吸引顾客的参与。然而，鲜有研究探究如何在服务补救过程中促进顾客的参与。企业提供便捷渠道，顾客授权，提供参与奖励等措施可能会促进顾客参与的实现。未来的研究需要进一步探究企业采取哪些措施才能够提高顾客参与的积极性。

研究五验证了感知公平在顾客参与和服务补救满意度中的中介作用，即感知公平是顾客参与对网络服务补救产生效果的内在机制之一。而研究三和研究四验证了自我概念（自我控制感、自我效能感、顾客认同）的提升是顾客参与对网络服务补救产生效果的另外一个机制。研究三到研究五验证了本文提出的自我概念的提升和感知公平的获取是顾客参与网络服务补救的内在机制。同时，研究一和研究二验证了顾客参与对服务补救措施和服务补救效果关系中的调节作用。总的来看，研究一到研究五探究了顾客参与网络服务补救的作用机制和调节作用。然而，这五个研究是分别进行探究的，且各个研究之间还有些结果不一致的地方。为了更好地探究顾客参与在网络服务补救中的调节作用和内在机制，研究六整合研究一到研究五的研究模型，综合进行探究。

第8章 研究六：顾客参与在网络服务补救中的作用机制和调节作用

8.1 研究模型和研究假设

研究六是对前面五个研究进行的整合，研究模型如图8-1 所示。企业的服务补救措施（经济利益补救和社会利益补救） 通过提升顾客的服务补救满意度，从而提升消费者再次购买和进行推荐的意愿。同时，服务失败的严重程度会影响顾客的服务补救满意度及再次购买和进行推荐的意愿。顾客参与调节了企业的服务补救措施对服务补救满意度的影响。顾客参与通过提升顾客的自我概念（顾客认同、自我控制感、自我效能感）和感知公平，进而对服务补救满意度及再次购买和推荐意愿产生影响。顾客心理授权是顾客参与的前因变量，其对顾客参与产生显著正向影响。顾客的调节聚焦特质影响了顾客参与在服务补救措施和服务补救满意度之间关系中的调节作用。另外，顾客参与调节了企业的服务补救措施和感知公平之间的关系。

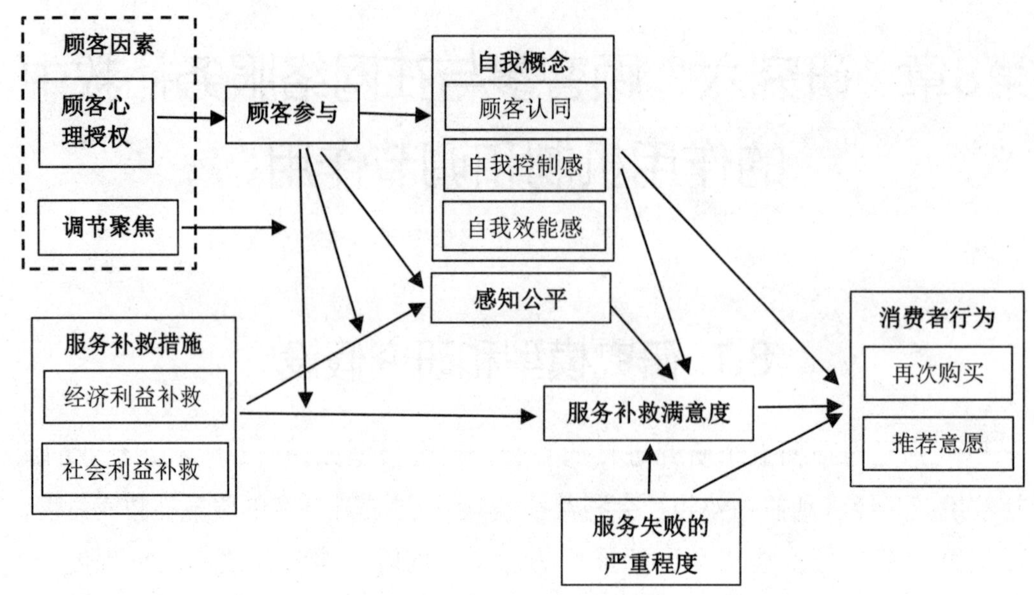

图 8-1　研究六的研究模型

根据前面五个研究的文献梳理和研究结果，本文提出如下研究假设：

H8-1：服务补救措施正向影响顾客的服务补救满意度。

H8-1a：经济利益补救正向影响顾客的服务补救满意度。

H8-1b：社会利益补救正向影响顾客的服务补救满意度。

H8-2：服务补救措施通过提升顾客的服务补救满意度，从而提升顾客的再次购买和推荐的意愿。

H8-2a：经济利益补救通过提升顾客的服务补救满意度，从而增加顾客的再次购买意愿。

H8-2b：经济利益补救通过提升顾客的服务补救满意度，从而增加顾客进行推荐的意愿。

H8-2c：社会利益补救通过提升顾客的服务补救满意度，从而增加顾客的再次购买意愿。

H8-2d：社会利益补救通过提升顾客的服务补救满意度，从而增加顾客进行推荐的意愿。

H8-3：顾客参与通过提升顾客的自我控制感，从而提升服务补救效果。

H8-3a：顾客参与通过提升顾客的自我控制感，从而增加顾客的服务补救满意度。

H8-3b：顾客参与通过提升顾客的自我控制感，从而增加顾客再次购买的意愿。

H8-3c：顾客参与通过提升顾客的自我控制感，从而增加顾客的推荐意愿。

H8-4：顾客参与通过提升顾客的自我效能感，从而提升服务补救效果。

H8-4a：顾客参与通过提升顾客的自我效能感，从而增加顾客的服务补救满意度。

H8-4b：顾客参与通过提升顾客的自我效能感，从而增加顾客的再次购买意愿。

H8-4c：顾客参与通过提升顾客的自我效能感，从而增加顾客的推荐意愿。

H8-5：顾客参与通过提升顾客认同，从而提升服务补救效果。

H8-5a：顾客参与通过提升顾客认同，从而增加顾客的服务补救满意度。

H8-5b：顾客参与通过提升顾客认同，从而增加顾客的再次购买意愿。

H8-5c：顾客参与通过提升顾客认同，从而增加顾客的推荐意愿。

H8-6：顾客参与通过提升顾客的感知公平，从而提升服务补救效果。

H8-6a：顾客参与通过提升顾客的感知公平，从而增加顾客的服务补救满意度。

H8-6b：顾客参与通过提升顾客的感知公平，从而增加顾客的再次购买意愿。

H8-6c：顾客参与通过提升顾客的感知公平，从而增加顾客的推荐意愿。

H8-7：顾客心理授权正向影响顾客参与意愿。

H8-8：顾客参与调节了企业的服务补救措施和顾客的服务补救满意度之间的关系。

H8-8a：顾客参与调节了企业的经济利益补救和顾客的服务补救满意度之间的关系。

H8-8b：顾客参与调节了企业的社会利益补救和顾客的服务补救满意度之间的关系。

H8-8c：顾客参与在经济利益补救和服务补救满意度之间关系中的调节作用呈倒 U 型关系，即相比于顾客参与程度高和参与程度低时，顾客参与程度中等时经济利益补救对服务补救满意度的影响更大。

H8-8d：顾客参与在社会利益补救和服务补救满意度之间关系中的调节作用呈倒 U 型关系，即相比于顾客参与程度高和参与程度低时，顾客参与程度中等时社会利益补救对服务补救满意度的影响更大。

H8-9：顾客参与在服务补救措施和服务补救满意度的关系中的调节作用受到顾客调节聚焦的影响。

H8-9a：顾客参与在经济利益补救和服务补救满意度的关系中的调节作用只体现在促进性聚焦顾客身上，而不体现在防御性聚焦顾客身上。

H8-9b：顾客参与在社会利益补救和服务补救满意度的关系中的调节作用只体现在促进性聚焦顾客身上，而不体现在防御性聚焦顾客身上。

H8-10：服务失败的严重程度对顾客的服务补救效果产生显著负向影响。

H8-10a：服务失败的严重程度对顾客的服务补救满意度产生显著负向影响。

H8-10b：服务失败的严重程度对顾客的再购意愿产生显著负向影响。

H8-10c：服务失败的严重程度对顾客的推荐意愿产生显著负向影响。

H8-11：服务补救措施通过提升顾客的感知公平水平，从而提升顾客的服务补救满意度。

H8-11a：经济利益补救通过提升顾客的感知公平水平，从而提升顾客的服务补救满意度。

H8-11b：社会利益补救通过提升顾客的感知公平水平，从而提升顾客的服务补救满意度。

H8-12：顾客参与在企业的服务补救措施和顾客感知公平的关系中起调节作用。

H8-12a：顾客参与在企业的经济利益补救和顾客感知公平的关系中起调节作用。

H8-12b：顾客参与在企业的社会利益补救和顾客感知公平的关系中起调节作用。

接下来，本研究将通过实证调查研究来检验这些研究假设，并对前五个研究的结果进行对比和验证。

8.2 研究设计和数据分析

8.2.1 研究设计和样本情况

本研究通过与第三方网络调查公司合作派发网络问卷进行调查。该网络问卷主要分成四部分：第一部分调查顾客的个人资料，包括性别、职业、年龄、学历和月收入。第二部分主要调查顾客在最近3个月中，遭遇服务失败并参与服务补救的情况。在第二部分中，首先让顾客回忆最近3个月来在网络购物消费或网络服务中碰到的服务失败的频率，最近一次服务失败的原因，让顾客评价最近一次服务失败的严重程度（按严重程度1～10 打分，1 表示“最不严重”，10 表示“最严重”，依次类推）。商家是否有进行服务补救（“有”或者“没有”，选择“没有”的话则调查结束）。有进行服务补救的话，商家的服务补救措施进行的如何（使用前面研究中修订的《服务补救措施量表》进行测量使用，李克特5点量表形式测量，1 表示“非常不符合”，5 表示“非常符合”，依次类推）？第三部分主要调查顾客对于商家服务补救的感知情况。在第三部分中，首先调查顾客对商家的网络服务补救的满意度（使用1～7 分自评，1 表示“最不满意”，7 表示“最满意”，依次类推）。接着调查顾客在服务补救过程中的感知公平程度（使用前面研究中修订的《感知公平量表》进行测量，使用李克特7点量表形式测量，1 表示“完全不同意”，7 表示“完全同意”，依次类推）。再调查顾客认为自己在该次服务补救过程中参与的程度如何（使用前面研究中修订的《顾客参与量表》进行测量，使用李克特 5 点量表形式测量，1 表示“非常不符合”，5 表示“非常符合”，依次类推）。再接着调查顾客在此次服务补救过程中的自我控制感、自我效能感（使用前面研究中修订的《自我控制感和自我效能感量表》进行测量，使用李克特 7 点量表形式测量，1 表示“非常不同意”，7 表示“非常同意”，依次类推）和顾客认同（使用前面研究中修订的《顾客认同量表》进行测量，使用李克特 5 点量表形式测量，1表示“非常不同意”，5 表示“非常同意”，依次类推）的程度。再接着调查服务补救后顾客的再购意愿（测量题项为：“我会再次光顾该商家”，使用1～5分自评，1 表示“非常不同意”，5 表示“非常同意”，依次类推。）和推荐意愿（测量题项为：

“这次服务补救后，我愿意向亲朋好友或同学同事推荐该商家”，使用1~5 打分自评，1 表示“非常不同意”，5 表示“非常同意”，依次类推）。最后调查在服务补救过程中顾客的心理授权程度（使用前面研究中修订的《顾客心理授权量表》进行测量，使用李克特5点量表形式测量，1 表示“非常不同意”，5 表示“非常同意”，依次类推）。第四部分调查顾客的调节聚焦特质（使用前面研究中修订的《调节聚焦量表》进行测量，使用李克特 5 点量表形式测量，1 表示“非常不符合”，5 表示“非常符合”，依次类推）。研究六中的各个变量的维度及测量量表的题项来源如表8-1所示。

表 8-1　研究六中各研究变量的维度和题项来源

变量	维度	题项来源
服务补救措施	经济利益补救（物质补偿）、社会利益补救（响应性、道歉、沟通、反馈）	*Smith* 等（1999）[3]、郑秋莹和范秀成（2007）[92]、*Forbes* 等（2005）[22]
顾客参与	事前准备、信息分享、合作、人际互动	彭艳君和景奉杰（2008）[56]、*Ennew* 和 *Blinks*（1999）[53]、*Kellogg* 等（1997）[52]
自我控制感	自我控制感	*Bagozzi* 和 *Dholakia*（2002）[110]、*Zadro* 等（2004）[111]
自我效能感	自我效能感	*Sharma* 和 *Patterson*（2000）[112]、*Maxharm* 和*Netemeyer*（2003）[113]
顾客认同	顾客认同	*Wu* 和*Tsai*（2007）[134]、金立印（2009）[135]
顾客心理授权	意义感知、自主性、影响力	韩小芸等（2011）[127]、李超平等 （2006）[130]
感知公平	结果公平、程序公平、互动公平	*Smith* 等（1999）[3]、*Kono vs ky*（2000）[86]
调节聚焦	促进性调节聚焦、防御性调节聚焦	*Higgins* 等（2001）[67]

本研究中感知公平仍然采用常见的结果公平、程序公平和互动公平三个维度，而去除了研究五中信息公平这个维度。因为研究五中的结果表明信息公平对顾客参与和服务补救满意度之间的关系不起中介作用。

本研究通过网络派发调查问卷370份，回收有效问卷320份，问卷的有效回收率为86. 49%。在这320份问卷中，商家有进行服务补救的问卷为263 份。本研究只对这 263 份问卷数据进行分析。在这 263 份问卷中，男女人数基本相当，女性稍少（占比为 47.91%），男性稍多（占比为 52.09%）；受访者的职业主要为企业人员（占比为 61.22%）；大部分受访者的学历为大专或本科（占比为 83.27%）；受访者的年龄段主要集中在18～40 岁（占比为92.87%）；受访者的月收入最多的为 5001～8000 元（占比为 23.19%），其次是 8001～10000 元（占比为 20.91%）。研究六的具体样本人口统计特征情况如表 8-2 所示。

在这 263 名受访者中，在近 3 个月中遭遇服务失败 1～3 次的情况最多（238 人，占比为90.49%）。遭遇服务失败的原因最多的是“商品质量有问题”（57人，占比为 21.67%），其次分别为“商家发错货”（39人，占比为 14.83%）、“自己选错了商品（如数量、尺寸、规格、型号、颜色等）”（34人，占比为12.93%）、“快递损伤商品”（32人，占比为 12.17%）、“商品信息描述不详、有误”（31人，占比为 11.79%）、“商家发货太慢”（21人，占比为 7.98%）、“收到的商品与网页描述相差太大”（21人，占比为 7.98%）、“快递配送速度慢”（9 人，占比为3.42%、“商品价格有误”（7人，占比为 2.66%）、“自己填错收货地址”（7人，占比为 2.66%）、“商家将商品寄错地址”（4人，占比为 1.52%）和“商家售后服务差”（1 人，占比为 0.38%）。

表 8-2　研究六的样本人口统计特征情况（N=263）

	选项	人数/比例		选项	人数/比例
性别	男	137/52.09%	年龄段	18 岁以下	1/0.38%
	女	126/47.91%		18～25 岁	74/28.14%
				26～30 岁	63/23.95%
职业	全日制学生	45/17.11%		31～40 岁	102/38.78%
	企业人员	161/61.22%		41～50 岁	16/6.08%
	公职/事业单位人员	34/12.93%		51～60 岁	5/1.90%
	私营企业主	8/3.04%		60 岁以上	2/0.76%
	个体户	8/3.04%			

续表

	选项	人数/比例		选项	人数/比例
职业	其他	7/2.66%	月收入	3000 元以下	45/17.11%
				3001～5000 元	43/16.35%
学历	高中及以下	13/4.94%		5001～8000 元	61/23.19%
	大专或本科	219/83.27%		8001～10000 元	55/20.91%
	硕士	25/9.51%		10001～15000 元	38/14.45%
	博士	6/2.28%		15001～20000 元	14/5.32%
				20000 元以上	7/2.66%

8.2.2 数据质量分析

接下来，本研究运用SPSS21.0和AMOS17.0 对本研究的各主要变量的测量量表的信度和效度进行分析。信度分析结果显示，七个测量量表的 Cronbach's α 系数均大于0.7（0.72～0.91），该结果表明七个变量的测量量表均具有较好的信度。七个测量量表的组合信度均大于0.7（0.84～0.92），所有测量量表的测量题项的标准化因子负荷均大于 0.5（0.51～0.82），且在 α=0.001 的水平上显著，这些结果表明这七个测量量表具有较好的收敛效度（见表8-3）。模型配适度检验结果显示，服务补救措施量表、顾客认同量表、调节聚焦量表、自我控制感和自我效能感量表的测量模型的所有配适度指标都达到相关标准；而顾客参与量表、感知公平量表和顾客心理授权量表的测量模型的大部分配适度指标达到了相关标准。这些结果表明这七个量表的测量模型的配适度良好，均具有良好的结构效度（见表8-4）。综上所述，本研究的主要变量的测量量表均具有良好的信度和效度。

表 8-3　研究六的主要变量的测量量表的信度与效度分析

潜变量	维度	问项	标准化因子负荷	组合信度	Cron-bach's α 系数
	经济利益补救				
服务补救措施	物质补偿	商家做出了退换货或者退款等补偿行为	0.73***	0.89	0.73
		商家主动承担补救过程中的费用（如运费）	0.59***		
	社会利益补救				
	响应性	商家第一时间回复了我的留言	0.82***		
		商家第一时间处理了我的问题	0.69***		
	道歉	商家诚恳地向我道歉	0.81***		
		商家承认自己的服务出现失误	0.60***		
	沟通	当我表达不满时，商家能回馈以理解	0.51***		
		商家对出现的问题给出了耐心的解释	0.59***		
		当我表达不满时，客服能友好和耐心地来面对我	0.50***		
	反馈	解决问题后商家通过电话或者短信等方式进行回访	0.58***		
		商家及时地通知我服务失误的处理结果以及处理过程	0.66***		

续表（1）

潜变量	维度	问项	标准化因子负荷	组合信度	Cron-bach's α系数
顾客参与	信息分享	我清楚地向商家提出了我的要求	0.51***	0.88	0.83
		我回答了商家向我提出的所有与服务有关的问题	0.54***		
		我向商家提出了解决这个问题的想法和建议	0.58***		
	合作	我向商家了解解决该问题的进展状况	0.59***		
		在服务补救中，我努力地配合商家的工作	0.64***		
		我会做一些事情使得服务补救的工作变得简单些	0.54***		
		我向商家提供了尽可能多的他们需要的信息	0.54***		
	人际互动	在沟通过程中，客服能友好和耐心地面对我	0.68***		
		我与商家的沟通很愉快	0.74***		
		我与商家的沟通很顺畅	0.69***		
		我感谢商家对这次服务补救做出的努力	0.51***		
	事前准备	在与商家沟通前，我会认真阅读网站上的具体说明。	0.51***		
		在与商家沟通前，我会再次确认服务出现的问题所在	0.64***		
		在与商家沟通前，我已经清楚了解决该问题的步骤	0.53***		

续表（2）

潜变量	维度	问项	标准化因子负荷	组合信度	Cron-bach's α 系数
顾客认同	顾客认同	我对该商家有认同感	0.62***	0.85	0.84
		将来我会在该商家进行更多购买	0.75***		
		我的个性与该商家的产品的个性很相似	0.66***		
		我会将该商家作为我网购的首选	0.81***		
		我与该商家的其他顾客有很多共同点	0.55***		
		当有人赞扬该商家时，我会感觉很高兴	0.74***		
调节聚焦	促进性调节聚焦	与大多数人相比，在生活中我常常能得到我自己想要的	0.60***	0.87	0.72
		我总能完成那些让我付出很多努力的事情	0.55***		
		我总能做好我所尝试的各种事情	0.68***		
		当一件对我很重要的事情即将完成时，我常常发现自己能够完成得像理想中的一样好	0.67***		
		我觉得我的人生已经朝着成功的方向前进了	0.61***		
		在我的生活中，我能够找到引起我兴趣且让我投入精力的活动	0.51***		
	防御性调节聚焦	从小到大，我曾经做过一些父母不能容忍的“越界”事情	0.51***		
		从小到大，我经常令父母感到不安	0.76***		
		我经常不遵守父母确定的规则	0.85***		
		从小到大，我曾经以父母反对的方式行事	0.59***		

续表(3)

潜变量	维度	问项	标准化因子负荷	组合信度	Cronbach's α 系数
感知公平	结果公平	商家补救的结果很合理	0.68***	0.92	0.91
		商家的补救达到了我所期望的结果	0.72***		
		在解决这个问题的时候，商家满足了我的要求	0.75***		
	程序公平	我认为商家用正确的方式解决了我的问题	0.77***		
		商家处理我的问题的程序是恰当的	0.73***		
		商家按照标准流程来处理我的问题	0.58***		
		商家及时迅速地处理了我的问题	0.65***		
	交互公平	商家准确地理解了我反映的问题	0.71***		
		商家努力地去解决我的问题	0.73***		
		商家待人谦逊温和	0.67***		
		我同商家的沟通有愉悦感	0.74***		
		商家对我反映的问题很上心	0.73***		

续表(4)

潜变量	维度	问项	标准化因子负荷	组合信度	Cron-bach's α 系数
顾客心理授权	意义感知	我所做的这件事情非常有意义	0.61***	0.88	0.81
		完成这次补救对我来说很有意义	0.50***		
		参与到服务补救过程中对我很有意义	0.60***		
	自主性	我自己可以决定如何来完成这次服务补救	0.68***		
		在如何处理这件事情上，我有很大的独立性	0.65***		
		我能自主地决定如何处理这件事情	0.68***		
	自我效能感	我对自己完成这次服务补救非常有信心	0.66***		
		我掌握了完成这件事情所需要的各项技能	0.58***		
		我自信自己有干好这件事情的能力	0.61***		
	影响力	我对这件事情起主导的控制作用	0.68***		
		我在这次事件中对商家有重大的影响作用	0.54***		
		我能很大地影响这次服务补救事件的进展	0.52***		
自我控制感和自我效能感	自我控制感	服务补救过程中，我有较高的控制感	0.65***	0.84	0.76
		我认为我能较好地掌控此次服务补救的进程	0.89***		
	自我效能感	我在与商家解决问题方面有一些经验	0.76***		
		我有信心能够很好地与商家共同解决这个问题	0.57***		
		对于服务补救，我具备一些相关的知识和经验	0.67***		

注：*** 表示$p<0.001$。

表 8-4　研究六的主要变量的测量模型的配适度分析

	卡方值	自由度	卡方/自由度	GFI	AGFI	CFI	NFI	IFI	RMSEA
服务补救措施	74.177	40	1.854	0.966	0.934	0.951	0.906	0.953	0.059
顾客参与	198.336	73	2.717	0.929	0.908	0.903	0.853	0.905	0.068
顾客认同	12.273	9	1.364	0.984	0.962	0.994	0.979	0.994	0.037
调节聚焦	57.510	34	1.691	0.959	0.933	0.963	0.916	0.964	0.051
感知公平	113.338	51	2.222	0.934	0.899	0.955	0.922	0.956	0.068
顾客心理授权	99.232	50	1.985	0.945	0.914	0.926	0.865	0.928	0.061
自我控制感和自我效能感	3.782	4	0.946	0.994	0.979	0.978	0.988	0.971	0.000
配适度标准			＜3	＞0.9	＞0.9	＞0.9	＞0.9	＞0.9	＜0.08

8.3 研究结果

8.3.1 顾客参与对服务补救效果的作用机制

本研究首先探究自我控制感、自我效能感、顾客认同和感知公平是否是顾客参与对服务补救效果的作用机制。本研究首先探究自我控制感、自我效能感、顾客认同和感知公平这四个变量单独在顾客参与和服务补救效果（服务补救满意度、再购意愿、推荐意愿）的中介作用。接着，本研究探究这四个变量共同在顾客参与和服务补救效果中的中介作用，以便探明哪个变量所起的中介作用更大。

图 8-2 显示的是自我控制感在顾客参与和再购意愿/服务补救满意度之间关系中的中介作用的最优模型。该检验模型的模型配适度良好（X2=10.596, df=5, GFI=0.997, AGFI=0.985, CFI=0.978, NFI=0.983, IFI=0.950,RMSEA=0.000）。该模型的结果显示，顾客参与对自我控制感产生显著的正向影响（β= 0.65，$p<0.001$），自我控制感对再购意愿产生显著的正向影响（β=0.26，$p<0.001$），

但顾客参与并不直接对再购意愿产生显著影响。这些结果表明自我控制感对顾客参与和再购意愿之间的关系起完全中介作用，该结果支持研究假设H8-3b。顾客参与对自我控制感产生显著的正向影响（β=0.65, p<0.001），自我控制感对服务补救满意度也产生显著的正向影响（β=0.23, p<0.001），而顾客参与并不直接对服务补救满意度产生显著影响。这些结果显示自我控制感对顾客参与和服务补救满意度之间的关系起完全中介作用，该结果支持研究假设H8-3a。

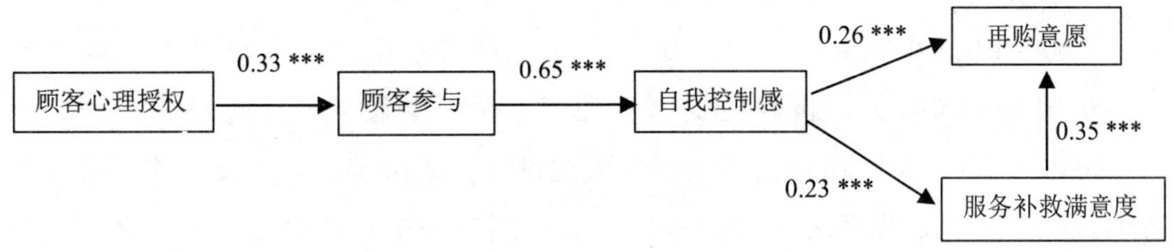

注：***表示p<0.001

图 8-2 自我控制感在顾客参与和再购意愿/服务补救满意度关系中的中介作用

另外，在该模型中顾客心理授权对顾客参与有显著正向影响（β=0.33，p<0.001），该结果表明顾客心理授权是顾客参与网络服务补救的前因变量，该结果支持研究假设 H8-7。自我控制感对服务补救满意度产生显著正向影响（β=0.23，p<0.001），服务补救满意度对再购意愿产生显著正向影响（β=0.35，p<0.001），自我控制感对再购意愿产生显著正向影响（β=0.26，p<0.001）。该结果显示自我控制感也可通过提升服务补救满意度，从而提升顾客的再购意愿。即服务补救满意度在自我控制感和再购意愿的关系中起部分中介作用。

图 8-3 显示的是自我控制感在顾客参与和推荐意愿/服务补救满意度之间关系中的中介作用检验的最优模型。该检验模型的模型配适度良好（X^2=26.449, df=5,GFI=0.990,AGFI=0.949,CFI=0.955,NFI=0.933,IFI=0.957,RM-SEA=0.081）。该模型的结果显示，顾客参与对自我控制感产生显著的正向影 响(β=0.65, p<0.001)，自我控制感对推荐意愿产生显著的正向影响（β=0.22, p<0.001），而顾客参与并不直接对推荐意愿产生显著影响。这些结果显示自我控制感对顾客参与和推荐意愿之间的关系起完全中介作用，该结果支持研究假设H8-3c。

顾客参与对自我控制感产生显著的正向影响（β=0.65, p<0.001），自我控制感对服务补救满意度产生显著的正向影响（β=0.23, p<0.001），而顾客参与不对服务补救满意度产生直接的显著影响。这些结果显示自我控制感对顾客参与和服务补救满意度之间的关系起完全中介作用，该结果支持研究假设H8-3a。

另外，在该模型中顾客心理授权对顾客参与产生显著的正向影响（β=0.33, p<0.001），该结果表明顾客心理授权是顾客参与网络服务补救的前因变量，该结果支持研究假设H8-7。自我控制感对服务补救满意度产生显著的正向影响（β=0.23, p<0.001），服务补救满意度对推荐意愿产生显著的正向影响（β=0.30, p<0.001），自我控制感对推荐意愿产生显著的正向影响（β=0.22, p<0.001）。该结果显示自我控制感也可通过提升服务补救满意度，进而提升顾客的推荐意愿。即服务补救满意度在自我控制感和推荐意愿之间的关系中起部分中介作用。

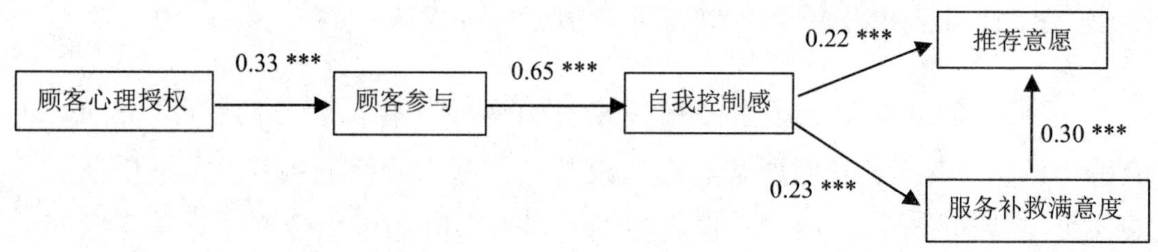

注：***表示p<0.001

图 8-3　自我控制感在顾客参与和推荐意愿/服务补救满意度关系中的中介作用

图8-4显示的是自我效能感在顾客参与和再购意愿服务补救满意度之间关系中的中介作用检验的最优模型。该检验模型的模型配适度良好（X^2=19.784, df=5,GFI=0.997,AGFI=0.987, CFI=0.985, NFI=0.987,IFI=0.962,RM- SEA=0.000）。该模型的结果显示，顾客参与对自我效能感有显著正向影响（β=0.40, p<0.001），自我效能感对再购意愿有显著正向影响（β=0.20, p<0.001），而顾客参与并不直接对再购意愿产生显著影响。这些结果显示自我效能感对顾客参与和再购意愿之间的关系起完全中介作用，该结果支持研究假设H8-4b。顾客参与对自我效能感有显著正向影响（β=0.40, p<0.001），自我效能感对

服务补救满意度产生显著正向影响（β=0.21，p<0.001），而顾客参 与不对服务补救满意度产生直接的显著影响。这些结果显示自我效能感对顾客 参与和服务补救满意度之间的关系起完全中介作用，该结果支持研究假设H8-4a。

另外，在该模型中顾客心理授权对顾客参与产生显著的正向影响（β=0.43，p<0.001），该结果表明顾客心理授权是顾客参与网络服务补救的前因变量，该结果支持研究假设H8-7。自我效能感对服务补救满意度产生显著的正向影响（β=0.21，p<0.001），服务补救满意度对再购意愿产生显著的正向影响（β=0.34，p<0.001），自我效能感对再购意愿产生显著的正向影响（β=0.20, p<0.001）。该结果显示自我效能感也可通过提升服务补救满意度，从而提升顾客的再购意愿。即服务补救满意度在自我效能感和再购意愿之间的关系中起部分中介作用。

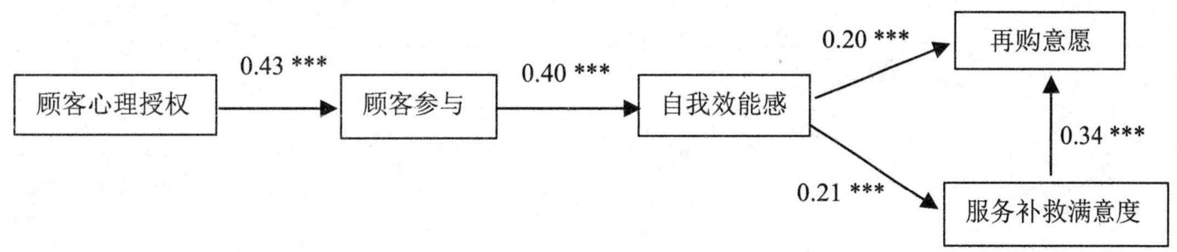

注：***表示p<0.001

图 8-4　自我效能感在顾客参与和再购意愿/服务补救满意度关系中的中介作用

图 8-5 显示的是自我效能感在顾客参与和推荐意愿服务补救满意度之间关系中的中介作用的最优模型。该检验模型的模型配适度良好（X^2=22.740, df=5,GFI=0.997,AGFI=0.983,CFI=0.988,NFI=0.984,IFI=0.951,RMSEA=0.000）。该模型的结果显示，顾客参与对自我效能感产生显著的正向影响（β=0.40, p<0.001），自我效能感对推荐意愿产生显著的正向影响（β=0.26, p<0.001），而顾客参与并不直接对推荐意愿产生显著影响。这些结果显示自我效能感对顾客参与和推荐意愿之间的关系起完全中介作用，该结果支持研究假设H8-4c。顾客参与对自我效能感产生显著的正向影响（β=0.40, p<0.001），自我效能感

对服务补救满意度产生显著的正向影响（β=0.21, p<0.001），顾客参与并不对服务补救满意度产生直接的显著影响。这些结果显示自我效能感对顾客参与和服务补救满意度之间的关系起完全中介作用，该结果支持研究假设H8-4a。

另外，在该模型中顾客心理授权对顾客参与产生显著正向影响（β=0.43, p<0.001），该结果表明顾客心理授权是顾客参与网络服务补救的前因变量，该结果支持研究假设H8-7。自我效能感对服务补救满意度产生显著的正向影响（β=0.21, p<0.001），服务补救满意度对再购意愿产生显著的正向影响（β=0.28, p<0.001），自我效能感对推荐意愿产生显著的正向影响（β=0.26, p<0.001）。该结果显示自我效能感可通过提升服务补救满意度，进而提升顾客的推荐意愿。即服务补救满意度在自我效能感和推荐意愿的关系中起部分中介作用。

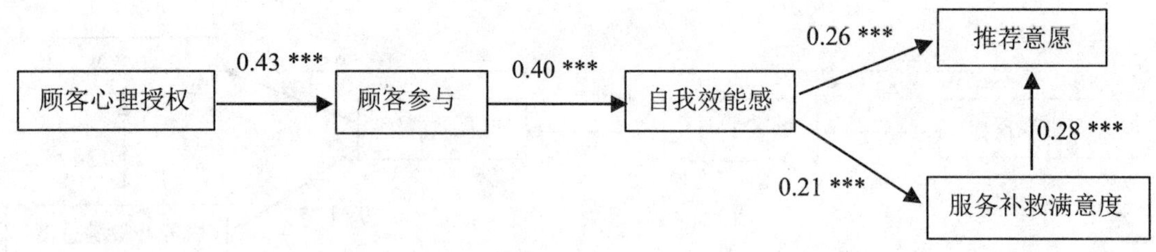

注：***表示p<0.001

图 8-5 自我效能感在顾客参与和推荐意愿/服务补救满意度关系中的中介作用

图8-6显示的是顾客认同在顾客参与和再购意愿/服务补救满意度之间关系中的中介作用的最优模型。该检验模型的模型配适度良好（X^2=25.432, df=5, GFI=0.994, AGFI=0.970, CFI=0.995, NFI=0.987, IFI=0.995, RM- SEA=0.048）。该模型的结果显示，顾客参与对顾客认同产生显著的正向影响（β=0.18, p<0.01），顾客认同对再购意愿产生显著的正向影响（β=0.66, p<0.001），而顾客参与并不直接对再购意愿产生显著影响。这些结果显示顾客认同对顾客参与和再购意愿之间的关系起完全中介作用，该结果支持研究假设H8-5b。顾客参与对顾客认同产生显著的正向影响（β=0.18，p<0.01），顾客认同对服务补救满意度产生显著的正向影响（β=0.37，p<0.001），而顾客参与并

补救满意度产生直接的显著影响。这些结果显示顾客认同对顾客参与和服务补救满意度之间的关系起完全中介作用，该结果支持研究假设H8-5a。

另外，在该模型中顾客心理授权对顾客参与产生显著的正向影响（β=0.43, p<0.001），该结果表明顾客心理授权是顾客参与网络服务补救的前因变量，该结果支持研究假设 H8-7。顾客认同对服务补救满意度产生显著的正向影响（β=0.37, p<0.001），服务补救满意度对再购意愿产生显著正向影响（β=0.14, p<0.01），顾客认同对再购意愿产生显著的正向影响（β=0.66, p<0.001）。该结果显示顾客认同也可通过提升服务补救满意度，从而提升顾客的再购意愿。即服务补救满意度在顾客认同和再购意愿的关系中起部分中介作用。

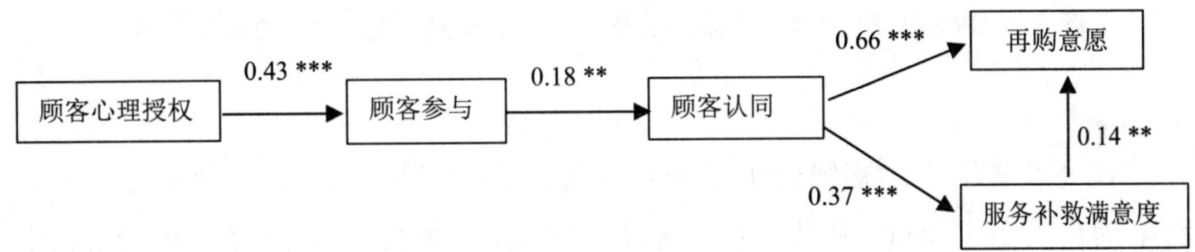

注：** 表示p<0.01, *** 表示p<0.001

图 8-6　顾客认同在顾客参与和再购意愿/服务补救满意度关系中的中介作用

图 8-7 显示的是顾客认同在顾客参与和推荐意愿/服务补救满意度之间关系中的中介作用的最优模型。该检验模型的模型配适度良好（X^2=28.456, df=6,GFI=0.989,AGFI=0.963,CFI=0.989,NFI=0.978,IFI=0.989,RM-SEA=0.058）。该模型的结果显示，顾客参与对顾客认同产生显著的正向影响（β=0.18，p<0.01），顾客认同对推荐意愿产生显著的正向影响（β=0.73，p<0.001），而顾客参与并不直接对推荐意愿产生显著影响。这些结果显示顾客认同对顾客参与和推荐意愿之间的关系起完全中介作用，该结果支持研究假设H8-5c。顾客参与对顾客认同产生显著的正向影响（β=0.18，p<0.01），顾客认同对服务补救满意度产生显著的正向影响（β=0.37，p<0.001），顾客参与并不对服务补救满意度产生直接的显著影响。这些结果显示顾客认同对顾客参与和服务补救满意度之间的关系起完全中介作用，该结果支持研究假设H8-5a。

另外，在该模型中顾客心理授权对顾客参与产生显著的正向影响（β=0.43，p<0.001），该结果表明顾客心理授权是顾客参与网络服务补救的前因变量，该结果支持研究假设H8-7。

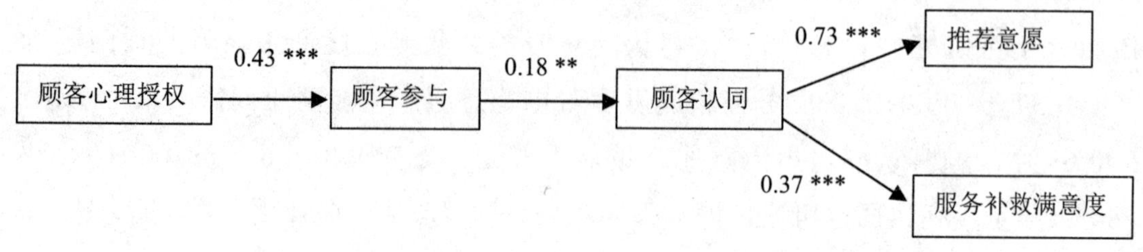

注：**表示p<0.01, ***表示p<0.001

图 8-7 顾客认同在顾客参与和推荐意愿/服务补救满意度关系中的中介作用

图8-8显示的是感知公平在顾客参与和再购意愿/服务补救满意度之间关系中的中介作用的最优模型。该检验模型的模型配适度良好（X^2=32.616, df=6,GFI=0.978,AGFI=0.927,CFI=0.968,NFI=0.958,IFI=0.969,RM-SEA=0.103）。该模型的结果显示，顾客参与对感知公平产生显著的正向影响（β=0.36，p<0.01），感知公平对再购意愿产生显著的正向影响（β=0.56，p<0.001），而顾客参与并不直接对再购意愿产生显著影响。这些结果显示感知公平对顾客参与和再购意愿之间的关系起完全中介作用，该结果支持研究假设H8-6b。顾客参与对感知公平产生显著的正向影响（β=0.36，p<0.01），感知公平对服务补救满意度产生显著的正向影响（β=0.61，p<0.001），而顾客参与并不直接对服务补救满意度产生显著影响。这些结果表明感知公平对顾客参与和服务补救满意度之间的关系起完全中介作用，该结果支持研究假设H8-6a。另外，该模型中顾客心理授权对顾客参与产生显著的正向影响（β=0.43，p<0.001），该结果表明顾客心理授权是顾客参与网络服务补救的前因变量，该结果支持研究假设H8-7。

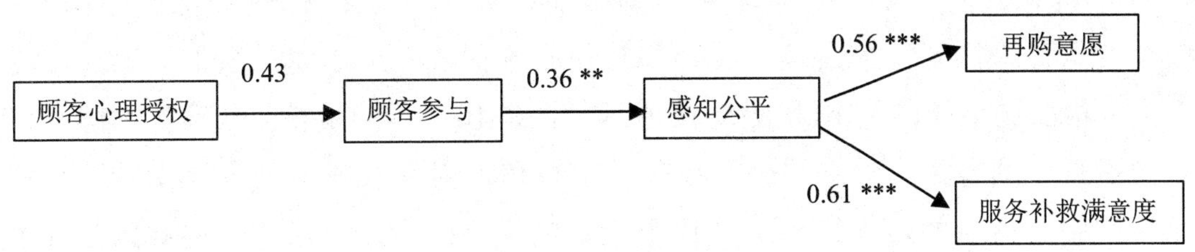

注：** 表示p<0.01, *** 表示p<0.001

图 8-8 感知公平在顾客参与和再购意愿/服务补救满意度关系中的中介作用

图 8-9 显示的是感知公平在顾客参与和推荐意愿/服务补救满意度之间关系中的中介作用的最优模型。该检验模型的模型配适度良好（X^2=34.943, df=6, GFI=0.991, AGFI=0.969, CFI=0.991, NFI=0.978, IFI=0.991, RM-SEA=0.052）。该模型的结果显示，顾客参与对感知公平产生显著的正向影响（β=0.36, p<0.01），感知公平对推荐意愿产生显著的正向影响（β=0.49, p<0.001），而顾客参与并不直接对推荐意愿产生显著影响。这些结果显示感知公平对顾客参与和推荐意愿之间的关系起完全中介作用，该结果支持研究假设H8-6c。顾客参与对感知公平产生显著的正向影响（β=0.36, p<0.01），感知公平对服务补救满意度产生显著的正向影响（β=0.61, p<0.001），而顾客参与并不对服务补救满意度产生直接的显著影响。这些结果显示感知公平对顾客参与和服务补救满意度之间的关系起完全中介作用，该结果支持研究假设H8-6a。另外，在该模型中顾客心理授权对顾客参与产生显著的正向影响（β=0.43, p<0.001），该结果表明顾客心理授权是顾客参与网络服务补救的前因变量，该结果支持研究假设H8-7。

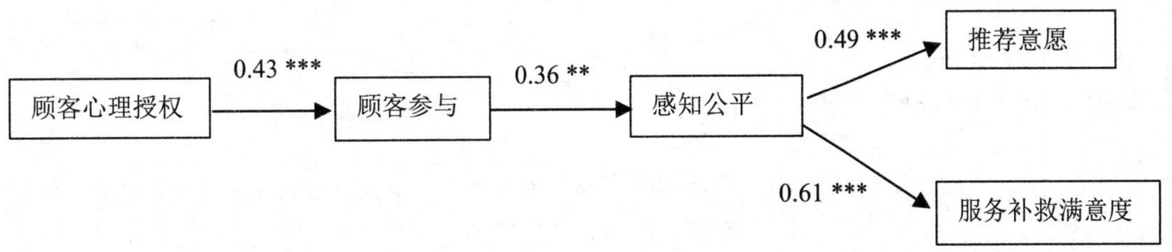

注：** 表示p<0.01, *** 表示p<0.001

图 8-9 感知公平在顾客参与和推荐意愿/服务补救满意度关系中的中介作用

本研究接下来将自我控制感、自我效能感、顾客认同和感知公平一起作为中介变量，来探究哪个变量在顾客参与和服务补救效果之间关系中的中介作用更大。检验结果如图8-10和图8-11所示。图8-10显示的是检验自我控制感、自我效能感、顾客认同和感知公平在顾客参与和再购意愿/服务补救满意度之间关系中的中介作用的最优模型。该检验模型的模型配适度良好（X^2=93.083, df=9, GFI=0.994,AGFI=0.919, CFI=0.968,NFI=0.968, IFI=0.970,RM-SEA=0.027）。该模型的结果显示，顾客参与对顾客认同产生显著的正向影响（β=0.18, $p<0.01$），顾客认同对再购意愿产生显著的正向影响（β=0.63, $p<0.001$），而顾客参与并不直接对再购意愿产生显著影响，该结果显示顾客认同对顾客参与和再购意愿之间的关系起完全中介作用。顾客参与对感知公平产生显著的正向影响（β=0.36, $p<0.001$），感知公平对再购意愿产生显著的正向影响（β=0.26, $p<0.001$），而顾客参与并不直接对再购意愿产生显著影响，该结果显示感知公平对顾客参与和再购意愿之间的关系起完全中介作用。顾客参与对感知公平产生显著的正向影响（β=0.36, $p<0.001$），感知公平对服务补救满意度产生显著的正向影响（β=0.61, $p<0.001$），而顾客参与并不直接对服务补救满意度产生显著影响，该结果显示感知公平对顾客参与和服务补救满意度之间的关系起完全中介作用。总的来说，感知公平对顾客参与和服务补救满意度以及再购意愿之间的关系都起完全中介作用，顾客认同对顾客参与和再购意愿之间的关系起完全中介作用。而自我控制感和自我效能感在顾客参与和再购意愿/服务补救满意度的关系中都不起中介作用。另外，在该模型中顾客心理授权对顾客参与产生显著的正向影响（β=0.43, $p<0.001$），该结果表明顾客心理授权是顾客参与网络服务补救的前因变量。

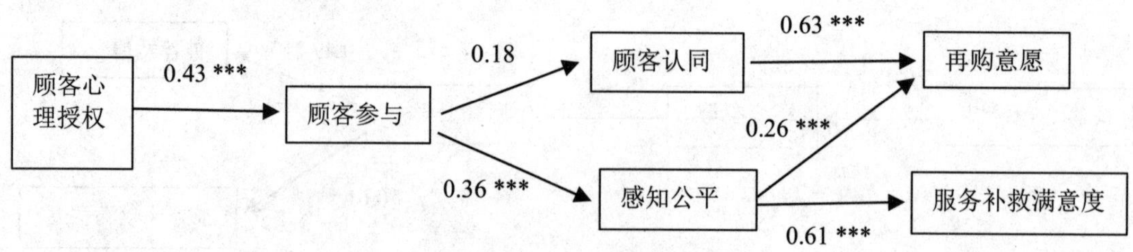

注：**表示$p<0.01$, ***表示$p<0.001$

图 8-10 顾客认同和感知公平共同的中介作用一

图 8-11 显示的是检验自我控制感、自我效能感、顾客认同和感知公平在顾客参与和推荐意愿/服务补救满意度之间关系中的中介作用的最优模型。该检验模型的模型配适度良好（X^2=85.547，df=9，GFI=0.961，AGFI=0.936，CFI=0.970, NFI=0.969, IFI=0.970, RMSEA=0.074）。该模型的结果显示，顾客参与对顾客认同产生显著的正向影响（β=0.18, p<0.01），顾客认同对推荐意愿产生显著的正向影响（β=0.69, p<0.001），而顾客参与并不直接对推荐意愿产生显著影响，该结果显示顾客认同对顾客参与和推荐意愿之间的关系起完全中介作用。顾客参与对顾客的感知公平产生显著的正向影响（β=0.36, p<0.001），感知公平对推荐意愿产生显著的正向影响（β=0.14, p<0.01），而顾客参与并不直接对推荐意愿产生显著影响，该结果显示感知公平对顾客参与和推荐意愿之间的关系起完全中介作用。顾客参与对感知公平产生显著的正向影响（β=0.36, p<0.001），感知公平对服务补救满意度产生显著的正向影响（β=0.61, p<0.001），而顾客参与并不直接对服务补救满意度产生显著影响，该结果显示感知公平对顾客参与和服务补救满意度之间的关系起完全中介作用。总的来说，感知公平对顾客参与和服务补救满意度以及推荐意愿之间的关系都起完全中介作用，顾客认同对顾客参与和推荐意愿之间的关系起完全中介作用。而自我控制感和自我效能感在顾客参与和再购意愿/服务补救满意度的关系中都不起中介作用。另外，顾客心理授权对顾客参与有显著正向影响（β=0.43, p<0.001），该结果表明顾客心理授权是顾客参与网络服务补救的前因变量。

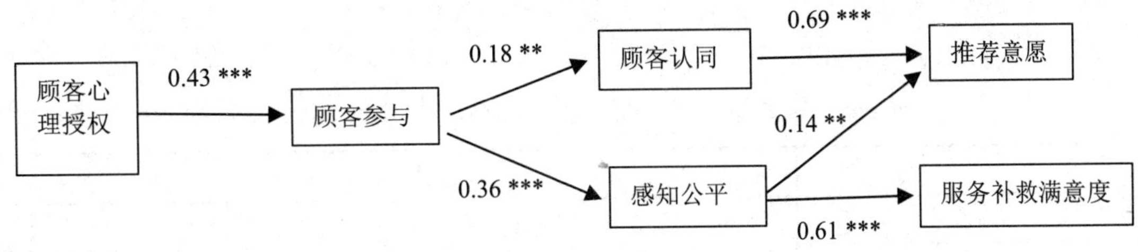

注：**表示p<0.01,***表示p<0.001

图 8-11 顾客认同和感知公平共同的中介作用二

图 8-10 和图 8-11 的结果显示，在自我控制感、自我效能感、顾客认同和感知公平这4个变量中，顾客认同和感知公平在顾客参与和服务补救效果（服

务补救满意度、再购意愿、推荐意愿）之间关系中起的中介作用更大。

8.3.2 顾客参与在服务补救措施和服务补救效果关系中的调节作用

本研究首先检验顾客参与是否在服务补救措施（经济利益补救和社会利益补救）和服务补救满意度之间关系中存在调节作用。本研究使用SPSS21.0软件通过多个回归方程来进行检验，检验结果如表8-5所示。从回归方程1可以得出，经济利益补救（β=0.11，p<0.05）和社会利益补救（β=0.49，p<0.001）都对服务补救满意度产生显著的正向影响。这些结果支持研究假设H8-1a和H8-1b。从回归方程2可看出，顾客参与并不直接影响服务补救满意度（β=-0.07，p>0.05）。回归方程3的结果显示，顾客参与和经济利益补救的乘积项对服务补救满意度产生显著影响（β=0.34，p<0.001），这表明顾客参与在经济利益补救对服务补救满意度的影响中起调节作用。而回归方程4的结果显示，顾客参与和社会利益补救的乘积项不对服务补救满意度产生显著影响（β= -0.11，p>0.05），这表明顾客参与在社会利益补救对服务补救满意度的影响中不起调节作用。总的来看，这些结果表明顾客参与在经济利益补救和服务补救满意度的关系中起调节作用，而顾客参与在社会利益补救和服务补救满意度的关系中不起调节作用。结果表明支持研究假设H8-8a，而不支持研究假设H8-8b。另外，在这四个回归方程中，服务失败的严重程度均不对服务补救满意度产生显著影响。这些结果不支持研究假设H8-10a。

表8-5 服务补救措施和顾客参与对服务补救满意度的影响

	服务补救满意度			
	回归方程1	回归方程2	回归方程3	回归方程4
服务失误严重程度	-0.02	-0.01	-0.06	0.00
经济利益补救	0.11*	0.11*	-0.06	
社会利益补救	0.49***	0.51***		0.60***
顾客参与		-0.07		
顾客参与×经济利益补救			0.34***	

续表

	服务补救满意度			
	回归方程 1	回归方程 2	回归方程 3	回归方程 4
顾客参与 × 社会利益补救				-0.11
R^2	0.26	0.27	0.09	0.25
调整R^2	0.25	0.26	0.07	0.25

注：* 表示p<0.05, *** 表示p<0.001。

本研究接着检验顾客参与是否在服务补救措施（经济利益补救和社会利益补救）和再购意愿之间的关系中存在调节作用。本研究通过多个回归方程来进行检验，检验结果如表8-6所示。从回归方程1可以得出，经济利益补救（β=0.03，p>0.05）不对再购意愿产生显著影响，社会利益补救（β=0.47，p<0.001）对再购意愿产生显著的正向影响。从回归方程2可看出，顾客参与并不直接影响再购意愿（β=-0.11，p>0.05）。回归方程3的结果显示，顾客参与和经济利益补救的乘积项对再购意愿产生显著影响（β=0.32，p<0.001），这表明顾客参与在经济利益补救对再购意愿的影响中起调节作用。而回归方程5的结果显示，顾客参与和社会利益补救的乘积项并不对再购意愿产生显著影响（β=-0.17，p>0.05），这表明顾客参与在社会利益补救对再购意愿的影响中不起调节作用。总的来看，这些结果表明顾客参与在经济利益补救和购买意愿的关系中起调节作用，而顾客参与在社会利益补救和再购意愿的关系中不起调节作用。

另外，在回归方程4中，当加入服务补救满意度后，经济利益补救和顾客参与的乘积项并不对再购意愿产生显著影响（β=0.04，p>0.05），只有服务补救满意度对再购意愿产生显著的正向影响（β=0.37，p<0.001）。回归方程6中加入服务补救满意度时，服务补救满意度对再购意愿也产生显著的正向影响（β=0.19，p<0.01）。这些结果表明服务补救满意度对再购意愿产生重大影响。另外，在这六个回归方程中，服务失败的严重程度均不对再购意愿产生显著影响，这些结果不支持研究假设H8-10b。

表 8-6　服务补救措施和顾客参与对再购意愿的影响

	再购意愿					
	回归方程1	回归方程2	回归方程3	回归方程4	回归方程5	回归方程6
服务失败严重程度	-0.05	-0.05	-0.09	-0.05	-0.04	-0.04
经济利益补救	0.03	0.03	-0.14	0.00		
社会利益补救	0.47***	0.51***			0.63***	0.52***
顾客参与		-0.11				
顾客参与 × 经济利益补救			0.32**	0.04		
顾客参与 × 社会利益补救					-0.17	-0.15
服务补救满意度				0.37***		0.19**
R^2	0.23	0.24	0.06	0.15	0.24	0.26
调整R^2	0.22	0.23	0.05	0.14	0.23	0.25

注：** 表示p<0.01, *** 表示p<0.001。

结合表8-5和表8-6的结果可以得出，企业的经济利益补救和社会利益补救通过提升顾客的服务补救满意度，从而提升顾客的再购意愿。即服务补救满意度在企业的服务补救措施（经济利益补救和社会利益补救）和顾客的再购意愿的关系中起中介作用。这些结果支持研究假设H8-2a和H8-2c。

本研究接着检验顾客参与是否在服务补救措施（经济利益补救和社会利益补救）和推荐意愿之间的关系中存在调节作用。本研究通过多个回归方程来进行检验，检验结果如表8-7所示。从回归方程1可以得出，经济利益补救（β=-0.03，p>0.05）不对推荐意愿产生显著影响，社会利益补救（β=0.44，p<0.001）对推荐意愿产生显著的正向影响。从回归方程2可看出，顾客参与并不直接对推荐意愿产生显著影响（β=0.05，p>0.05）。回归方程3的结果显示，顾客参与和经济利益补救的乘积项对推荐意愿产生显著影响（β=0.52，p<0.001），这表明顾客参与在经济利益补救对推荐意愿的影响中起调节作用。而回归方程5的结果显示，顾客参与和社会利益补救的乘积项并不对推荐意愿产生显著影响（β=0.10，p>0.05），这表明顾客参与在社会利益补救对推荐意愿的影响中不起调节作用。总的来看，这些结果表明顾客参与在经济利益补救和推荐意愿的关系中起调节作用，而顾客参与在社会利益补救和推荐意愿的关系中不起调节作用。

另外，在回归方程4中，在加入服务补救满意度后，经济利益补救和顾客参与的乘积项仍然对推荐意愿产生显著影响（β=0.42，p<0.001），服务补救满意度也对推荐意愿产生显著的正向影响（β=0.27，p<0.001）。在回归方程6中加入服务补救满意度时，服务补救满意度对推荐意愿也产生显著的正向影响（β=0.16，p<0.05）。这些结果表明服务补救满意度对推荐意愿产生重大影响。另外，在这六个回归方程中，服务失败的严重程度均不对推荐意愿产生显著影响，这些结果不支持研究假设H8-10c。

表 8-7　服务补救措施和顾客参与对推荐意愿的影响

	推荐意愿					
	回归方程1	回归方程2	回归方程3	回归方程4	回归方程5	回归方程6
服务失败严重程度	-0.03	-0.05	-0.08	-0.06	-0.03	-0.03
经济利益补救	-0.03	0.03	-0.34***	-0.32***		
社会利益补救	0.44***	0.42***			0.34*	0.25
顾客参与		0.05				
顾客参与 x 经济利益补救			0.52***	0.42***		
顾客参与 x 社会利益补救					0.10	0.12
服务补救满意度				0.27***		0.16*
R^2	0.19	0.19	0.12	0.18	0.19	0.21
调整R^2	0.18	0.18	0.11	0.17	0.18	0.20

注：*表示p<0.05,***表示p<0.001。

结合表 8-5 和表 8-7 的结果可以得出，企业的经济利益补救和社会利益补救通过提升顾客的服务补救满意度，从而提升顾客的推荐意愿。即服务补救满意度在企业的服务补救措施（经济利益补救和社会利益补救）和顾客的推荐意愿的关系中起中介作用。这些结果支持研究假设H8-2b和H8-2d。

总的来看，前文的结果揭示出顾客参与在经济利益补救和服务补救满意度/再购意愿/推荐意愿的关系中起调节作用。本研究接下来探究顾客参与的这种调节作用的具体形态。本研究将263名受访者按顾客参与的得分从高到低进行排序，分别取排名靠前1/3、中间1/3和靠后1/3的受访者为顾客参与高组（94人）、顾客参与中组（74人）和顾客参与低组（94人）。本研究分别探究这三组人员的经济利益补救和社会利益补救对服务补救满意度、再购意愿和推荐意愿的影响。检验结果如表8-8所示。结果显示，经济利益补救对服务补救满意度的影响随顾客参与程度的增加而呈现U型关系，即顾客参与程度低时（β=0.33，p<0.01）和顾客参与程度高时（β=0.31，p<0.01），经济利益补救均对服务补救满意度产生显著影响；但顾客参与程度中等时，经济利益补救对服务补救满意度不产生显著影响。经济利益补救对再购意愿的影响随顾客参与程度的增加而呈现倒U型关系，即顾客参与程度中等时，经济利益补救对服务补救满意度产生显著影响（β=0.22，p<0.05）；但顾客参与程度低和顾客参与程度高时，经济利益补救对再购意愿均不产生显著影响。经济利益补救对推荐意愿的影响随顾客参与程度的增加而增长，即顾客参与程度高时，经济利益补救对推荐意愿产生显著影响（β=0.25，p<0.05）；但顾客参与程度低和顾客参与程度中等时，经济利益补救对推荐意愿均不产生显著影响。

而社会利益补救对服务补救效果（服务补救满意度、再购意愿、推荐意愿）的影响随顾客参与程度的变化而呈现另外一种变化情况。社会利益补救对服务补救满意度的影响随顾客参与程度的增加而基本保持不变，即在顾客参与程度低（β=0.38, p<0.001）、顾客参与程度中等（β=0.39, p<0.001）和顾客参与程度高（β=0.31, p<0.01）时，社会服务补救对服务补救满意度都产生显著正向影响，且标准回归系数相差不大。同样，社会利益补救对推荐意愿的影响随顾客参与程度的增加而基本保持不变，即在顾客参与程度低（β=0.24, p<0.05）、顾客参与程度中等（β=0.25, p<0.05）和顾客参与程度高（β=0.25, p<0.05）时，社会服务补救对推荐意愿均产生显著正向影响，且标准回归系数相差不大。然而，社会利益补救对再购意愿的影响随顾客参与程度的增加而呈

现倒U 型变化。即顾客参与程度中等时，社会利益补救对再购意愿产生显著影响（β=0.43，p<0.001）；顾客参与程度低时，社会利益补救对再购意愿也产生显著影响（β=0.23，p<0.05）；但社会利益补救对再购意愿的标准回归系数在顾客参与程度中等（0.43）时比顾客参与程度低（0.23）时更大。顾客参与程度高时，社会利益补救对再购意愿不产生显著影响。

表 8-8 不同顾客参与程度下服务补救措施对服务补救效果的影响

	服务补救满意度			再购意愿			推荐意愿		
	顾客参与低	顾客参与中	顾客参与高	顾客参与低	顾客参与中	顾客参与高	顾客参与低	顾客参与中	顾客参与高
经济利益补救	0.33**	0.08	0.31**	0.10	0.22*	0.18	0.06	0.19	0.25*
R^2	0.11	0.01	0.09	0.01	0.06	0.03	0.00	0.04	0.06
调整 R^2	0.10	-0.01	0.08	0.00	0.04	0.02	-0.01	0.02	0.05
社会利益补救	0.38***	0.39***	0.31**	0.23*	0.43***	0.18	0.24*	0.25*	0.25*
R^2	0.14	0.16	0.09	0.05	0.19	0.03	0.06	0.06	0.06
调整 R^2	0.13	0.14	0.08	0.04	0.18	0.02	0.05	0.05	0.05

注：*表示$p<0.05$,**表示$p<0.01$,***表示$p<0.001$。

表8-5的结果表明，顾客参与在经济利益补救和服务补救满意度的关系中起调节作用，而顾客参与在社会利益补救和服务补救满意度的关系中不起调节作用。表8-8的结果表明，经济利益补救对服务补救满意度的影响随顾客参与程度的增加而呈现U 型关系，社会利益补救对服务补救满意度的影响随顾客参与程度的变化而基本保持不变。因此，研究假设H8-8c和H8-8d均没有得到验证。

8.3.3 顾客参与在服务补救措施和感知公平关系中的调节作用

本研究接着探究顾客参与在服务补救措施和感知公平关系中的调节作用。本研究通过多个回归方程来进行检验，检验结果如表8-9所示。从回归方程1可以得出，经济利益补救（β= -0.01，p>0.05）不对感知公平产生显著影响，而社会利益补救（β=0.73，p<0.001）对感知公平产生显著的正向影响。该结果表明，相比于经济利益补救，社会利益补救对感知公平的影响更大。从回归方程2可以看出，社会利益补救（β=0.58，p<0.001）和顾客参与（β=0.26，p<0.001）都对感知公平产生显著影响。回归方程3的结果显示，顾客参与和经济利益补 救的乘积项对感知公平产生显著影响（β=0.36，p<0.001），这表明顾客参与在经济利益补救和感知公平的关系中起调节作用，该结果支持研究假设H8-12a。而回归方程4的结果显示，顾客参与和社会利益补救的乘积项对感知公平产生显著影响（β=0.70，p<0.001），这表明顾客参与在社会利益补救和感知公平的关系中起调节作用，该结果支持研究假设H8-12b。总的来看，这些结果表明顾客参与在经济利益补救和感知公平的关系中起调节作用，同样，顾客参与在社会利益补救和感知公平的关系中起调节作用。

表 8-9　服务补救措施和顾客参与对感知公平的影响

	感知公平			
	回归方程 1	回归方程 2	回归方程 3	回归方程 4
经济利益补救	-0.01	0.01		
社会利益补救	0.73***	0.58***		
顾客参与		0.26***		
顾客参与 × 经济利益补救			0.36***	
顾客参与 × 社会利益补救				0.70***
R^2	0.52	0.57	0.13	0.49
调整R^2	0.52	0.57	0.12	0.49

注：*** 表示p<0.001。

本研究接下来探究顾客参与在服务补救措施和感知公平关系中的调节作用的具体形态。与前文一致，本研究将263名受访者按顾客参与的得分从高到低进行排序，分别取排名靠前1/3、排名中间1/3和排名靠后1/3的受访者为顾客参与高组（94人）、顾客参与中组（74人）和顾客参与低组（94人）。分别探究这三组人员的经济利益补救和社会利益补救对感知公平的影响。检验的结果如表8-10所示。经济利益补救对感知公平的影响随顾客参与程度的增加而增大，即顾客参与程度低时和顾客参与程度中等时，经济利益补救对感知公平均不产生显著影响；但顾客参与程度高时，经济利益补救对感知公平产生了显著影响（$\beta=0.35$，$p<0.01$）。社会利益补救对感知公平的影响也随顾客参与程度的增加而增大，顾客参与程度低时（$\beta=0.59$，$p<0.001$）、顾客参与程度中等时（$\beta=0.56$，$p<0.001$）和顾客参与程度高时（$\beta=0.72$，$p<0.001$），社会利益补救均对感知公平产生显著影响；但社会利益补救对感知公平的标准回归系数在顾客参与程度高时最大（0.72 vs 0.59，0.72 vs 0.56）。

表 8-10　不同顾客参与程度下服务补救措施对感知公平的影响

	感知公平		
	顾客参与低	顾客参与中	顾客参与高
经济利益补救	0.19	0.14	0.35**
R^2	0.04	0.02	0.12
调整R^2	0.03	0.01	0.11
社会利益补救	0.59***	0.56***	0.72***
R^2	0.35	0.32	0.52
调整R^2	0.34	0.31	0.52

注：** 表示$p<0.01$,*** 表示$p<0.001$。

本研究接下来探究顾客的感知公平在企业的服务补救措施和顾客的服务补救满意度的关系中是否起中介作用。检验结果如图 8-12 所示。图 8-12 显示的是检验感知公平在服务补救措施和服务补救满意度关系中的中介作用的最优模型。该检验模型的模型配适度良好（X^2=35.405，df=3，GFI=0.940，AGFI=0.801，CFI=0.908，NFI=0.901，IFI=0.908，RMSEA=0.203）。该模型的结果显示，社会利益补救对感知公平有显著的正向影响（β=0.72, p<0.001），感知公平对服务补救满意度有显著的正向影响（β=0.59, p<0.001），而社会利益补救并不直接对服务补救满意度产生显著影响，该结果显示感知公平对社会利益补救和服务补救满意度之间的关系起完全中介作用。该结果支持研究假设H8-11b。经济利益补救对服务补救满意度产生显著的正向影响（β=0.12, p<0.05），但经济利益补救对感知公平不产生显著影响，该结果表明感知公平对经济利益补救和服务补救满意度之间的关系不起中介作用。该结果不支持研究假设H8-11a。

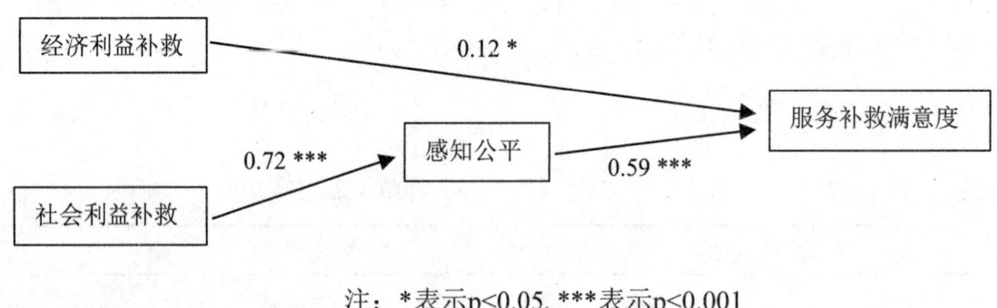

注：*表示p<0.05, ***表示p<0.001

图 8-12　感知公平在服务补救措施和服务补救满意度关系中的中介作用

8.3.4 调节聚焦和顾客参与在网络服务补救中共同的调节作用

本研究接着探究顾客参与和调节聚焦共同对服务补救措施和服务补救满意度之间关系的调节作用，即探究拥有不同调节聚焦特质（促进性调节聚焦vs防御性调节聚焦）人员的顾客参与程度对服务补救满意度的影响。检验结果如表8-11所示。在回归方程1中，社会利益补救措施对服务补救满意度产生显著的影响（β=0.47，p<0.001），而经济利益补救却不对服务补救满意度产生显著影响（β=0.09, p>0.05）。在回归方程2中，顾客参与（β=0.07，p>0.05）和调节聚焦（β=-0.05，p>0.05）并不直接对服务补救满意度产生显著影响。

从回归方程 3 到回归方程 5 探究的是调节聚焦和顾客参与是否共同对经济利益补救和服务补救满意度之间的关系起调节作用。回归方程3的结果显示，经济利益补救和顾客参与的乘积项并不对服务补救满意度产生显著影响（β=0.26, p>0.05），即顾客参与并不调节经济利益补救和服务补救满意度之间的关系。回归方程4的结果显示，经济利益补救、顾客参与和调节聚焦三者的乘积项对服务补救满意度产生显著影响（β=0.20， p<0.01），这表明调节聚焦和顾客参与共同对经济利益补救和服务补救满意度之间的关系起调节作用。在回归方程5 中，经济利益补救、顾客参与和调节聚焦三者的乘积项也对服务补救满意度产生显著影响（β=0.19， p<0.05），但经济利益补救和顾客参与的乘积项不对服务补救满意度产生显著影响（β=0.08，p>0.05）。回归方程5的结果也表明调节聚焦和顾客参与共同对经济利益补救和服务补救满意度之间的关系起调节作用。

表8-11 中从回归方程6到回归方程8探究的是调节聚焦和顾客参与是否共同在社会利益补救和服务补救满意度关系中起调节作用。回归方程6的结果显示，社会利益补救和顾客参与的乘积项并不对服务补救满意度产生显著影响（β=-0.10，p>0.05），即顾客参与并不调节社会利益补救和服务补救满意度之间的关系。回归方程 7 的结果显示，社会利益补救、顾客参与和调节聚焦三者的乘积项对服务补救满意度不产生显著影响（β=0.00，p>0.05），这表明调节聚焦和顾客参与并没有共同对社会利益补救和服务补救满意度之间的关系起调节作用。在回归方程 8 中，社会利益补救、顾客参与和调节聚焦三者的乘积项不对服务补救满意度产生显著影响（β=0.03，p>0.05），且社会利益补救和顾客参与的乘积项也不对服务补救满意度产生显著影响（β=-0.12，p>0.05）。这些结果表明调节聚焦和顾客参与并不共同对社会利益补救和服务补救满意度之间的关系起调节作用。值得注意的是，从回归方程6到回归方程8，社会利益补救均对服务补救满意度产生显著影响。

表 8-11 顾客参与和调节聚焦共同对服务补救满意度的影响

	服务补救满意度							
	回归方程1	回归方程2	回归方程3	回归方程4	回归方程5	回归方程6	回归方程7	回归方程8
经济利益补救	0.09	0.10	0.02	0.15*	0.09			
社会利益补救	0.47***	0.45***				0.60***	0.50***	0.60***
顾客参与		0.07						
调节聚焦		-0.05						
经济利益补救×顾客参与			0.26		0.08			
社会利益补救×顾客参与						-0.10		-0.12
经济利益补救×顾客参与×调节聚焦				0.20**	0.19*			
社会利益补救×顾客参与×调节聚焦							0.00	0.03
R^2	0.26	0.26	0.08	0.10	0.10	0.25	0.25	0.25
调整R^2	0.25	0.25	0.07	0.09	0.09	0.25	0.25	0.25

注：*表示$p<0.05$，**表示$p<0.01$，***表示$p<0.001$。

为了具体探究顾客参与和调节聚焦怎样共同影响服务补救满意度，本研究接下来将 263 名受访人员分为促进性调节聚焦组和防御性调节聚焦组，分别探究这两组人员的顾客参与在服务补救措施（经济利益补救和社会利益补救）和服务补救满意度之间关系中的调节作用。本研究将所有受访人员按调节聚焦得分从高到低进行排序，得分靠前的一半人员为促进性调节聚焦组（127人），得分靠后的另一半人员为防御性调节聚焦组（136人）。

表 8-12　促进性调节聚焦组人员的顾客参与对服务补救满意度的影响

	服务补救满意度					
	回归方程 1	回归方程 2	回归方程 3	回归方程 4	回归方程 5	回归方程 6
经济利益补救	0.12	0.12		0.16		
社会利益补救	0.60***	0.61***				0.75***
顾客参与		-0.01				
经济利益补救 × 顾客参与			0.36***	0.21		
社会利益补救 × 顾客参与					0.55***	-0.12
R^2	0.43	0.43	0.13	0.13	0.30	0.43
调节R^2	0.43	0.42	0.12	0.12	0.29	0.42

注：*** 表示 $p<0.001$。

表 8-12 显示的是促进性调节聚焦组人员的顾客参与对服务补救满意度影响的回归分析结果。在表 8-12 中，回归方程 1 的结果显示，社会利益补救对服务补救满意度产生显著影响（β=0.60，p<0.001），而经济利益补救对服务补救满意度不产生显著影响（β=0.12，p>0.05）。回归方程 2 的结果显示顾客参与并不直接对服务补救满意度产生显著影响（β= -0.01，p>0.05）。在回归方程3 中，当只有经济利益补救和顾客参与的乘积项作为自变量时，该乘积项对服务补救满意度产生显著影响（β=0.36，p<0.001），该结果表明顾客参与调节了经济利益补救和服务补救满意度之间的关系。在回归方程 4 中，当将经济利益补救纳入回归方程时，经济利益补救和顾客参与的乘积项却不对服务补救满意度产生显著影响（β=0.21，p>0.05）。在回归方程 5 中，当只有社会利益补救和顾客参与的乘积项作为自变量时，该乘积项对服务补救满意度产生显著影响（β=0.55，p<0.001），该结果表明顾客参与调节了社会利益补救和服务补救满意度之间的关系。在回归方程 6 中，当将社会利益补救纳入回归方程时，社会利益补救和顾客参与的乘积项却不对服务补救满意度产生显著影响。

表 8-13 显示的是防御性调节聚焦组人员的顾客参与对服务补救满意度影响的回归分析结果。回归方程 1 的结果显示，社会利益补救对服务补救满意度

产生显著影响（β=0.36，p<0.001），而经济利益补救对服务补救满意度不产生显著影响（β=0.03，p>0.05）。回归方程2的结果显示顾客参与并不直接对服务补救满意度产生显著影响（β=0.14，p>0.05）。在回归方程3中，当只有经济利益补救和顾客参与的乘积项作为自变量时，该乘积项对服务补救满意度产生显著影响（β=0.17，p<0.05），该结果表明顾客参与调节了经济利益补救和服务补救满意度之间的关系。在回归方程4中，将经济利益补救纳入回归方程时，经济利益补救和顾客参与的乘积项却不对服务补救满意度产生显著影响（β= -0.05，p>0.05）。在回归方程 5 中，当只有社会利益补救和顾客参与的乘积项作为自变量时，该乘积项对服务补救满意度产生显著影响(β=0.37，p<0.001），该结果表明顾客参与调节了社会利益补救和服务补救满意度之间的关系。在回归方程6中，将社会利益补救纳入回归方程时，社会利益补救和顾客参与的乘积项却不对服务补救满意度产生显著影响（β= -0.08，p>0.05）。

表 8-13　防御性调节聚焦组人员的顾客参与对服务补救满意度的影响

	服务补救满意度					
	回归方程1	回归方程2	回归方程3	回归方程4	回归方程5	回归方程6
经济利益补救	0.03	0.05		0.22		
社会利益补救	0.36***	0.27*				0.43*
顾客参与		0.14				
经济利益补救x顾客参与			0.17*	-0.05		
社会利益补救x顾客参与					0.37***	-0.08
R^2	0.14	0.15	0.03	0.03	0.13	0.14
调节R^2	0.12	0.13	0.02	0.02	0.13	0.12

注：*表示p<0.05, ***表示p<0.001。

比较表 8-12 和表 8-13 的结果，顾客参与对服务补救满意度的影响在促进性调节聚焦人员和防御性调节聚焦人员身上表现出相同的趋势。只是促进性调节聚焦顾客身上顾客参与发挥的作用比防御性调节聚焦顾客更明显。本研究接下来探究促进性调节聚焦组和防御性调节聚焦组两组人员在顾客参与程度低、顾客参与程度中等和顾客参与程度高这三种情况下，经济利益补救和社会利益补救对服务补救满意度的影响，以便探究两种调节聚焦人员中顾客参与在服务补救中的调节作用具体形态。检验结果如表8-14 所示。

表8-14的结果显示，对于促进性调节聚焦人员，经济利益补救对服务补救满意度的影响随顾客参与程度的增加而呈现U型关系。即顾客参与程度低（$\beta=0.67$，$p<0.001$）和顾客参与程度高（$\beta=0.39$，$p<0.01$）时，经济利益补救对服务补救满意度的产生显著影响；而顾客参与程度中等时，经济利益补救对服务补救满意度不产生显著影响。社会利益补救对服务补救满意度的影响随顾客参与程度的增加而呈现水平变化的关系。即顾客参与程度低（$\beta=0.57$，$p<0.001$）、顾客参与程度中等（$\beta=0.56$，$p<0.001$）和顾客参与程度高时（$\beta=0.66$，$p<0.001$）时，社会利益补救对服务补救满意度均产生显著影响，且回归系数相差不大。而对于防御性调节聚焦人员，经济利益补救对服务补救满意度的影响不受顾客参与程度的影响。即在顾客参与程度低、顾客参与程度中等和顾客参与程度高时，经济利益补救对服务补救满意度的影响均不显著。社会利益补救对服务补救满意度的影响随顾客参与程度的增加而呈现下降趋势。即顾客参与程度低时，社会利益补救对服务补救满意度产生显著影响（$\beta=0.28$，$p<0.05$）；而在顾客参与程度中等和顾客参与程度高时，社会利益补救对服务补救满意度均不产生显著影响。

表 8-14　不同调节聚焦人员在不同顾客参与程度下服务补救措施对服务补救满意度的影响

	服务补救满意度					
	促进性调节聚焦			防御性调节聚焦		
	顾客参与低（31人）	顾客参与中（37人）	顾客参与高（59人）	顾客参与低（63人）	顾客参与中（38人）	顾客参与高（35人）
经济利益补救	0.67***	0.02	0.39**	0.12	0.15	0.15
R^2	0.45	0.00	0.15	0.01	0.02	0.02

续表

	服务补救满意度					
	促进性调节聚焦			防御性调节聚焦		
	顾客参与低（31人）	顾客参与中（37人）	顾客参与高（59人）	顾客参与低（63人）	顾客参与中（38人）	顾客参与高（35人）
调整R^2	0.43	-0.03	0.14	-0.01	-0.01	-0.01
社会利益补救	0.57**	0.56***	0.66***	0.28*	0.27	0.15
R^2	0.33	0.32	0.44	0.07	0.07	0.02
调整R^2	0.30	0.30	0.43	0.06	0.05	-0.01

注：*表示p<0.05,**表示p<0.01, ***表示p<0.001。

结合表 8-11、表 8-12、表 8-13 和表 8-14 的结果可知，顾客参与在经济利益补救和服务补救满意度之间关系中的调节作用受到顾客调节聚焦的影响，而顾客参与在社会利益补救和服务补救满意度之间关系中的调节作用不受到顾客调节聚焦的影响。在促进性调节聚焦人员和防御性调节聚焦人员身上，顾客参与都在服务补救措施和服务补救满意度之间关系中起调节作用。顾客参与在经济利益补救和服务补救满意度之间关系中的调节作用在促进性调节聚焦顾客身上更明显。因此，研究假设 H8-9a 得到部分验证，研究假设 H8-9b 没有得到验证。

8.4 研究六讨论

研究六的各个研究假设的具体验证情况如表8-15 所示。总的来看，本研究的大部分研究假设得到了研究结果的支持。只有研究假设H8-8b、H8-8c、H8-8d、H8-9b、H8-10a、H8-10b、H8-10c和 H8-11a没有得到研究结果的支持。另外，研究假设H8-9a得到研究结果的部分支持。总的来看，本研究结果表明：（1）企业的服务补救措施正向影响了顾客的服务补救满意度。（2）企业的服务补救措施通过提升顾客的服务补救满意度，从而增加顾客再次购买和进行推荐的意愿。（3）企业的经济利益补救对服务补救满意度的影响受到顾客参与的调节作

用，而社会利益补救对服务补救满意度的影响不受顾客参与的调节作用。（4）顾客参与通过提升顾客的自我控制感、自我效能感、顾客认同和感知公平，从而对顾客的服务补救满意度、再购意愿和推荐意愿产生影响。（5）顾客参与在经济利益补救和服务补救满意度之间关系中的调节作用受到顾客调节聚焦的影响，顾客参与的这种调节作用在促进性调节聚焦顾客（ vs 防御性调节聚焦顾客）身上更明显。（6）企业的社会利益补救通过提升顾客的感知公平，从而提升服务补救满意度。（7）顾客参与在企业的服务补救措施和顾客的感知公平之间的关系中起调节作用。

表 8-15　研究六的各个研究假设的验证情况汇总

研究假设	研究结果是否支持	备注
H8-1：服务补救措施正向影响顾客的服务补救满意度		
H8-1a：经济利益补救正向影响顾客的服务补救满意度	支持	
H8-1b：社会利益补救正向影响顾客的服务补救满意度	支持	
H8-2：服务补救措施通过提升顾客的服务补救满意度，从而提升顾客的再次购买和进行推荐的意愿		
H8-2a：经济利益补救通过提升顾客的服务补救满意度，从而增加顾客的再次购买意愿	支持	
H8-2b：经济利益补救通过提升顾客的服务补救满意度，从而增加顾客进行推荐的意愿	支持	
H8-2c：社会利益补救通过提升顾客的服务补救满意度，从而增加顾客的再次购买意愿	支持	
H8-2d：社会利益补救通过提升顾客的服务补救满意度，从而增加顾客进行推荐的意愿	支持	
H8-3：顾客参与通过提升顾客的自我控制感，从而提升服务补救效果		
H8-3a：顾客参与通过提升顾客的自我控制感，从而增加顾客的服务补救满意度	支持	自我控制感起完全中介作用
H8-3b：顾客参与通过提升顾客的自我控制感，从而增加顾客的再次购买意愿	支持	自我控制感起完全中介作用
H8-3c：顾客参与通过提升顾客的自我控制感，从而增加顾客的推荐意愿	支持	自我控制感起完全中介作用

续表（1）

研究假设	研究结果是否支持	备注
H8-4：顾客参与通过提升顾客的自我效能感，从而提升服务补救效果		
H8-4a：顾客参与通过提升顾客的自我效能感，从而增加顾客的服务补救满意度	支持	自我效能感起完全中介作用
H8-4b：顾客参与通过提升顾客的自我效能感，从而增加顾客的再次购买意愿	支持	自我效能感起完全中介作用
H8-4c：顾客参与通过提升顾客的自我效能感，从而增加顾客的推荐意愿	支持	自我效能感起完全中介作用
H8-5：顾客参与通过提升顾客认同，从而提升服务补救效果		
H8-5a：顾客参与通过提升顾客认同，从而增加顾客的服务补救满意度	支持	顾客认同起完全中介作用
H8-5b：顾客参与通过提升顾客认同，从而增加顾客的再次购买意愿	支持	顾客认同起完全中介作用
H8-5c：顾客参与通过提升顾客认同，从而增加顾客的推荐意愿	支持	顾客认同起完全中介作用
H8-6：顾客参与通过提升顾客的感知公平，从而提升服务补救效果		
H8-6a：顾客参与通过提升顾客的感知公平，从而增加顾客的服务补救满意度	支持	感知公平起完全中介作用
H8-6b：顾客参与通过提升顾客的感知公平，从而增加顾客的再次购买意愿	支持	感知公平起完全中介作用
H8-6c：顾客参与通过提升顾客的感知公平，从而增加顾客的推荐意愿	支持	感知公平起完全中介作用
H8-7：顾客心理授权正向影响顾客参与意愿	支持	
H8-8：顾客参与调节了企业的服务补救措施和顾客的服务补救满意度之间的关系		
H8-8a：顾客参与调节了企业的经济利益补救和顾客的服务补救满意度之间的关系	支持	
H8-8b：顾客参与调节了企业的社会利益补救和顾客的服务补救满意度之间的关系	不支持	
H8-8c：顾客参与在经济利益补救和服务补救满意度之间关系中的调节作用呈倒U型关系，即相比于顾客参与程度高和参与程度低时，顾客参与程度中等时经济利益补救对服务补救满意度的影响更大	不支持	经济利益补救对服务补救满意度的影响随顾客参与的增强而呈现U型关系

续表(2)

研究假设	研究结果是否支持	备注
H8-8d：顾客参与在社会利益补救和服务补救满意度之间关系中的调节作用呈倒 U 型关系，即相比于顾客参与程度高和参与程度低时，顾客参与程度中等时社会利益补救对服务补救满意度的影响更大	不支持	社会利益补救对服务补救满意度的影响不受顾客参与的调节作用
H8-9：顾客参与在服务补救措施和服务补救满意度的关系中的调节作用受到顾客调节聚焦的影响		
H8-9a：顾客参与在经济利益补救和服务补救满意度的关系中的调节作用只体现在促进性调节聚焦顾客身上，而不体现在防御性调节聚焦顾客身上	部分支持	顾客参与的调节作用在促进性和防御性顾客身上都存在，只是在促进性聚焦顾客身上更明显
H8-9b：顾客参与在社会利益补救和服务补救满意度的关系中的调节作用只体现在促进性调节聚焦顾客身上，而不体现在防御性调节聚焦顾客身上	不支持	社会利益补救对服务补救满意度的影响不受顾客参与的 调节作用
H8-10：服务失败的严重程度对服务补救效果产生显著负向影响。		
H8-10a：服务失败的严重程度对服务补救满意度产生显著负向影响	不支持	
H8-10b：服务失败的严重程度对再购意愿产生显著负向影响	不支持	
H8-10c：服务失败的严重程度对推荐意愿产生显著负向影响	不支持	
H8-11：服务补救措施通过提升顾客的感知公平水平，从而提升顾客的服务补救满意度		
H8-11a：经济利益补救通过提升顾客的感知公平水平，从而提升顾客的服务补救满意度	不支持	
H8-11b：社会利益补救通过提升顾客的感知公平水平，从而提升顾客的服务补救满意度	支持	感知公平起完全中介作用
H8-12：顾客参与在企业的服务补救措施和顾客感知公平的关系中起调节作用		
H8-12a：顾客参与在企业的经济利益补救和顾客感知公平的关系中起调节作用	支持	
H8-12b：顾客参与在企业的社会利益补救和顾客感知公平的关系中起调节作用	支持	

研究六中大部分研究结果与前面五个研究结果得到了相互印证。值得注意的是，以下3个方面的结果与前面研究中的结果存在较大差异。

第一，研究六中的研究假设 H8-10a、H8-10b 和 H8-10c 都没得到验证，这表明在本研究中服务失败的严重程度并不对服务补救效果（服务补救满意度、再购意愿、推荐意愿）产生影响。这与研究一中的结果相矛盾。研究一中服务失败严重程度对服务补 救满意度、再购行为和推荐意愿都产生显著的负向影响。造成两个研究中结果不一致的原因，需要在未来的研究中进行探究。

第二，研究六验证了顾客参与在经济利益补救和服务补救满意度之间关系中起调节作用，且在顾客参与程度低和高（相比于顾客参与程度中等）时，经济利益补救对服务补救满意度的影响最大，即经济利益补救对服务补救满意度的影响随顾客参与程度的增加而呈现U型趋势。而在研究二中，顾客参与也在经济利益补救和服务补救满意度之间关系中起调节作用，且在顾客参与程度中等（相比于顾客参与程度低和高）时，经济利益补救对服务补救满意度的影响最大，即经济利益补救对服务补救满意度的影响随顾客参与程度的增加而呈现倒U型趋势。即研究六和研究二中顾客参与在经济利益和服务补救满意度之间关系上的调节作用呈现出相反的趋势。为何会出现这种相反的趋势？这需要在后续的研究中进行探究。在本研究中，顾客参与在社会利益补救和服务补救满意度的关系中不起调节作用。而在研究一和研究二中，顾客参与在社会利益补救和服务补救满意度的关系中起调节作用。同样，顾客参与在社会利益补救和服务补救满意度之间关系中的调节作用在三个研究中存在不一致之处，未来的研究需要对此进行进一步的验证。

第三，研究六和研究二中顾客参与和调节聚焦共同对服务补救措施和服务补救效果的影响存在差异，这种差异主要体现在经济利益补救对服务补救满意度的影响上，具体情况如表8-16所示。表8-16的结果显示出经济利益补救和社会利益补救在服务补救效果上的差异。在研究二和研究六中，顾客参与在社会利益补救和服务补救满意度之间关系中的调节作用均不受顾客调节聚焦的影 响。这与两个研究中的研究假设都相违背，可能的原因在于在两个研究中，社 会利益补救本身对服务补救满意度的直接影响较大，因此不受顾客调节聚焦的影响。导致这种结果的原因需要在未来的研究中进行验证。

表 8-16 顾客参与和调节聚焦共同对服务补救效果的影响情况

		随顾客参与程度增加的变化情况	
变量关系	调节聚焦	研究二	研究六
经济利益补救→服务补救满意度	促进性调节聚焦	呈U 型变化	呈U 型变化
	防御性调节聚焦	呈倒U 型变化	没变化
社会利益补救→服务补救满意度	促进性调节聚焦	——	——
	防御性调节聚焦	——	——

顾客参与在经济利益补救和服务补救满意度之间关系中的调节作用受顾客调节聚焦的影响。对于促进性调节聚焦的顾客而言，研究二和研究六的结果都一致表明，经济利益补救对服务补救满意度的影响随顾客参与程度增加而呈U型变化趋势，即顾客参与程度中等时，经济利益补救对服务补救满意度的影响最小。而对于防御性调节聚焦的顾客而言，研究二和研究六的结果却不一致，在研究二中经济利益补救对服务补救满意度的影响随顾客参与程度增加而呈倒U型变化趋势，即顾客参与程度中等时，经济利益补救对服务补救满意度的影响最大；在研究六中经济利益补救对服务补救满意度的影响不随顾客参与程度增加而变化。研究二和研究六中的这种差异的结果需要在未来的研究中进行进一步的验证。

第9章　研究结论与综合讨论

本章首先对本文的各个研究的结果进行总结和比较，并得出本文的主要结论。接着，本章对本文的理论贡献进行探讨。随后根据本文的研究结论提出对企业的管理建议。最后本章提出本文研究的不足和未来的研究方向。

9.1 研究结论和讨论

本文在文献回顾的基础上，通过 6 个相互关联的研究对本文的研究框架进行了探究。本文的主要研究假设和在各个研究中的具体验证情况如表 9-1 所示。总的来看，本文各个研究中提出的主要研究假设大部分得到证实。

表 9-1　本文的主要研究假设在各个研究中的验证情况汇总

主要研究假设	子研究假设	研究假设的在各个研究中的验证情况	备注
服务补救措施通过提升顾客的服务补救满意度，从而提升顾客的再次购买和推荐的意愿	1. 经济利益补救通过提升顾客的服务补救满意度，从而提升顾客的再次购买意愿	研究一支持 研究六支持	
	2. 经济利益补救通过提升顾客的服务补救满意度，从而提升顾客的推荐意愿	研究一支持 研究六支持	
	3. 社会利益补救通过提升顾客的服务补救满意度，从而提升顾客的再次购买意愿	研究一支持 研究六支持	
	4. 社会利益补救通过提升顾客的服务补救满意度，从而提升顾客的推荐意愿	研究一支持 研究六支持	

续表（1）

主要研究假设	子研究假设	研究假设的在各个研究中的验证情况	备注
顾客参与在企业的服务补救措施和顾 客的服务补救满意 度之间的关系中起 调节作用	1. 顾客参与在企业的经济利益补救和顾客的服务补救满意度之间的关系中起调节作用	研究一不支持 研究二支持 研究六支持	研究二中经济利益补救对服务补救满意度的影响随顾客参与的提升而呈倒U型趋势； 研究六中社会利益补救对服务补救满意度的影响随顾客参与的提升呈U型趋势。
	2. 顾客参与在企业的社会利益补救和顾客的服务补救满意度之间的关系中起调节作用	研究一支持 研究二支持 研究六不支持	研究一中社会利益补救对服务补救满意度的影响随顾客参与的提升而增加； 研究二中社会利益补救对服务补救满意度的影响随顾客参与的提升而降低。
顾客参与通过提升顾客的自我控制感，从而提升服务补救效果	1. 顾客参与通过提升自我控制感，从而提升顾客的服务补救满 意度	研究三支持 研究六支持	
	2. 顾客参与通过提升自我控制感，从而提升顾客的再购意愿	研究三支持 研究六支持	
	3. 顾客参与通过提升自我控制感，从而提升顾客的推荐意愿	研究三不支持 研究六支持	

续表（2）

<table>
<tr><th>主要研究假设</th><th>子研究假设</th><th>研究假设的在各个研究中的验证情况</th><th>备注</th></tr>
<tr><td rowspan="3">顾客参与通过提升顾客的自我效能感，从而提升服务补救效果</td><td>1. 顾客参与通过提升自我效能感，从而提升顾客的服务补救效果</td><td>研究三支持
研究六支持</td><td></td></tr>
<tr><td>2. 顾客参与通过提升自我效能感，从而提升顾客的再购意愿</td><td>研究三不支持
研究六支持</td><td></td></tr>
<tr><td>3. 顾客参与通过提升自我效能感，从而提升顾客的推荐意愿</td><td>研究三支持
研究六支持</td><td></td></tr>
<tr><td rowspan="3">顾客参与通过提升顾客认同，从而提升服务补救效果</td><td>1. 顾客参与通过提升顾客认同，从而提升顾客的服务补救满意度</td><td>研究四支持
研究六支持</td><td></td></tr>
<tr><td>2. 顾客参与通过提升顾客认同，从而提升顾客的再购意愿</td><td>研究六支持</td><td></td></tr>
<tr><td>3. 顾客参与通过提升顾客认同，从而提升顾客的推荐意愿</td><td>研究六支持</td><td></td></tr>
<tr><td rowspan="3">顾客参与通过提升顾客的感知公平，从而提升服务补救效果</td><td>1. 顾客参与通过提升感知公平，从而提升顾客的服务补救效果</td><td>研究五支持
研究六支持</td><td></td></tr>
<tr><td>2. 顾客参与通过提升顾客的感知公平，从而提升顾客的再购意愿</td><td>研究六支持</td><td></td></tr>
<tr><td>3. 顾客参与通过提升顾客的感知公平，从而提升顾客的推荐意愿</td><td>研究六支持</td><td></td></tr>
<tr><td>顾客心理授权正向影响顾客参与</td><td>顾客心理授权正向影响顾客参与</td><td>研究四支持
研究六支持</td><td></td></tr>
</table>

总的来看，结合六个研究的研究结果，本文的主要研究结论为以下几点：（1）企业的服务补救措施（经济利益补救和社会利益补救）通过提升顾客的服务补救满意度，从而提升顾客的再次购买和进行推荐的意愿。（2）顾客参与在企业的服务补救措施和顾客的服务补救满意度之间的关系中起调节作用。（3）顾客参与通过提升顾客的自我概念（自我控制感、自我效能感、顾客认同）水平，从而提升服务补救效果（服务补救满意度、再次购买意愿、推荐意愿）。（4）顾客参与通过提升顾客的感知公平水平，从而提升服务补救效果。（5）顾客心理授权正向影响顾客参与。（6）顾客参与在企业服务补救措施和顾客服务补救满意度之间关系中的调节作用受顾客调节聚焦的影响。（7）企业的服务补救措施通过提升顾客的感知公平，从而提升顾客的服务补救满意度。

9.2 理论贡献

本文的理论贡献主要体现在以下几个方面：

第一，本文从价值共创的视角出发，验证了顾客在网络服务补救时追求的两项价值—自我概念的提升和感知公平的获取，是顾客参与网络服务补救的内在机制。前人对顾客参与内在机制的研究中，主要探究了顾客参与通过提升顾客的感知公平[5] 或责任归因[100] 来提升服务补救满意度。但前人缺乏从自我概念提升的视角来探究顾客参与网络服务补救的作用机制。本文认为服务失败会给顾客带来自我概念方面的损害，顾客参与有利于在服务补救过程中进行自我概念的修复，从而提升服务补救的效果。本文选取自我概念提升的三个指标（即自我控制感、自我效能感和顾客认同）对此进行了验证。本文首次从自我概念的视角来探究顾客参与网络服务补救的行为，对于深化网络服务补救的理解，尤其是深化对顾客参与网络服务补救的内在机制的理解有着一定的理论意义。

第二，本文探究了顾客参与在企业的服务补救措施和服务补救效果之间关系的调节作用。前人在探究顾客参与在服务补救中的作用时，往往直接探究的是顾客参与对服务补救的效果（如服务补救满意度[4, 94, 95]、重购意愿和口碑传播的影响[63, 96]）；或探究顾客参与对服务补救产生效果的作用机制（如顾客参与通过感知公平[5]或责任归因[100]来发挥作用）。然而，前人的研究中缺乏对顾客参与在网络服务补救中的调节作用的探究。顾客参与不仅能直接或间接对服务补救效果产生影响，而且顾客参与在服务补救中更多起的是调节作用。即顾客参与更大的作用是影响企业的服务补救措施与服务补救效果（服务补救 满意度、再购意愿、口碑推荐等）的关系。毕竟，企业的服务补救措施才是最终让顾客产生服务补救满意度及其后续消费者行为的原因，顾客参与更多的是起到加强或减弱服务补救效果的作用。本文探究顾客参与的调节作用，丰富了网络服务补救的研究，有利于全面理解顾客参与在网络服务补救中的作用。

第三，本文从顾客内在动机的视角探究了顾客参与的前因变量和结果变量。在研究四和研究六中，本文探究了顾客心理授权和顾客认同分别作为顾客参与的前因变量和结果变量，这是从顾客内在动机的视角进行的探究。前人的研究表明顾客参与的动机、时机和能力这三方面要素是促进顾客参与的重要因素[4]，其中动机起着更为关键的作用[132]。然而，前人对于顾客参与动机的研究中忽略了顾客心理授权这个重要变量。本文的研究有利于促进对顾客参与网络服务补救行为的理解，尤其是有利于促进对顾客参与的影响因素的理解。

第四，本文首次探究了顾客的个性特质（即调节聚焦）对顾客参与在网络服务补救措施和服务补救效果关系中的调节作用产生影响。而调节聚焦对顾客参与的这种影响只体现在经济利益补救和服务补救满意度的关系中。前人在探究顾客参与在服务补救中的作用时很少探究这种作用是否因人而异，即顾客参与的作用是否会受到顾客本身的个性特质的影响。本文的研究对于后人探究顾客参与服务补救时的个体差异提供了一定的启示意义，有利于深化对顾客参与在服务补救中作用的理解。未来的研究可以深入探究其他不同个性特质的人群对于顾客参与服务补救的不同影响。

第五，本文进一步区分了企业的经济利益补救和社会利益补救的不同服务补救效果。本文的多个研究结果表明了企业的经济利益补救和社会利益补救在对感知公平、服务补救效果的影响上存在差异，且顾客参与和调节聚焦对经济利益补救产生的效果和社会利益补救产生的效果上的影响也不同。前人的研究也表明了经济利益补救和社会利益补救对顾客的服务补救满意度产生不同的影响[87]。本文的研究对服务补救的研究进行了有力的补充。

9.3 管理启示

本文的一系列的研究结果为企业实践提供了一些有益的管理启示。本文研究为企业提供的管理启示主要体现在以下 6 个方面。

9.3.1 经济利益补救和社会利益补救措施双管齐下

本文的研究表明，经济利益补救和社会利益补救都能有效提升顾客的服务补救满意度。因此，企业应当同时采取经济利益补救和社会利益补救措施对顾客进行服务补救。一般来说，人们购买和使用某些产品或服务时不仅仅为了获得该产品和服务的功能性价值（经济利益），也是看重这些产品表现出来的象征性价值（社会利益）[76]。服务失败发生时，顾客将同时损失产品和服务中蕴含的功能性价值和象征性价值。企业的经济利益补救和社会利益补救分别是针对顾客的功能性价值和象征性价值进行的补偿。因此，企业在对顾客进行服务补救时，应当同时对顾客的经济损失（经济利益）和精神损失（社会利益）同时进行服务补救，以提升服务补救的效果。

值得注意的是，本文的研究结果表明在网络服务补救过程中，社会利益补救产生的效果比经济利益补救产生的效果更大。因此，企业应该尤其注重社会利益补救措施的实施。一般来说，社会利益补救的具体措施包括快速响应、道歉、解释、沟通、跟进、反馈、承诺等；经济利益补救的具体措施包括物质补偿、退款、换货等。企业应当根据服务补救的具体情况综合性运用社会利益补救措施和经济利益补救措施。

9.3.2 提升顾客参与水平，降低顾客参与成本

虽然本文各个研究探究顾客参与在企业的服务补救措施（经济利益补救和社会利益补救）和顾客的服务补救效果之间关系中的调节作用时，得出了不一致的结果。但总的来看，顾客参与程度中等或高（相比于顾客参与程度低）时，企业的服务补救措施对服务补救效果的影响更大。因此，为了提升服务补救措施

所产生的效果，企业应当通过多种措施来鼓励顾客参与行为的发生。比如，在网络服务补救中，企业可以通过增加与顾客沟通的渠道，简化服务补救流程，及时对顾客进行回访，增加客服权限等措施来吸引顾客参与到服务补救中来。

同时，应当注意到顾客参与需要顾客资源（时间、精力等）的投入，这对顾客来说也是一种成本。正如前文所述，顾客参与产生“价值效应”的同时，也会产生“成本效应”，顾客参与在网络服务补救中的作用大小取决于“价值效应”超过“成本效应”的差值大小。因此，降低顾客参与的成本是提升顾客参与在网络服务补救中的作用的重要途径。因此，企业在采取措施提升顾客参与的同时，需要降低顾客参与的成本。比如，企业应完善企业与顾客的双向沟通渠道，建立自助服务措施（如智能客服），优化企业网站界面，常见问题解答系统，对一线员工进行培训和授权等。通过各种措施降低顾客参与时信息搜集的难度，降低顾客与企业沟通的成本，提升一线员工对顾客的响应性和服务补救的效率，从而最终降低顾客参与的成本。

9.3.3 注重服务补救中自我概念的提升

本文的研究结果表明在网络服务补救时自我概念（自我控制感、自我效能感、顾客认同）的提升是顾客参与对服务补救产生效果的内在机制之一。相比于自我控制感和自我效能感，顾客认同在顾客参与和服务补救效果（服务补救满意度、再购意愿、推荐意愿）关系中起的中介作用更大。因此，为了有效地提升网络服务补救的效果，企业应当注重在服务补救时提升顾客的自我概念，尤其是顾客认同。比如，企业可按照顾客的要求来安排服务补救的节奏、时间、内容等，及时给顾客反馈补救进度，使得顾客能有较强的自我控制感和自我效能感。同时，企业应特别注意恢复顾客自我概念与企业产品/形象之间的联结，注意重建企业产品/形象对顾客的象征意义，使得顾客能重建对自我概念的认同。

9.3.4 提升顾客的感知公平水平

企业在服务补救过程中还需注意提升顾客的感知公平水平。本文的研究结果表明，企业的服务补救措施通过提升顾客的感知公平水平，从而提升了顾客

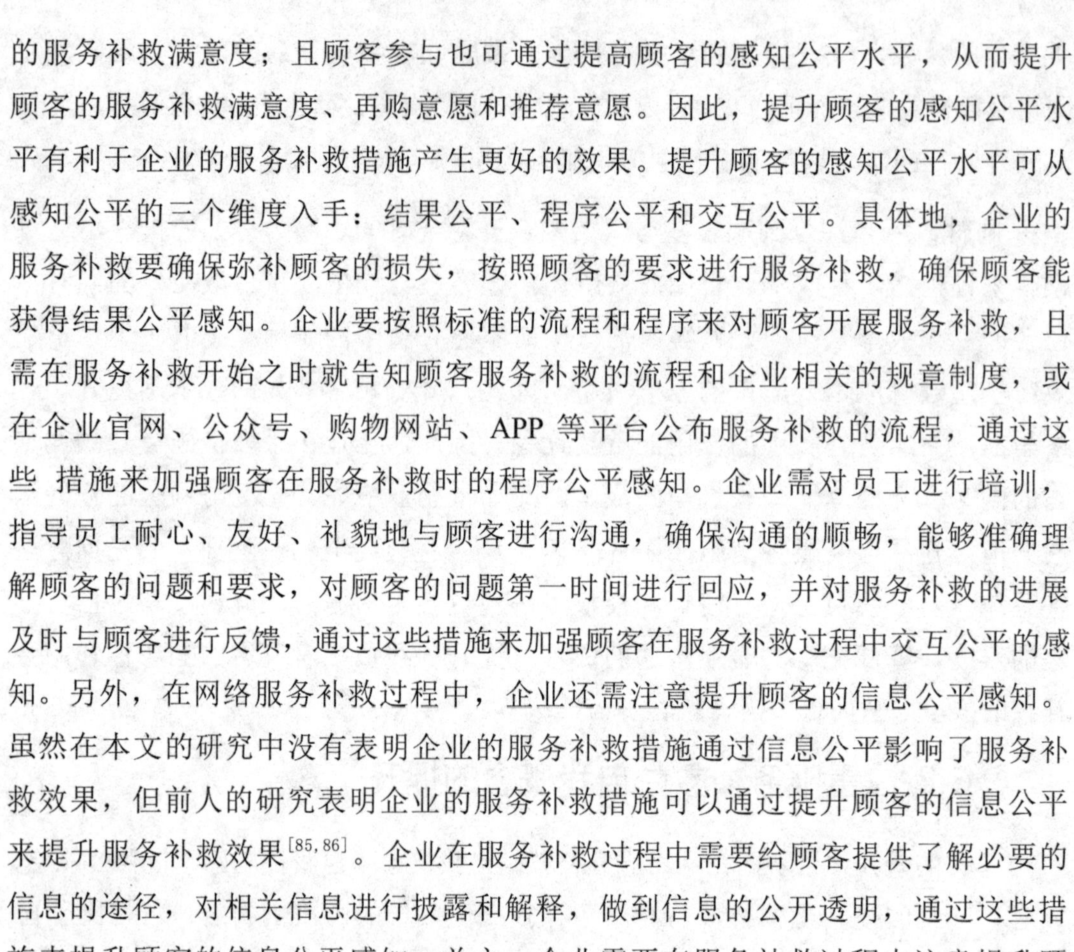

的服务补救满意度；且顾客参与也可通过提高顾客的感知公平水平，从而提升顾客的服务补救满意度、再购意愿和推荐意愿。因此，提升顾客的感知公平水平有利于企业的服务补救措施产生更好的效果。提升顾客的感知公平水平可从感知公平的三个维度入手：结果公平、程序公平和交互公平。具体地，企业的服务补救要确保弥补顾客的损失，按照顾客的要求进行服务补救，确保顾客能获得结果公平感知。企业要按照标准的流程和程序来对顾客开展服务补救，且需在服务补救开始之时就告知顾客服务补救的流程和企业相关的规章制度，或在企业官网、公众号、购物网站、APP 等平台公布服务补救的流程，通过这些 措施来加强顾客在服务补救时的程序公平感知。企业需对员工进行培训，指导员工耐心、友好、礼貌地与顾客进行沟通，确保沟通的顺畅，能够准确理解顾客的问题和要求，对顾客的问题第一时间进行回应，并对服务补救的进展及时与顾客进行反馈，通过这些措施来加强顾客在服务补救过程中交互公平的感知。另外，在网络服务补救过程中，企业还需注意提升顾客的信息公平感知。虽然在本文的研究中没有表明企业的服务补救措施通过信息公平影响了服务补救效果，但前人的研究表明企业的服务补救措施可以通过提升顾客的信息公平来提升服务补救效果[85, 86]。企业在服务补救过程中需要给顾客提供了解必要的信息的途径，对相关信息进行披露和解释，做到信息的公开透明，通过这些措施来提升顾客的信息公平感知。总之，企业需要在服务补救过程中注意提升顾客感知公平水平，从而更好地提升服务补救的效果。

9.3.5 提升顾客心理授权水平

本文的研究表明顾客心理授权正向影响了顾客参与，而顾客参与对提升网络服务补救效应有重要影响。因此，服务补救过程中提升顾客心理授权水平有利于提升网络服务补救效果。顾客心理授权是顾客的一种“由内而外”的心理需求与动机[117]。*Rodi 和 Kleine*（2000）提出，顾客的角色认知、动机和能力对顾客参与有重要的影响，其中动机起着更为关键的作用[132]。因此，提升顾客心理授权水平是提升顾客参与水平的重要途径。在网络服务补救中，可以通过加强对顾客在参与网络服务补救时的意义感知；让顾客在网络服务补救过程中充分发挥其自主性；让顾客感知到他们在网络服务补救过程中所起的影响力；加强顾客自我效能感和自我控制感；通过这些措施来提升顾客心理授权水平。

9.3.6 依据不同个性特质的顾客采取不同的服务补救措施

企业在进行网络服务补救时还需要根据不同个性特征的顾客采取不同的服务补救措施。本文探究了顾客调节聚焦（促进性调节聚焦 vs 防御性调节聚焦）这一个性特质在网络服务补救过程中的影响。本文的研究结果表明顾客参与在企业的服务补救措施和服务补救效果的关系上的调节作用受到顾客的调节聚焦特质的影响，即顾客参与的调节作用存在个体差异。前人的研究也表明，顾客调节聚焦特质会影响顾客的参与行为[143]。因此，企业要根据不同调节聚焦的顾客的不同参与水平采取不同的服务补救措施。根据本文的研究结果（详见表4-10和表 8-14），总的来看，对于促进性调节聚焦的顾客，企业在进行经济利益补救时，应当激发顾客较低水平或较高水平的参与程度；企业在进行社会利益补救时，激发顾客较低、中等或较高水平的参与程度都可以。对于防御性调节聚焦的顾客，企业在进行经济利益补救时，应当激发顾客中等水平的参与程度；企业在进行社会利益补救时，应当激发顾客中等或较高水平的参与程度。企业针对不同顾客参与程度不同调节聚焦特质的顾客应采取的最优服务补救措施详见表9-2。

表 9-2　企业针对不同参与程度和不同调节聚焦特质的顾客的最优服务补救措施

	服务补救措施		
调节聚焦特质	顾客参与程度低	顾客参与程度中等	顾客参与程度高
促进性调节聚焦	经济利益补救 社会利益补救	社会利益补救	经济利益补救 社会利益补救
防御性调节聚焦	——	经济利益补救 社会利益补救	社会利益补救

9.4 研究不足与未来研究方向

本文的研究仍然存在一些不足之处，需要在未来的研究中进行完善。本文的研究不足主要体现在以下几个方面：

第一，本文还需探究其他的服务补救措施的影响。本文的几个研究当中，探究企业的服务补救措施对服务补救效果的影响以及顾客参与对服务补救措施和服务补救满意度关系中的调节作用时，都只选取了5 种服务补救措施作为服务补救措施的指标。其中，以物质补偿作为经济利益补救的指标，以响应性、沟通、道歉和反馈作为社会利益补救的指标。前人的大部分研究中也以这5 种服务补救措施作为代表性的服务补救措施。然而，应当注意到，除了这5 种服务补救措施外，还有其他的服务补救措施也值得进行探究。比如，前人的研究表明解释[19]、承认[21] 等措施也是有效的服务补救措施。未来的研究中也可将其他的服务补救措施纳入本文的研究模型中进行探究。另外，本文的研究中经济利益补救只有物质补偿这个维度，而社会利益补救却有响应性、沟通、道歉和反馈四个维度。相比于社会利益补救，经济利益补救的维度和测量题项都较少，可能会对研究结果的准确性产生影响。因此，未来的研究需要在对经济利益补救的测量上进行改进。

第二，本文还需要考虑在网络服务补救过程中，顾客是否有其他的价值追求。本文认为顾客参与网络服务补救是为了追求自我概念的修复和感知公平的获取。本文一系列的研究结果也证实了这个假设。值得注意的是，顾客参与网络服务补救可能还存在其他的价值追求。比如，顾客参与网络服务补救可能为了情绪发泄。正如本文前面所述，服务失败会给顾客带来消极的情绪，顾客需要找到途径来疏解或消除这种消极的情绪。顾客参与网络服务补救是疏解或消除这种消极情绪的途径之一。因此，疏解或消除由服务失败带来的消极情绪可能是顾客参与网络服务补救所追寻的价值，未来的研究需要对此进行验证。另外，未来的研究还也可探究顾客参与网络服务补救是否还存在其他的价值追求。

第三，本文还需要考虑自我概念的其他方面。本文验证了顾客自我概念的提升是顾客参与网络服务补救的内在机制之一。然而，本文选取自我控制感、自我效能感和顾客认同作为自我概念的指标。虽然这三个指标都验证了其在服务补救措施和服务补救效果（服务补救满意度、再购意愿、推荐意愿）中的中介作用，从这三个指标验证了顾客自我概念的提升是顾客参与网络服务补救的内在机制。然而，自我概念是一个非常复杂的概念，包含的内容非常广泛。自我概念的其他方面（如自尊）是否也是顾客参与网络服务补救的内在作用机制？这是未来研究中值得探究的问题。另外，本文的研究六中，将自我控制感、自我效能感和顾客认同共同作为服务补救措施和服务补救效果关系中的中介变量进行检验时，发现顾客认同所起的中介作用远大于自我控制感和自我效能感。这表明自我概念的不同方面在顾客参与服务补救方面所起的作用各不相同，未来的研究中可以探究自我概念的哪些方面在顾客参与服务补救时所起的作用更大。

第四，本文还可探究顾客其他方面因素对顾客参与的影响。本文的研究模型中，探究顾客参与的前因变量是模型中重要的一部分。本文验证了顾客心理授权是顾客参与的前因变量。本文只探究了顾客心理授权这个顾客参与的前因变量，这是从顾客方面因素的动机视角出发进行的探究。顾客参与是顾客主动的行为，必然受到顾客方面因素的影响。顾客方面影响顾客参与的因素可能还有许多（比如，顾客投入资源水平、顾客角色就绪度、顾客的个性特征等），需要在未来的研究中进行探究。比如，*Chen 和Yu*（2020）的研究表明，顾客投入的资源（时间和金钱）水平通过影响顾客的自我概念联结水平，从而影响了顾客融入行为[144]。顾客融入行为本质上是一种顾客参与行为。因此，在未来的研究中可探究顾客其他方面的因素对顾客参与的影响。

第五，本文还需探究企业提升顾客参与水平的措施。本文探究了部分顾客方面因素对顾客参与的影响。然而，顾客参与不仅受到顾客方面因素的影响，也会受到企业方面因素的影响。本文探究了顾客参与在网络服务补救中的重要作用，因此，企业需要采取措施来提升顾客参与水平。那么，企业的哪些措施有利于提升顾客参与水平呢？比如，企业与顾客沟通渠道的便利性，简化服务补救流程，对顾客进行回访，增加客服权限，对顾客参与进行奖励等措施是否有利于顾客参与水平的提升？这些都需要在未来的研究中进行探究。另外，为了提升顾客参与水平，需要顾客和企业进行协同合作。企业与顾客如何协作促进服务补救效果也是未来研究中需要进行探究的。

第六，本文还可从归因理论的视角来探究顾客参与对网络服务补救效果的影响。正如前文所述，前人在探究服务补救的作用机制时，往往从公平理论和归因理论的视角来进行探究。本文也从公平理论的视角出发，探究了感知公平对顾客参与网络服务补救效果的影响，但没有从归因理论视角出发，探究顾客对服务失败的归因是否会影响顾客参与服务补救行为。前人研究表明顾客的归因方式（归因理论）也是影响服务补救满意度的重要因素[37-40]。未来的研究中也可探究顾客对于服务失败的原因源归因（企业责任vs顾客责任vs第三方责任）、稳定性归因（偶尔性服务失败vs经常性服务失败）和可控性归因（企业可控因素vs企业不可控因素）等方面来探究对顾客参与网络服务补救行为的影响。

参考文献

[1] Goodwin C, Ross L. Consumer responses to service failures: Influence of procedural and interactional fairness perceptions [J]. Journal of Business Research, 1992, 25(2): 149-163.

[2] Levesque J T, McDougall G H G. Service problems and recovery strategies: An experiment [J]. Journal of Services Marketing, 2000, 17(1): 20-37.

[3] Smith A K, Bolton R N, Wagner J. A model of customer satisfaction with service encounters involving failure and recovery [J]. Journal of Marketing Research, 1999, 36(3): 356-372.

[4] 陈可，涂平．顾客参与服务补救：基于MOA 模型的实证研究 [J]. 管理科学，2014，27(3): 105-113.

[5] Ringberg T, Odekerken-Schröder G, Christensen G L. A cultural models approach to service recovery [J]. Journal of Marketing, 2007, 71(3): 194-214.

[6] Vargo S L, Lusch R F. Service-dominant logic: Continuing the evolution [J]. Journal of theAcademy of Marketing Science, 2008, 36(1): 1-10.

[7] Prahalad C K, Ramaswamy V. Co-creation experiences: The next practice in value creation [J]. Journal of Interactive Marketing, 2004, 18(3): 5-14.

[8] Bell C R，Zemke R. Service breakdown: The road to recovery [J]. Management Review, 1987, 76: 32-35.

[9] Hart C W L, Heskett J L, Sasser W E. The profitable art of service recovery [J]. Harvard Business Review, 1990, 68(4): 148-156.

[10] Gronroos C. Service quality: The six criteria of good Perceived service quality [J]. Review of Business, 1988, 9(3): 10-13.

[11] Johnston R. Service failure and recovery: Impact, attributes and

processes [J]. Advances in Services Marketing and Management: Research and Practice, 1995, 4: 211-228 .

[12] 韦福祥． 对服务补救若干问题的探讨 [J]. 天津商学院学报，2002, 22(1):24-26.

[13] Prahalad C K, Ramaswamy V. Co-creating unique value with customers [J]. Strategy & Leadership, 2004, 32(3): 4-9.

[14] Van Vaerenbergh Y, Vermeir I, Larivière B. Service recovery's impact on customers next-in-line [J]. Managing Service Quality, 2013, 23(6): 495-512.

[15] Kozinets R V. E-tribalized marketing? The strategic implications of virtual communities of consumption [J]. European Management Journal, 1999, 17(3): 252-264.

[16] Kuo Y-F, Yen S-T, Chen L-H. Online auction service failures in Taiwan: Typologies and recovery strategies [J]. Electronic Commerce Research and Applications, 2011, 10(2): 183-193.

[17] Kelley S W, Hoffman K D, Davis MA. A typology of retail failures and recoveries [J]. Journal of Retailing, 1993, 69(4): 429-452.

[18] Holloway B B, Beatty S E. Service failure in online retailing: A recovery opportunity [J]. Journal of Service Research, 2003, 6(1): 92-105.

[19] 常亚平，姚慧平，韩丹，阎俊，张金隆． 电子商务环境下服务补救对顾客忠诚的影响机制研究 [J]. 管理评论，2009, 21(11): 30-37.

[20] 阎俊，胡少龙，常亚平． 基于公平视角的网络环境下服务补救对顾客忠诚的作用机理研究 [J]. 管理学报，2013, 10(10): 1512-1519.

[21] 张国梅，孙伟． 论在线零售服务补救对网络口碑传播意向的影响 [J]. 商业经济研究，2015, 33: 66-67.

[22]Forbes L P, Kelley S W, Hoffman K D.Typologies of e-commerce retail

failures and recovery strategies [J]. Journal of Services Marketing, 2005, 19(5): 280-292.

[23] Bitner M J, Booms B H, Tetreault M S. The service encounter: Diagnosing favorable and unfavorable incidents [J]. Journal of Marketing, 1990, 54(1): 71-83.

[24] Bell C R, Ridge K. Service recovery for trainers [J]. Training and Development, 1992, 46(5): 58-63.

[25] Hoffman K D, Kelley S W, Rotalsky H M. Tracking service failures and employee recovery efforts [J]. Journal of Service Marketing, 1995, 9(2): 49-61.

[26] Boshoff C, Leong J. Empowerment, attribution and apologising as dimensions of service recovery: An experimental study [J]. International Journal of Service Industry Management, 1998, 9(1): 24-47.

[27] Boshoff C. An experimental study of service recovery options [J]. International Journal of Service Industry Management, 1997, 8(2): 110-130.

[28] Boshoff C. A re-assessment and refinement of RECO vs AT: An instrument to measure satisfaction with transaction-specific service recovery [J]. Managing Service Quality, 2005, 15(5): 410-425.

[29] McCole P. Towards a re-conceptualization of service failure and service recovery: A consumer-business perspective [J]. Irish Journal of Management, 2003, 24(2): 11-19.

[30] Deutsch M. Equity, equality and need: What determines which value will be used as the basis of distributive justice? [J]. Journal of Social Issues, 1975, 31(3): 137-149.

[31] Blodgett J G, Hill D J, Tax S S. The effect of distributive, procedural, and interactional justice on postcomplaint behavior [J]. Journal of Retailing, 1997, 73(2): 185-210.

[32] Blodgett J G, Granbois D H, Walters R G. The effects of perceived justice on complainants' negative word-of-mouth behavior and repatronage intentions [J]. Journal of Retailing, 1993, 69(4): 399-428.

[33] McColl-Kennedy J R, Daus C S, SParks B A. The role of gender in reactions to service failure and recovery [J]. Journal of Service Research, 2003, 6(1): 66-82.

[34] Wang Y-S, Wu S-C, Lin H-H, Wang Y-Y. The relationship of service failure severity, service recovery justice and Perceived switching costs with customer loyalty in the context of e-tailing [J]. International Journal of Information Management, 2011, 31: 350-359.

[35] Lin H-H, Wang Y-S, Chang L-K. Consumer responses to online retailer's service recovery after a service failure: A perspective of justice theory [J]. Managing Service Quality, 2011, 2(5): 511-534.

[36] Folkes V S. Consumer reactions to Product failures: An attribution approach [J]. Consumer Research, 1984, 10(5): 389-409.

[37] 陆敏，张述林，陈娜. 基于归因理论的高星级酒店服务失误及服务补救——以常州万达喜来登酒店为例[J]. 重庆师范大学学报 (自然科学版), 2015, 32(3): 172-176.

[38] 肖海林，李书品. 企业社会责任感知与消费者归因对服务性企业服务补救满意度的影响——基于顾客认同的中介作用[J]. 南开管理评论，2017, 20(3): 124-134.

[39] 王唯梁，谢小云 . 服务失败情境下内外归因解释的补救效果比较：失败类型的作用 [J].人类工效学, 2012, 18(2): 18-22.

[40] Dong B, Sivakumar K, Evans K, et al. Recovering coproduced service failures: Antecedents, consequences, and moderators of locus of recovery [J]. Journal of Service Research, 2016, 19(3): 291-306.

[41] Izard C E. Human emotions [M]. Berlin. The Springer Press, 1977.

[42] 徐云．以情绪为主线的服务失败及服务补救研究 [J]．商，2015, 14: 298-298.

[43] 张初兵, 侯如靖, 易牧农. 网购服务补救后感知公平、情绪与行为意向的关系：基于关系质量的调节中介模型 [J]. 山西财经大学学报，2014, 36(1): 54-64.

[44] 张初兵，王旭燕，李东进，等．网络购物中消极情绪与行为意向的传导机制——基于压力应对与沉思理论整合视角 [J]. 中央财经大学学报，2017, 2: 84-92.

[45] 侯如靖， 张初兵， 易牧农． 服务补救情境下在线消费者后悔对行为意向的影响：基于关系质量的调节[J]． 经济管理， 2012，9:101-111.

[46] Harris K E, Grewal D, Mohr L A, et al. Consumer responses to service recovery strategies: The moderating role of online versus offline environment [J]. Journal of Business Research, 2006, 59(4): 425-431.

[47] Dong B, Evans K R, Zou S. The effects of customer participation in co-created service recovery [J]. Journal of the Academy of Marketing Science, 2008, 36(1): 123-137.

[48] Silpakit P, Fisk R P. Services marketing in a changing environment [J]. American Marketing Association, 1985, 5(6): 117-121.

[49] Meuter M L, Bitner M J. Self-service technologies: Extending service frameworks and identifying issues for research [R]// American Marketing Association Winter Educators' Conference Proceedings, Vol. 9, Dhruv Grewal and Connie Pechmann, eds. Chicago: American Marketing Association, 1998, 12-19.

[50] Zeithaml VA, Bitner MJ. Services marketing: integrating customer focus across the firm [M]. 3rd ed. Boston' McGraw-Hill Irwin, 2003.

[51] Alison E L. The role of culture on customer participation in services [D]. China Hongkong: Hong Kong Polytechnic University, 2003.

[52] Kellogg D L, Youngdahl W E, Bowen D E. On the relationship between customer participation and satisfaction: Two frameworks [J]. International Journal of Service Industry Management, 1997, 8(3): 206-219.

[53] Ennew C T, Blinks M R. Impact of participative service relationships on quality, satisfaction and retention: An exploratory study [J]. Journal of Business Research, 1999, 46: 121-132.

[54] Groth M. Customers as good soldiers: Examining citizenship behaviors in internet service deliveries [J]. Journal of Management, 2005, 31(1): 7-27.

[55] Yi Y, Gong T. Customer value co-creation behavior: Scale development and validation [J]. Journal of Business Research, 2013, 66(9): 1279-1284.

[56] 彭艳君，景奉杰. 服务中的顾客参与及其对顾客满意的影响研究 [J]. 经济管理，2008, 30(10): 62-66.

[57] Claycomb C, Lengnick-Hall C A. The customer as a productive resource: A pilot study and strategic implications [J]. Journal of Business Strategies, 2001, 18(1): 46-68.

[58] 耿先锋. 顾客参与测量维度、驱动因素及其对顾客满意的影响机理研究——以杭州医疗服务业为例 [D]. 杭州：浙江大学，2008.

[59] 郭彤华，汤春辉. 顾客参与对购买意愿影响的经验研究 [J]. 技术经济与管理研究，2011, 9: 49-53.

[60] 岑成德，甘小添. 自助服务技术环境下的顾客参与及其影响因素研究 [J]. 预测，2011, 30(2): 21-27.

[61] 宋伟，纪凯. 七维度对服务补救体系绩效的影响 [J]. 西北农林科技大学学报（社会科学版），2013, 13(1): 80-87.

[62] 汪涛， 望海军． 顾客参与一定会导致顾客满意吗——顾客自律倾向及参与方式的一致性对满意度的影响 [J]. 南开管理评论， 2008, 11(3): 4-11.

[63] 冉茂盛，唐斯斯，杨毅. 顾客参与服务补救对重购意愿的影响研究 [J]. 商业经济研究，2015, 22: 57-60.

[64] 王增民，王晓玲，潘煜． 基于网络零售业的服务补救实证研究 [J]. 软科学，2015, 29(2): 116-120, 125.

[65] 何奇兵，张承伟． 网购中退货服务补救与消费者购买意愿关系的实证研究 [J]. 商业经济， 2019, 2: 94-97.

[66] 刘凤军，孟陆，杨强，刘颖艳． 责任归因视角下事前补救类型与顾客参与程度相匹配对服务补救绩效的影响 [J]. 南开管理评论， 2019, 22(2): 197-210.

[67] Higgins E T, Friedman R S, Harlow R E, Idson L C, Ayduk O N, Taylor A. Achievement orientations from subjective histories of success: promotion pride versus prevention pride [J]. European Journal of Social Psychology, 2001,31 (1):3-23.

[68] Chen X, Yu H, Gentry J W, et al. Complaint or recommendation? The impact of customers' state and trait goal orientations on customer engagement behaviors [J]. Journal of Consumer Behaviour, 2017, 16: 187-194.

[69] Prahalad C K, Ramaswamy V. Co-opting customer competence [J]. Harvard Business Review, 2000, 78(1): 79-90.

[70] Gronroos C. Value co-creation in service logic: A critical analysis [J]. Marketing Theory, 2011, 11(3): 279-301.

[71] Gronroos C, Voima P. Critical service logic: Making sense of value creation and co-creation [J]. Journal of the Academy of Marketing Science, 2012, 41(2): 133-150.

[72] 彭军锋，汪涛. 服务失误时顾客为什么会选择不同的抱怨行为？——服务失误时自我威胁认知对抱怨行为意向的影响 [J]. 管理世界，2007, 3: 102-115.

[73] Markus H. Self-schemata and processing information about the self [J]. Journal of Personality and Social Psychology, 1977, 35(2): 63-78.

[74] Gardner B B, Levy SJ. The product and the brand [J]. Harvard Business Review, 1955, 33(2): 33-39.

[75] Levy S J. Symbols for sale [J]. Harvard Business Review, 1959, 37(4): 117-124.

[76] Kassarjian H H, Sheffet M J. Personality and consumer behavior an update, perspectives in consumer behavior [M]// Harold H. Kassarjian and Thomas S. Robertson, eds., Englewood Cliffs, NJ: Prentice Hall, 1991, 281-303.

[77] Britt S H. Consumer behavior and the behavioral sciences [M]. New York: John Wiley. 1966.

[78] Belk R. Possessions and the extended self [J]. Journal of Consumer Research, 1988, 15(2): 139-168.

[79] Campbell W K, Baumeister R F, Dhavale D, Tice D M. Responding to major threats to self-esteem: A preliminary, narrative study of ego-shock [J]. Journal of Social and Clinical Psychology, 2003, 22:79-96.

[80] 徐霜，汪涛，彭军锋． 顾客如何理解服务失误 [J]. 统计与决策，2008, 20: 180-182.

[81] 陈国平，张志文，刘淑伟 . 不同服务失误情境下顾客自我威胁感知对抱怨动机的影响——自我监控的调节作用 [J]. 重庆大学学报（社会科学版）. 2019, 25(5): 71-83.

[82] Schoefer K, Ennew C. The impact of perceived justice on consumer

emotional responses to ser-vice complaints exPeriences [J]. Journal of Services Marketing, 2005, 19(5): 261-270.

[83] Tax S, Brown S, Chandrashekaran M. Customer evaluations of service complaint experiences: implications for relationship marketing [J]. Journal of Marketing, 1998, 62(4): 60-76.

[84] McColl-Kennedy J R, Sparks B A. Application of fairness theory to service failures and service recovery [J]. Journal of Service Recovery, 2003, 31: 224-266.

[85] Greenberg J. The social side of fairness: interpersonal and informational classes of organizational justice [A]. In R.Cropanzano. Justice in the workplace: approaching fairness in human resource management [C]. Hillsdale, NJ: Erlbaum, 1993.79-103.

[86] Kono vs ky M A. Understanding procedural justice and its impact on business organizations [J]. Journal of Management, 2000, 26(3): 489-511.

[87] Cambra-Fierro J, Melero I, Sese F J. Managing complaints to improve customer profitability [J]. Journal of Retailing, 2015, 91(1): 109-124.

[88] Mostafa R B, Lages C R, Shabbir HA, Thwaites D. Corporate image: A service recovery perspective [J]. Journal of Service Research, 2015, 18(4): 468-483.

[89] 简兆权，柯云． 网络购物服务失误、服务补救与顾客二次满意及忠诚度的关系研究 [J]. 管理评论，2017, 29(1)： 175-186.

[90] Andreassen T W. Antecedents to satisfaction of service recovery [J]. European Journal of Marketing, 2000, 34(1/2): 156-175.

[91] Homans G C. Social behavior as exchange [J]. American Journal of Sociology, 1958, 63: 597-606.

[92] 郑秋莹，范秀成. 网上零售业服务补救策略研究——基于公平理论和期望理论的探讨 [J]. 管理评论，2007, 19(10): 17-23.

[93] 张倩. C2C电子商务下服务补救与顾客满意关系研究 [D]. 成都：西南财经大学，2008.

[94] 贾薇，张明立，王宝. 顾客价值在顾客参与和顾客满意关系中的中介效应研究 [J]. 中国工业经济，2009, 4: 105-115.

[95] 范钧. 顾客参与对顾客满意和顾客公民行为的影响研究 [J]. 商业经济与管理，2011, 1: 68-75.

[96] 胡孝平，李玺. 顾客心理授权、顾客参与行为与顾客推荐关系——基于旅行社团队游客的实证研究 [J]. 企业经济，2017, 10: 120-126.

[97] 陆丹. 服务补救与顾客参与对消费者行为意向的影响——以天猫商城为例 [D]. 上海：华东师范大学，2016.

[98] 徐龙杰. 服务补救中顾客参与对消费者行为意向的影响 [D]. 北京：北京邮电大学，2015.

[99] 张辉，汪涛，刘洪深. 顾客参与了为何仍不满意：顾客参与过程中控制错觉与顾客满意的关系研究 [J]. 南开管理评论，2011, 14(5): 153-160.

[100] Hsieh A-T, Yen C-H. The effect of customer participation on service providers'job stress [J]. The Service Industries Journal, 2005, 25(7): 891-905.

[101] Kahneman D, Tversky A. Prospect theory: An analysis of decision under risk [J]. Econometrica, 1979, 47(2): 263-292.

[102] Higgins E T, Friedman R S, Harlow R E, et al. Achievement orientations from subjective histories of success: Promotion pride versus prevention pride [J]. European Journal of Social Psychology, 2001, 31(1): 3-23.

[103] 方芳. O2O外卖行业中顾客参与对顾客满意度的影响研究 [D]. 天津：天津工业大学，2018.

[104] 杨崇美， 陈雪琼．顾客参与星级酒店服务创新对顾客价值创造的影响研究 [J]．乐山师范学院学报， 2015， 30(7)： 68-74.

[105] 杨强，张宇，刘彩艳．服务补救、感知控制对消费者正面口碑传播意愿的影响研究 [J]．华东经济管理，2014， 28(7)： 107-113.

[106] 望海军，汪涛．顾客参与、感知控制与顾客满意度关系研究 [J]．管理科学，2007， 20(3)： 48-54.

[107] 彭艳君．服务中的感知控制、顾客参与和顾客满意 [J]．市场营销导刊，2009， 4： 19-24.

[108] Bandura A. Health promotion by social cognitive means [J]. Health Education Behavior, 2004, 31(2): 143-164.

[109] Shih Y-Y, Fang K. The use of a decomposed theory of planned behavior to study internet banking in Taiwan [J]. Internet Research, 2004, 14(3): 213-223.

[110] Bagozzi R P, Dholakia U M. Intentional social action in virtual communities [J]. Journal of Interactive Marketing, 2002, 16(2): 2-21.

[111] Zadrol L, Williams K D, Richardson R. How low can you go? Ostracism by a computer is sufficient to lower self-reported levels of belonging, control, self- esteem, and meaningful existence [J]. Journal of Experimental Social Psychology, 2004, 40(4): 560-567.

[112] Sharma N, Patterson P. Switching costs, alternative attractiveness and experience as moderators of relationship commitment in professional, consumer services [J]. International Journal of Service Industry Management, 2000, 11(5): 470-490.

[113] Maxharm III J G, Netemeyer R G. Firms reap what they sow: The effects of shared values and perceived organizational justice on customers' evaluations of complaint handling [J]. Journal of Marketing, 2003, 67(1): 46-62.

[114] 胡矗明．服务失误、负面情绪与服务补救效果的关系——基于珠三角地区酒店业的实证研究 [J]．暨南学报（哲学社会科学版），2014，36(6)：112-119.

[115] 杜建刚，范秀成．服务失败情境下顾客损失，情绪对补救预期和顾客抱怨倾向的影响 [J]．南开管理评论，2008，10(6)：4-10.

[116] 郑丹．服务补救中顾客情绪对顾客满意之影响的实证研究 [J]．中国管理科学，2011，19(3)：166-173.

[117] Cova B, Pace S. Brand community of convenience Products: New forms of customer empowerment—the case "my nutella the community" [J]. European Journal of Marketing, 2006, 40(9/10): 1087-1105.

[118] 陈国平，李德辉．顾客对服务失误感知与抱怨动机的整合模型：自我概念的视角 [J]．武汉大学学报（哲学社会科学版），2013，66(4)：106-110.

[119] 杨德宏，苏雪梅．顾客认同理论研究述评及综合研究框架构建 [J]．中国流通经济，2011，25(3)：95-99.

[120] 谢凤华．服务补救情境下顾客认同的影响因素和影响机理研究 [J]．科研管理，2015，36(11)：117-123.

[121] 谭鑫．网购服务补救质量对顾客二次满意的影响研究——基于顾客认同的中介作用 [J]．江汉大学学报（社会科学版），2017，34(5)：75-80.

[122] Bhattacharya C B, Sen S. Consumer-company identification: A framework for understanding consumers' relationships with companies [J]. Journal of Marketing, 2003, 67(APril): 76-88.

[123] 张群．顾客参与对顾客公民行为的影响研究——顾客对企业认同的中介作用 [J]．科技创业月刊，2015，10：55-59.

[124] Pires G D, Stanton J, Rita P. The Internet, consumer empowerment and marketing strategies [J]. European Journal of Marketing,

2006, 40(9/10): 936-949.

[125] Ramani G, Kumar V. Interaction orientation and firm performance [J].Journal of Marketing, 2008, 72(1): 27-45.

[126] Len T W, Newman A, Dennis C. Enhancing consumer empowerment [J].EuroPean Journal of Marketing, 2006, 40(9/10): 925-935.

[127] 韩小芸，谢礼珊，杨俊峰. 顾客心理授权及其与服务公平性关系的实证研究 [J]. 营销科学学报，2011，7(3)： 111-122.

[128] 韩小芸，黎冬梅 . 服务性企业顾客心理授权研究——以旅行社为例 [J]. 中国旅游研究，2006，2(3)： 298-321.

[129] 刘思，张德鹏，林萌菲 . 顾客心理授权、顾客承诺与网络口碑推荐关系研究——在线品牌社区类型的调节作用 [J]. 预测， 2019， 38(4)： 24-31.

[130] 李超平， 李晓轩， 时勘， 陈雪峰． 授权的测量及其与员工工作态度的关系 [J]. 心理学报， 2006， 38(1)： 99-106.

[131] Spreitzer G M. Psychological empowerment in the workplace: Dimensions, measurement, and validation [J]. Academy of Management Journal, 1995, 38(5): 1442-1465.

[132] Rodi A R, Kleine S S. Customer participation in services production and delivery [C]// In Swart T A, Iacobucci D, eds. Handbook of Services Marketing and Management. Thousand Oaks, CA: Sage, 2000. 111-125 .

[133] 韩小芸，冯欣． 旅行社在顾客心理授权、顾客参与及服务质量关系研究 [J]. 旅游学刊，2012，27(4)： 91-98.

[134] Wu W-Y, Tsai C-H. The empirical study of CRM: Consumer -company identification and purchase intention in the direct selling industry [J]. International Journal of Commerce and Management, 2007, 17(3): 194-210.

[135] 金立印．消费者企业认同感对产品评价及行为意向的影响 [J]．南开管理评论，2009，9(3)：16-21.

[136] Bitner M J, Booms B H, Tetreault M S. The service encounter: Diagnosing favorable and unfavorable incidents [J]. Journal of Marketing, 1990, 54(1): 71-83.

[137] 张辉，胡金林．试析顾客参与和顾客满意之间的关系——基于感知公平的中介作用 [J]．商业经济研究，2015，11：51-53.

[138] 彭艳君，郝梦丽．零售业中顾客参与服务创新对顾客满意度的影响研究 [J]．商业经济研究，2018，15：33-36.

[139] 李媛．顾客参与对服务结果的影响研究——基于互联网安装的实证研究 [D]．西安：长安大学，2017.

[140] 易英．顾客参与与服务质量、顾客满意及行为意向的关系研究 [D]．杭州：浙江大学，2006.

[141] 王艳．顾客参与对 O2O运营服务满意的影响研究 [D]．合肥：安徽财经大学，2014.

[142] 张广玲，潘志华．基于角色理论的顾客参与对顾客满意的影响机制研究 [J]．管理学报，2018，15(12)：1830-1837.

[143] Chen X, Yu H, Gentry J W, Yu F. Complaint or recommendation? The impact of customers' state and trait goal orientations on customer engagement behaviors [J]. Journal of Consumer Behaviour, 2017, 16: 187-194.

[144] Chen X, Yu H. The impacts of the personality attribute of time and money on customer engagement behavior: A self-concept perspective [J]. International Business Research, 2020, 13 (7): 14-26.

附录

附录1：研究一中正式研究使用的调查问卷

面对服务失败后的处理调查

您好，首先欢迎您参加本次调查。本次调查是调查当面对服务失败后的情况，厂家和您是怎么处理该事件的。我们的调查只用于科学研究，不用于任何商业用途。本次调查是匿名填写，我们将对您的答案完全保密，请您放心填写。

首先，请您填写个人资料。

1. 您的性别：［单选题］*

○男　　○女

2. 您的年龄段：［单选题］*

○ 18 岁以下　　○ 18～25 岁　　○ 26～30 岁　　○ 31～40 岁
○ 40 岁以上

3. 您目前从事的职业：［单选题］*

○全日制学生　　○企业人员　　○销售人员　　○公职/事业单位人员

○私营企业主　　○个体户　　○其他

4. 您的学历：［单选题］*

○大专以下　　○大专或本科　　○硕士　　○博士

5. 您的月收入（人民币）：［单选题］*

○ 3000 元及以下　　○ 3001～5000 元　　○ 5001～8000 元

○ 8001～10000 元　　○ 10001～20000 元　　○ 20000 元以上

接下来，进入正式调查。

6. 在网上购物的时候，不可避免地会遇到服务失误的情况，比如选错商品，商家发错货，买到伪劣产品，商品运输过程中损坏，发货太晚等。请问过去 3 个月以来，您碰到服务失败的情况多吗？　[单选题] *

○ 0 次　○ 1~2 次　○ 3~5 次　○ 5~10 次　○ 10 次以上

7. 在这些网上购物的服务失误的情况中，都是哪些原因造成的？请在下列选项中选出所有您遇到的情况：　[多选题] *

○自己选错了商品（如数量、规格、型号、颜色等）

○商品信息描述不详、有误　○商品价格有误

○商品质量有问题　○自己填错收货地址

○商家发错货　○快递损伤商品

○商家发货太慢　○快递配送或货运速度慢

○商家将商品寄错地址　○商家售后服务差

○收到的商品与网页描述相差太大　○其他

现在，请您回想一下最近的一次网络服务失误的情况：

8. 最近的一次服务失误的原因是什么？请简要说明一下：　[填空题] *

____

____

9. 最近的这次服务失误，您觉得严重程度如何？　[单选题] *

不严重　○0　○1　○2　○3　○4　○5　○6　○7　○8　○9　○10 严重

10. 针对这次服务失误，商家应该程度多大的责任（%）？请将下面的滑动条放到相对应的位置

[输入 0(完全没责任) 到 100(完全的责任) 的数字]*

11. 针对这次服务失误，商家是否有进行补救？　[单选题] *

○有　○没有

12. 针对这次服务失误的补救，下列对于商家对您进行补救的描述是否符合，请选择相应的选项：[矩阵量表题] *

题项	非常不符合	不符合	一般	符合	非常符合
(1) 商家做出了退换货或者退款等补偿行为	1	2	3	4	5
(2) 商家主动承担运费	1	2	3	4	5
(3) 商家回馈顾客以现金折扣或者赠品等补偿	1	2	3	4	5
(4) 客服第一时间回复了我的留言	1	2	3	4	5
(5) 客服第一时间处理了我的问题	1	2	3	4	5
(6) 当我表达不满时，客服能回馈以理解	1	2	3	4	5
(7) 商家诚恳地向我道歉	1	2	3	4	5
(8) 商家对出现的问题给出了耐心的解释	1	2	3	4	5
(9) 当我表达不满时，客服能用友好和耐心来面对	1	2	3	4	5
(10) 商家承认自己的服务失误	1	2	3	4	5
(11) 解决问题后客服以电话或者短信的方式回访	1	2	3	4	5
(12) 客服及时地通知我服务失败的处理结果以及处理过程	1	2	3	4	5
(13) 针对这次服务失误，客服主动做出补救	1	2	3	4	5

13. 您对这次商家的补救满意程度如何？　[单选题] *

不满意　○ 1　○ 2　○ 3　○ 4　○ 5　○ 6　○ 7　满意

14. 这次服务补救之后，您是否还在这个商家买过商品？ [单选题] *

○再也没有　　○有，比以前少了

○有，和以前一样　　○有，比以前更多了

15. 这次服务补救后，您是否愿意向周围的人（如，亲朋好友、同学同事等）推荐该商家？ [单选题] *

○非常不愿意　○不愿意　○不清楚　○愿意　○非常愿意

16. 您觉得在这次服务补救中，您参与的程度（如，投入的时间，与商家沟通的频率，提供的信息等）如何？ [单选题] *

完全没参与 ○ 0 ○ 1 ○ 2 ○ 3 ○ 4 ○ 5

○ 6 ○ 7 ○ 8 ○ 9 ○ 10 完全参与进去

我们的调查到此结束，再次感谢您的参与！

附录2：研究二中正式研究使用的调查问卷

网络购物失误后，商家进行补救的情况调查

您好，首先欢迎您参加本次调查。本次调查是调查当面对服务失误后的情况，厂家和您是怎么处理该事件的。我们的调查只用于科学研究，不用于任何商业用途。本次调查是匿名填写，我们将对您的答案完全保密，请您放心填写。

首先，请您填写个人资料。

1. 您的性别：［单选题］*

○男　○女

2. 您的年龄段：［单选题］*

○ 18 岁以下　○ 18~25 岁　○ 26~30 岁　○ 31~40 岁　○ 40 岁以上

3. 您目前从事的职业：［单选题］*

○全日制学生　○企业人员　○公职/事业单位人员

○私营企业主　○个体户　○其他

4. 您的月收入（人民币）：［单选题］*

○ 3000 元及以下　○ 3001~5000 元　○ 5001~8000 元

○ 8001~10000 元　○ 10001~20000 元　○ 20000 元以上

接下来，进入正式调查。

5. 在网上购物的时候，不可避免地会遇到服务失误的情况，比如选错商品，商家发错货，买到伪劣产品，商品运输过程中损坏，发货太晚等。请问过去3个月以来，您碰到服务失败的情况多吗？［单选题］*

○ 0 次　○ 1~2 次　○ 3~5 次　○ 5~10 次　○ 10 次以上

6. 最近的一次服务失误的原因是什么？请简要说明一下：［填空题］＊

____

____

____

7. 针对最近的这次服务失误，商家是否有进行补救？　［单选题］＊

○有　　　　○没有

（注：如果填问卷的人在此题选择了“有”，跳转到第 8 题到第 12 题，以及第 15 题。如果选择了“没有”，跳转到第 13 题到第 15 题。）

8. 商家是如何对您进行补救的？请根据您的实际情况，在下面的各项描述中进行选择：［矩阵量表题］＊

题项	非常不符合	不符合	一般	符合	非常符合
（1）商家做出了退换货或者退款等补偿行为	1	2	3	4	5
（2）商家主动承担补救过程中的费用（如运费）	1	2	3	4	5
（3）解决问题后客服以电话、短信或网络的其他方式回访	1	2	3	4	5
（4）商家回馈给我以现金折扣或者赠品等补偿	1	2	3	4	5
（5）客服第一时间处理了我的问题	1	2	3	4	5
（6）当我表达不满时，客服能回馈以理解	1	2	3	4	5
（7）商家诚恳地向我道歉	1	2	3	4	5
（8）客服第一时间回复了我的留言	1	2	3	4	5
（9）当我表达不满时，客服能友好和耐心地来面对我	1	2	3	4	5
（10）商家承认自己的服务失误	1	2	3	4	5
（11）商家对出现的问题给出了耐心的解释	1	2	3	4	5
（12）客服及时地通知我服务失误的处理结果以及处理过程	1	2	3	4	5

9. 您在这次的补救过程中发挥了什么样的作用？在下面的题项的描述中，选择最合适的选项：［矩阵量表题］＊

题项	非常不符合	不符合	一般	符合	非常符合
（1）我向商家提供了尽可能多的他们需要的信息	1	2	3	4	5
（2）我清楚地向商家提出了我的要求	1	2	3	4	5
（3）我回答了商家向我提出的所有与服务有关的问题	1	2	3	4	5
（4）我向商家了解解决该问题的进展状况	1	2	3	4	5
（5）在服务补救中，我努力地配合商家的工作	1	2	3	4	5
（6）我认为服务补救不是商家一个人的事情，需要我的配合	1	2	3	4	5
（7）当我表达不满时，客服能友好和耐心地来面对我	1	2	3	4	5
（8）我与商家的沟通很愉快	1	2	3	4	5
（9）在与商家沟通前，我会认真阅读网站上的具体说明	1	2	3	4	5
（10）我与商家的沟通很顺畅	1	2	3	4	5
（11）我友好地对待商家或客服人员	1	2	3	4	5
（12）我会做一些事情使得服务补救的工作变得简单些	1	2	3	4	5
（13）我感谢商家对这次服务补救做出的努力	1	2	3	4	5
（14）在与商家沟通前，我会再次确认服务出现的问题所在	1	2	3	4	5
（15）我向商家提出了解决这个问题的想法和建议	1	2	3	4	5
（16）在与商家沟通前，我已经清楚了解决该问题的步骤	1	2	3	4	5

10. 您对这次商家的补救的总体满意程度如何？ [单选题] *

不满意 ○1 ○2 ○3 ○4 ○5 ○6 ○7 满意

11. 这次服务补救之后，您是否还在这个商家买过商品？ [单选题] *

○再也没有　○有，比以前少了

○有，和以前一样　○有，比以前更多了

12. 这次服务补救后，您是否愿意向周围的人（如，亲朋好友、同学同事等）推荐该商家？ [单选题] *

○非常不愿意　○不愿意　○不清楚　○愿意　○非常愿意

13. 这次服务失误之后，您是否还在这个商家买过商品？　[单选题] *

○再也没有　　○有，比以前少了

○有，和以前一样　　○有，比以前更多了

14. 这次服务失误之后，您是否愿意向周围的人（如，亲朋好友、同学同事等）推荐该商家？　[单选题] *

○非常不愿意　○不愿意　○不清楚　○愿意　○非常愿意

15. 最后，我们需要调查一下您在平常生活中的一些经历。下面的生活事件多大程度上与您的经历符合，请选择最对应的选项：[矩阵量表题] *

题项	非常不符合	不符合	不确定	符合	非常符合
（1）与大多数人相比，在生活中我常常能得到我自己想要的	1	2	3	4	5
（2）从小到大，我曾经做过一些父母不能容忍的“越界”事情	1	2	3	4	5
（3）我总能完成那些让我付出很多努力的事情	1	2	3	4	5
（4）从小到大，我经常令父母感到不安	1	2	3	4	5
（5）我经常不遵守父母确定的规则	1	2	3	4	5
（6）从小到大，我曾经以父母反对的方式行事	1	2	3	4	5
（7）我总能做好我所尝试的各种事情	1	2	3	4	5
（8）做事不够小心常常使我陷入麻烦之中	1	2	3	4	5
（9）当一件对我很重要的事情即将完成时，我常常发现自己能够完成得像理想中的一样好	1	2	3	4	5
（10）我觉得我的人生已经朝着成功的方向前进了	1	2	3	4	5
（11）在我的生活中，我能够找到引起我兴趣且让我投入精力的活动	1	2	3	4	5

我们的调查到此结束，再次感谢您的参与！

附录3：研究三中正式研究使用的调查问卷

服务补救效果调查

您好，首先欢迎您参加本次调查。本次调查是调查当面对服务失误后的情况，厂家处理该事件时的效果的调查。我们的调查只用于科学研究，不用于任何商业用途。本次调查是匿名填写，我们将对您的答案完全保密，请您放心填写。

首先，请您填写个人资料。

1. 您的性别：［单选题］*

○男　　○女

2. 您的年龄段：［单选题］*

○ 18 岁以下　　○ 18~25 岁　　○ 26~ 30岁
○ 31~40 岁　　○ 40 岁以上

3. 您目前从事的职业：［单选题］*

○全日制学生　　○企业人员　　○公职/事业单位人员

○私营企业主　　○个体户　　○其他

4. 您的学历：［单选题］*

○大专以下　　○大专或本科　　○硕士　　○博士

5. 您的月收入（人民币）：［单选题］*

○ 3000 元及以下　　○ 3001~5000 元　　○ 5001~8000 元
○ 8001~10000 元　　○ 10001~20000 元　　○ 20000 元以上

接下来，进入正式调查。

6. 在网上购物的时候，不可避免地会遇到服务失误的情况，比如选错商品，商家发错货，买到伪劣产品，商品运输过程中损坏，发货太晚等。请问过去 3 个月以来，您碰到服务失败的情况多吗？［单选题］*

○ 0 次　　○ 1~2 次　　○ 3~5 次　　○ 6~10 次　　○ 10 次以上

7. 针对这些服务失误，商家是否有进行补救？　[单选题] *

○全部有补救　　○大部分有补救　　○一半左右有补救

○很少有补救　　○几乎没有补救

8. 请您回忆一下，最近的一次商家对您的服务失误进行的补救，是在什么时候？　[单选题] *

○ 1 个月以内　　○ 1 个月～ 3 个月以内

○ 3 个月～ 6 个月以内　　○ 6 个月以外

9. 商家对您最近的这次服务补救中，下列描述是否符合您的情况？请根据您的实际情况，在下面的各项描述中进行选择：[矩阵量表题] *

题项	非常不符合	不符合	一般	符合	非常符合
（1）我向商家提供了尽可能多的他们需要的信息	1	2	3	4	5
（2）我清楚地向商家提出了我的要求	1	2	3	4	5
（3）我向商家提出了解决这个问题的想法和建议	1	2	3	4	5
（4）我回答了商家向我提出的所有与服务有关的问题	1	2	3	4	5
（5）我向商家了解解决该问题的进展状况	1	2	3	4	5
（6）在服务补救中，我努力地配合商家的工作	1	2	3	4	5
（7）我认为服务补救不是商家一个人的事情，需要我的配合	1	2	3	4	5
（8）我会做一些事情使得服务补救的工作变得简单些	1	2	3	4	5
（9）当我表达不满时，客服能友好和耐心地来面对我	1	2	3	4	5
（10）我与商家的沟通很愉快	1	2	3	4	5
（11）我与商家的沟通很顺畅	1	2	3	4	5
（12）我友好地对待商家或客服人员	1	2	3	4	5
（13）我感谢商家对这次服务补救做出的努力	1	2	3	4	5

续表

题项	非常不符合	不符合	一般	符合	非常符合
（14）在与商家沟通前，我会再次确认服务出现的问题所在	1	2	3	4	5
（15）在与商家沟通前，我会认真阅读网站上的具体说明	1	2	3	4	5
（16）在与商家沟通前，我已经清楚了解决该问题的步骤	1	2	3	4	5

10. 针对这次服务-失误的补救，您对自己在这个过程中的表现如何评价？

请在下面的各项描述中选择最符合的选择：[矩阵量表题] *

题项	非常不同意	不同意	中立	同意	非常同意
（1）服务补救过程中，我认为我能顺利解决这个问题	1	2	3	4	5
（2）服务补救过程中，我有较高的控制感	1	2	3	4	5
（3）我认为我能较好地掌控此次服务补救的进程	1	2	3	4	5
（4）我在与商家解决问题方面有一些经验	1	2	3	4	5
（5）我有信心能够很好地与商家共同解决这个问题	1	2	3	4	5
（6）对于服务补救，我具备一些相关的知识和经验	1	2	3	4	5

11. 您对这次商家的补救的总体满意程度如何？ [单选题] *

不满意 ○ 1 ○ 2 ○ 3 ○ 4 ○ 5 ○ 6 ○ 7 满意

12. 这次服务补救之后，您是否还在这个商家买过商品？ [单选题] *

○再也没有 ○有，比以前少了

○有，和以前一样 ○有，比以前更多了

13. 这次服务补救后，您是否愿意向周围的人（如，亲朋好友、同学同事等）推荐该商家？ [单选题] *

○非常不愿意 ○不愿意 ○不清楚 ○愿意 ○非常愿意

14. 您觉得在这次服务补救中，您参与的程度（如，投入的时间，与商家沟通的频率，提供的信息等）如何？ [单选题] *

完全没参与 ○ 0 ○ 1 ○ 2 ○ 3 ○ 4 ○ 5

○ 6 ○ 7 ○ 8 ○ 9 ○ 10 完全参与进去

15. 您对于自己在这次服务补救中所做的努力，满意程度如何？ [单选题] *

非常不满意 ○ 0 ○ 1 ○ 2 ○ 3 ○ 4 ○ 5

○ 6 ○ 7 ○ 8 ○ 9 ○ 10 非常满意

我们的调查到此结束，再次感谢您的参与！

附录4：研究四中正式研究使用的调查问卷

消费者参与网络购物的情况调查

您好，首先欢迎您参加本次调查。本次调查是调查当面对服务失误后的情况，厂家和您是怎么处理该事件的。我们的调查只用于科学研究，不用于任何商业用途。本次调查是匿名填写，我们将对您的答案完全保密，请您放心填写。

下面的这些问题请您根据您的真实情况选择最符合的选项：

1. 在网上购物的时候，不可避免地会遇到服务失误的情况，比如选错商品，商家发错货，买到伪劣产品，商品运输过程中损坏，发货太晚等。请问过去 3 个月以来，您碰到服务失败的情况多吗？　［单选题］*

○ 0 次　○ 1~2 次　○ 3~5 次　○ 5~10 次　○ 10 次以上

2. 在这些服务失误发生后，商家是否有采取措施进行补救？　［单选题］*

○每次都有补救　○大部分有补救　○大概一半有补救

○少部分有补救　○从来没有补救

3. 请你回忆一下最近的一次商家对服务失误进行的补救。您对这次商家的补救的总体满意程度如何？　［单选题］*

非常不满意　○ 1　○ 2　○ 3　○ 4　○ 5　○ 6　○ 7　非常满意

4. 在最近的这次商家的服务补救中，您是怎么做的？请根据自己的实际情况做出选择：［矩阵量表题］*

题项	非常不符合	不符合	不确定	符合	非常符合
(1) 我向商家提供了尽可能多的他们需要的信息	1	2	3	4	5
(2) 我清楚地向商家提出了我的要求	1	2	3	4	5

续表

题项	非常不符合	不符合	不确定	符合	非常符合
（3）我回答了商家向我提出的所有与服务有关的问题	1	2	3	4	5
（4）我向商家了解解决该问题的进展状况	1	2	3	4	5
（5）在服务补救中，我努力地配合商家的工作	1	2	3	4	5
（6）我认为服务补救需要商家和消费者共同配合完成	1	2	3	4	5
（7）在沟通过程中，客服能友好和耐心地面对我	1	2	3	4	5
（8）我与商家的沟通很愉快	1	2	3	4	5
（9）我与商家的沟通很顺畅	1	2	3	4	5
（10） 在与商家沟通前，我会认真阅读网站上的具体说明	1	2	3	4	5
（11）我友好地对待商家或客服人员	1	2	3	4	5
（12）我会做一些事情使得服务补救的工作变得简单些	1	2	3	4	5
（13）我感谢商家对这次服务补救作出的努力	1	2	3	4	5
（14）在与商家沟通前，我会再次确认服务出现的问题所在	1	2	3	4	5
（15）我向商家提出了解决这个问题的想法和建议	1	2	3	4	5
（16） 在与商家沟通前，我已经清楚了解决该问题的步骤	1	2	3	4	5

5. 针对这次服务补救中您的做法，按同意程度请选择相应的选项：［矩阵量表题］＊

题项	完全不同意	不同意	不确定	同意	完全同意
（1）我所做的这件事情非常有意义	1	2	3	4	5
（2）完成这次补救对我来说很有意义	1	2	3	4	5
（3）参与到服务补救过程中对我很有意义	1	2	3	4	5
（4）我可以选择商家的不同补救方式	1	2	3	4	5
（5）我可以向商家提出增加附加的要求	1	2	3	4	5
（6）我自己可以决定如何来完成这次服务补救	1	2	3	4	5
（7）在如何处理这件事情上，我有很大的独立性	1	2	3	4	5

续表

题项	完全不同意	不同意	不确定	同意	完全同意
（8）我能自主地决定如何处理这件事情	1	2	3	4	5
（9）我对自己完成这次服务补救非常有信心	1	2	3	4	5
（10）我掌握了完成这件事情所需要的各项技能	1	2	3	4	5
（11）我自信自己有干好这件事情的能力	1	2	3	4	5
（12）我对这件事情起主导的控制作用	1	2	3	4	5
（13）我在这次事件中对商家有重大的影响作用	1	2	3	4	5
（14）我能很大地影响这次服务补救事件的进展	1	2	3	4	5

6. 针对这次服务失误的补救，您对自己在这个过程中的表现如何评价？请在下面的各项描述中选择最符合的选择：[矩阵量表题] *

题项	非常不同意	不同意	有点不同意	不确定	有点同意	同意	非常同意
（1）服务补救过程中，我认为我能顺利解决这个问题	1	2	3	4	5	6	7
（2） 服务补救过程中，我有较高的控制感	1	2	3	4	5	6	7
（3）我认为我能较好地掌控此次服务补救的进程	1	2	3	4	5	6	7
（4）我在与商家解决问题方面有一些经验	1	2	3	4	5	6	7
（5）我有信心能够很好地与商家共同解决该问题	1	2	3	4	5	6	7
（6）对于服务补救，我具备相关的知识和经验	1	2	3	4	5	6	7

7. 在这次商家的服务补救事件后，您对商家的看法如何？请对以下的说法选择最符合您情况的选项：[矩阵量表题] *

题项	非常不同意	不同意	不确定	同意	非常同意
（1）我对该商家有认同感	1	2	3	4	5
（2）将来我会在该商家进行更多购买	1	2	3	4	5
（3）我的个性与该商家的产品的个性很相似	1	2	3	4	5
（4）我会再次光顾该商家	1	2	3	4	5
（5）我会将该商家作为我网购的首选	1	2	3	4	5
（6）我与该商家的其他顾客有很多共同点	1	2	3	4	5
（7）当有人赞扬该商家时，我会感觉很高兴	1	2	3	4	5

8. 接下来，将对您生活中的一些事情进行调查。请根据实际情况进行选择：［矩阵量表题］*

题项	完全不符合	不符合	不确定	符合	非常符合
（1）与大多数人相比，在生活中我常常能得到我自己想要的	1	2	3	4	5
（2）从小到大，我曾经做过一些父母不能容忍的“越界”事情	1	2	3	4	5
（3）我总能完成那些让我付出很多努力的事情	1	2	3	4	5
（4）从小到大，我经常令父母感到不安	1	2	3	4	5
（5）我经常不遵守父母确定的规则	1	2	3	4	5
（6）从小到大，我曾经以父母反对的方式行事	1	2	3	4	5
（7）我总能做好我所尝试的各种事情	1	2	3	4	5
（8）做事不够小心常常使我陷入麻烦之中	1	2	3	4	5
（9）当一件对我很重要的事情即将完成时，我常常发现自己能够完成得像理想中的一样好	1	2	3	4	5
（10）我觉得我的人生已经朝着成功的方向前进了	1	2	3	4	5
（11）在我的生活中，我能够找到引起我兴趣且让我投入精力的活动	1	2	3	4	5

最后，请您填写一下您的基本情况信息：

9. 您的性别：［单选题］*

○男　○女

10. 您的年龄段：［单选题］*

○ 18 岁以下　○ 18～25 岁　○ 26～30 岁　○ 31～40 岁
○ 40 岁以上

11. 您目前从事的职业：［单选题］*

○全日制学生　○企业人员　○公职/事业单位人员

○私营企业主　○个体户　○其他

12. 您的月收入（人民币）：［单选题］*

○ 3000 元及以下　○ 3001～5000 元　○ 5001～8000 元

○ 8001～10000 元　○ 10001～20000 元　○ 20000 元以上

13. 您的受教育程度是：［单选题］*

○高中以下　○高中　○大专或本科　○硕士　○博士

我们的调查到此结束，再次感谢您的参与！

附录5：研究五中正式研究使用的调查问卷

服务补救满意度调查

您好，首先欢迎您参加本次调查。本次调查是调查当面对服务失误后的情况，厂家和您是怎么处理该事件的。我们的调查只用于科研调查，不用于任何商业用途。本次调查是匿名填写，我们将对您的答案完全保密，请您放心填写。

首先，请您填写个人资料。

1. 您的性别：［单选题］*

○男　○女

2. 您的年龄段：[单选题] *

○ 18 岁以下　○ 18～25 岁　○ 26～30 岁

○ 31～40 岁　○ 40 岁以上

3. 您目前从事的职业：［单选题］*

○全日制学生　○企业人员　○公职/事业单位人员

○私营企业主　○个体户　○其他

4. 您的学历：［单选题］*

○大专以下　○大专或本科　○硕士　○博士

5. 您的月收入（人民币）：［单选题］*

○ 3000 元及以下　○ 3001～5000 元　○ 5001～8000 元

○ 8001～10000 元　○ 10001～20000 元　○ 20000 元以上

接下来，进入正式调查。

6. 在网上购物的时候，不可避免地会遇到服务失误的情况，比如选错商品，商家发错货，买到伪劣产品，商品运输过程中损坏，发货太晚等。请问过去 3 个月以来，您碰到服务失败的情况多吗？［单选题］*

〇 0 次　〇 1~2 次　〇 3~5 次　〇 5~10 次

〇 10 次以上

7. 近 3 个月来您遭遇的最近的一次服务失误的原因是什么？请简要说明一下：［填空题］*

____

____

8. 针对最近的这次服务失误，商家是否有进行补救？　［单选题］*

〇有　〇没有

9. 商家是如何对您进行补救的？请根据您的实际情况，在下面的各项描述中进行选择：［矩阵量表题］*

题项	非常不符合	不符合	一般	符合	非常符合
（1）商家做出了退换货或者退款等补偿行为	1	2	3	4	5
（2）商家主动承担补救过程中的费用（如运费）	1	2	3	4	5
（3）商家回馈给我以现金折扣或者赠品等补偿	1	2	3	4	5
（4）客服第一时间回复了我的留言	1	2	3	4	5
（5）客服第一时间处理了我的问题	1	2	3	4	5
（6）当我表达不满时，客服能回馈以理解	1	2	3	4	5
（7）商家诚恳地向我道歉	1	2	3	4	5
（8）商家对出现的问题给出了耐心的解释	1	2	3	4	5
（9）当我表达不满时，客服能友好和耐心地来面对我	1	2	3	4	5
（10）商家承认自己的服务失误	1	2	3	4	5
（11）解决问题后客服以电话或者短信的方式回访	1	2	3	4	5
（12）客服及时通知我服务失误的处理结果以及处理过程	1	2	3	4	5

10. 针对这次服务失误的补救，下列对于商家对您进行补救的描述您是否同意？请选择相应的选项：[矩阵量表题] *

题项	完全不同意	大部分不同意	基本不同意	一般	基本同意	大部分同意	完全同意
（1）商家补救的结果很合理	1	2	3	4	5	6	7
（2）商家的补救并没有达到我所期望的结果	1	2	3	4	5	6	7
（3）在解决这个问题的时候，商家满足了我的要求	1	2	3	4	5	6	7
（4）我认为商家用正确的方式解决我的问题	1	2	3	4	5	6	7
（5）商家用于解决我的问题所花的时间太长	1	2	3	4	5	6	7
（6）商家处理我的问题的程序是恰当的	1	2	3	4	5	6	7
（7）商家按照标准流程来处理我的问题	1	2	3	4	5	6	7
（8）商家及时迅速地处理我的问题	1	2	3	4	5	6	7
（9）商家准确地理解了我反映的问题	1	2	3	4	5	6	7
（10）商家并没有努力地去解决我的问题	1	2	3	4	5	6	7
（11）商家待人谦逊温和	1	2	3	4	5	6	7
（12）同商家的沟通有愉悦感	1	2	3	4	5	6	7
（13）商家对我反映的问题并不上心	1	2	3	4	5	6	7
（14）商家详尽告知我该问题的解决步骤	1	2	3	4	5	6	7
（15）我可以很及时地知道服务补救的过程	1	2	3	4	5	6	7
（16）商家会通过短信或电话及时反馈给我服务补救的结果	1	2	3	4	5	6	7

11. 您对这次商家的补救的总体满意程度如何？ [单选题] *

不满意 ○1 ○2 ○3 ○4 ○5 ○6 ○7 满意

12. 这次服务补救之后，您是否还在这个商家买过商品？ [单选题] *

○再也没有　○有，比以前少了

○有，和以前一样　○有，比以前更多了

13. 这次服务补救后，您是否愿意向周围的人（如，亲朋好友、同学同事等）推荐该商家？ [单选题] *

○非常不愿意 ○不愿意 ○不清楚 ○愿意 ○非常愿意

14. 您觉得在这次服务补救中，您参与的程度（如：投入的时间，与商家沟通的频率，提供的信息等）如何？ [单选题] *

完全没参与 ○ 0 ○ 1 ○ 2 ○ 3 ○ 4 ○ 5

○ 6 ○ 7 ○ 8 ○ 9 ○ 10 完全参与进去

我们的调查到此结束，再次感谢您的参与！

附录6：研究六中正式研究使用的调查问卷

网络购物失误后商家补救情况调查

您好，首先欢迎您参加本次调查。我们是常州大学商学院营销系的学生。本次调查是调查在网络购物中发生失误的情况下，商家是如何处理该事件的。我们的调查只用于科学研究，不用于任何商业用途。本次调查是匿名填写，我们将对您的答案完全保密，请您放心填写。

首先，请您填写个人资料。

1. 您的性别：［单选题］*

○男　○女

2. 您的年龄段：［单选题］*

○ 18 岁以下　○ 18～25 岁　○ 26～30 岁

○ 31～40 岁　○ 41～50 岁　○ 51～60 岁　○ 60 岁以上

3. 您目前从事的职业：［单选题］*

○全日制学生　○企业员工　○公职/事业单位人员

○私营企业主　○个体户　○其他

4. 您的学历：［单选题］*

○高中及以下　○大专或本科　○硕士　○博士

5. 您每月可支配的收入（人民币）：［单选题］*

○ 3000 元以下　○ 3001～5000 元　○ 5001～8000 元

○ 8001～10000 元　○ 10001～15000 元　○ 15001～20000 元

○ 20000 元以上

接下来，进入正式调查。

6. 在网上购物的时候，不可避免地会遇到服务失误的情况，比如选错商品，商家发错货，买到伪劣产品，商品运输过程中损坏，发货太晚等。请问过去 3 个月以来，您碰到服务失败的情况多吗？ [单选题] *

○ 0 次　○ 1-3 次　○ 4-6 次　○ 6-10 次　○ 10 次以上

7. 现在请您回忆一下，近 3 个月最近的一次服务失误的原因是什么？ [单选题] *

○自己选错了商品（如数量、尺寸、规格、型号、颜色等）

○商品信息描述不详、有误　○收到的商品与网页描述相差太大

○商品价格有误　○商品质量有问题　○商家售后服务差

○自己填错收货地址　○商家发错货　○快递损伤商品

○商家将商品寄错地址　○商家发货太慢　○快递配送速度慢

○其他

8. 最近的这次服务失误，您觉得严重程度如何？ [单选题] *

不严重 ○ 1　○ 2　○ 3　○ 4　○ 5　○ 6　○ 7　○ 8　○ 9 严重

9. 针对这次服务失误，商家是否有进行补救？ [单选题] *

○没有　○有

10. 针对这次服务失误，商家是如何对您进行补救的？请根据您的实际情况，在下面的各项描述中进行选择：[矩阵量表题] *

题项	非常不符合	不符合	一般	符合	非常符合
（1）商家做出了退换货或者退款等补偿行为	1	2	3	4	5
（2）商家主动承担补救过程中的费用（如运费）	1	2	3	4	5

续表

题项	非常不符合	不符合	一般	符合	非常符合
(3) 商家回馈给我现金折扣或者赠品等补偿	1	2	3	4	5
(4) 商家第一时间回复了我的留言	1	2	3	4	5
(5) 商家第一时间处理了我的问题	1	2	3	4	5
(6) 当我表达不满时，商家能回馈以理解	1	2	3	4	5
(7) 商家诚恳地向我道歉	1	2	3	4	5
(8) 商家对出现的问题给出了耐心的解释	1	2	3	4	5
(9) 当我表达不满时，客服能友好和耐心地来面对我	1	2	3	4	5
(10) 商家承认自己的服务出现失误	1	2	3	4	5
(11) 解决问题后商家通过电话或者短信等方式回访	1	2	3	4	5
(12) 商家及时地通知我服务失误的处理结果以及处理过程	1	2	3	4	5

11. 您对这次商家的补救的总体满意程度如何？ [单选题] *

不满意 ○1 ○2 ○3 ○4 ○5 ○6 ○7 满意

12. 针对商家的这次服务补救，您的感受如何？请根据实际情况选择相应的选项：[矩阵量表题] *

题项	完全不同意	大部分不同意	基本不同意	一般	基本同意	大部分同意	完全同意
(1) 商家补救的结果很合理	1	2	3	4	5	6	7
(2) 商家的补救达到了我所期望的结果	1	2	3	4	5	6	7
(3) 在解决这个问题的时候，商家满足了我的要求	1	2	3	4	5	6	7
(4) 我认为商家用正确的方式解决了我的问题	1	2	3	4	5	6	7
(5) 商家处理我的问题的程序是恰当的	1	2	3	4	5	6	7
(6) 商家按照标准流程来处理我的问题	1	2	3	4	5	6	7
(7) 商家及时迅速地处理了我的问题	1	2	3	4	5	6	7
(8) 商家准确地理解了我反映的问题	1	2	3	4	5	6	7

续表

题项	完全不同意	大部分不同意	基本不同意	一般	基本同意	大部分同意	完全同意
（9）商家努力地去解决我的问题	1	2	3	4	5	6	7
（10）商家待人谦逊温和	1	2	3	4	5	6	7
（11）我同商家的沟通有愉悦感。	1	2	3	4	5	6	7
（12）商家对我反映的问题很上心。	1	2	3	4	5	6	7

13．在最近的这次商家的服务补救中，您是怎么做的？请根据自己的实际情况做出选择：［矩阵量表题］＊

题项	非常不符合	不符合	不确定	符合	非常符合
（1）我向商家提供了尽可能多的他们需要的信息	1	2	3	4	5
（2）我清楚地向商家提出了我的要求	1	2	3	4	5
（3）我回答了商家向我提出的所有与服务失误和补救有关的问题	1	2	3	4	5
（4）我向商家了解该问题的补救进展状况	1	2	3	4	5
（5）在服务补救中，我努力地配合商家的工作	1	2	3	4	5
（6）我认为服务补救需要商家和消费者共同配合完成	1	2	3	4	5
（7）在沟通过程中，商家能友好和耐心地面对我	1	2	3	4	5
（8）我与商家的沟通很愉快	1	2	3	4	5
（9）我与商家的沟通很顺畅	1	2	3	4	5
（10）在与商家沟通前，我认真地阅读了网站上的具体说明	1	2	3	4	5
（11）我友好地对待商家或客服人员	1	2	3	4	5
（12）我做了一些事情使得服务补救的工作顺利进行。	1	2	3	4	5
（13）在与商家沟通前，我会再次确认服务出现的问题所在	1	2	3	4	5
（14）在与商家沟通前，我已经清楚了解决该问题的步骤	1	2	3	4	5

14. 针对这次服务失误的补救，您对自己在这个过程中的表现如何评价？［矩阵量表题］*

题项	非常不同意	大部分不同意	有点不同意	不确定	有点同意	大部分同意	完全同意
（1）服务补救过程中，我认为我能顺利解决这个问题	1	2	3	4	5	6	7
（2）服务补救过程中，我有较高的控制感	1	2	3	4	5	6	7
（3）我认为我能较好地掌控此次服务补救的进程	1	2	3	4	5	6	7
（4）我在与商家解决问题方面有一些经验	1	2	3	4	5	6	7
（5）我有信心能够很好地与商家共同解决这个问题	1	2	3	4	5	6	7
（6）对于服务补救，我具备一些相关的知识和经验	1	2	3	4	5	6	7

15. 在这次补救过程中，您对商家的看法如何？ ［矩阵量表题］*

题项	非常不同意	不同意	不确定	同意	非常同意
（1）我对该商家有认同感	1	2	3	4	5
（2）将来我会在该商家进行更多购买	1	2	3	4	5
（3）我的个性与该商家的产品的个性很相似	1	2	3	4	5
（4）我会再次光顾该商家	1	2	3	4	5
（5）我会将该商家作为我网购的首选	1	2	3	4	5
（6）我与该商家的其他顾客有很多共同点	1	2	3	4	5
（7）当有人赞扬该商家时，我会感觉很高兴	1	2	3	4	5
（8）这次服务补救后，我愿意向亲朋好友或同学同事推荐该商家	1	2	3	4	5

16. 针对这次服务补救中您的做法，下列说法中您是否同意？请选择相应的选项：［矩阵量表题］*

题项	完全不同意	不同意	不确定	同意	完全同意
（1）我所做的这件事情非常有意义	1	2	3	4	5
（2）完成这次补救对我来说很有意义	1	2	3	4	5
（3）参与到服务补救过程中对我很有意义	1	2	3	4	5
（4）我自己可以决定如何来完成这次服务补救。	1	2	3	4	5
（5）在如何处理这件事情上，我有很大的独立性。	1	2	3	4	5
（6）我能自主地决定如何处理这件事情。	1	2	3	4	5
（7）我对自己完成这次服务补救非常有信心。	1	2	3	4	5
（8）我掌握了完成这件事情所需要的各项技能。	1	2	3	4	5
（9）我自信自己有干好这件事情的能力。	1	2	3	4	5
（10）我对这件事情起主导的控制作用。	1	2	3	4	5
（11）我在这次事件中对商家有重大的影响作用。	1	2	3	4	5
（12）我能很大地影响这次服务补救事件的进展。	1	2	3	4	5

17. 接下来，我们对您生活中的一些事情进行调查。请您根据实际情况进行选择。[矩阵量表题] *

题项	完全不符合	不符合	不确定	符合	完全符合
（1）与大多数人相比，在生活中我常常能得到我自己 想要的	1	2	3	4	5
（2）从小到大，我曾经做过一些父母不能容忍的“越界”事情	1	2	3	4	5
（3）我总能完成那些让我付出很多努力的事情	1	2	3	4	5
（4）从小到大，我经常令父母感到不安	1	2	3	4	5
（5）我经常不遵守父母确定的规则	1	2	3	4	5
（6）从小到大，我曾经以父母反对的方式行事	1	2	3	4	5
（7）我总能做好我所尝试的各种事情	1	2	3	4	5
（8）做事不够小心常常使我陷入麻烦之中	1	2	3	4	5
（9）当一件对我很重要的事情即将完成时，我常常发现自己能够完成得像理想中的一样好	1	2	3	4	5
（10）我觉得我的人生已经朝着成功的方向前进了	1	2	3	4	5
（11）在我的生活中，我能够找到引起我兴趣且让我投 入精力的活动	1	2	3	4	5

我们的调查到此结束！再次感谢您的参与！